Callwey

Dony Karandschulov-Alexiev

Exotische Porzellandekore

Malen wie in China, Japan und dem Orient

Fotografien von
Jean-Marc Lalier und Joel Bloquet

CALLWEY

DANK
Die Autorin dankt herzlich der Vereinigung für kulturelle Belange ADAC, Paris, für die Überlassung ihrer Ateliers zu Aufnahmezwecken.

Die Originalausgabe mit dem Titel »Décor sur porcelaine – motifs de l'Orient« erschien 1994 beim Verlag Armand Colin, Paris.

Übersetzung aus dem Französischen von Frank-Michael Kiesgen, München

Alle Rezepte wurden sorgfältig erprobt; eine Haftung kann dennoch nicht übernommen werden.

Die Deutsche Bibliothek – CIP-Einheitsaufnahme
Exotische Porzellandekore: malen wie in China, Japan und dem Orient / Dony Karandschulov-Alexiev. Fotogr. von Jean-Marc Lalier und Joël Bloquet. [Übers. aus dem Franz. von Frank-Michael Kiesgen]. – München: Callwey, 1995
(Callwey creativ)
Einheitssacht.: Décor sur porcelaine <dt.>
ISBN 3-7667-1177-6
NE: Karandschulov-Alexiev, Dony; Lalier, Jean-Marc; Kiesgen, Frank-Michael [Übers.]; EST

Grafische Konzeption und Layout Hugues Cornière, Paris
Umschlaggestaltung Bernd Wegener, Remshalden, unter Verwendung der Abbildungen der Seiten 48 und 145
Satz Edith Mocker, Eichenau b. München
Lithos Arciel Graphic, Paris
Druck und Bindung EBS, Verona
Printed in Italy 1995
ISBN 3-7667-1177-6

Inhalt

Einführung

Konfuzius sprach: »Voll innerer Ruhe alles Wissen bewahren;
lernen, ohne Überdruß zu empfinden;
andere unterweisen, ohne dabei zu ermüden...«

Konfuzius, Gespräche

❏ Tanne, Bambus und Pflaumenbaum bilden gemeinsam ein häufig wiederkehrendes Motiv, das nicht nur sehr dekorativ, sondern auch voller Bedeutungen ist, deren eine die »Drei Freunde« zu einer symbolischen Darstellung von Konfuzius, Buddha und Laotse macht.
Einmal befanden sich alle drei vor einem Tonkrug voll Essigs, von dem ein jeder kostete. Laotse, der gutherzig war, fand ihn wohlriechend. Buddha, der Versonnene, sagte, daß er bitter, Konfuzius, daß er sauer sei. Gleichwohl waren sich alle einig, daß es sich um ein und dieselbe Flüssigkeit handelte. Diese Legende soll zeigen, daß die drei Denkweisen derselben Quelle entspringen.

Dieses Buch habe ich mit großer Begeisterung begonnen und mit Bedauern sehe ich nun, da ich es beende, daß nicht alles, was erzählt und vorgeführt zu werden verdiente, aufgenommen werden konnte; so viele Dinge sind es, daß kein Buch sie zu fassen vermöchte. Wie auch soll ein einzelnes Buch vermitteln können, wozu zehn Bände nicht ausreichen? Es genügt nämlich nicht – will man eine Kunst gebührend ausüben –, sich Verfahrensweisen anzueignen, um sich dann mit solchen zufriedenzugeben, die einen am schnellsten »voranbringen«. Wissen muß man vielmehr, woher diese Kunst kommt und was sie schuf, bevor sie zu uns gelangte.
Da der Mensch Gefäße benötigte, wurde die Kunst der Keramik zu einer der ersten, denen er sich zuwandte. Er verfiel darauf, Erde mit Wasser zu vermengen, dieser Masse eine hohle Form zu geben und sie sodann an der Sonne trocknen zu lassen. Als er das Feuermachen lernt, härtet er seine handgeformten Töpferwaren durch Brennen. Nach diesen bewegenden Anfängen verbessert der Mensch – getrieben durch seine Erfindungsgabe wie durch sein Verlangen nach Schönheit – die primitiven Schöpfungen von Generation zu Generation; er schafft unvergleichliche Meisterwerke. Nur indem wir am Leitfaden der Zeit zurückverfolgen, wie unsere Vorfahren solche Schätze anhäuften, vermögen wir Zugang zu diesem reichen Erbe zu gewinnen. Diese Reise ist es wohl wert, unternommen zu werden, erfüllt sie uns doch mit neuen Kräften und Ideen.
Versenkt man sich in das Studium der einzelnen, vergangenen Phasen dieser Kunst, so stellt man fest, daß alle Schöpfer sich aus dem gemeinsamen, kostbaren Fundus bedient haben, daß sie nachahmten und anpaßten, um schließlich in einem weiteren Schritt zu neuen Lösungen zu gelangen. Es erscheint verwunderlich, von einem gemeinsamen Fundus im Hinblick auf Kulturen zu sprechen, die sich um so weiter

voneinander entfernen, je näher man ihren Ursprüngen kommt; und doch haben sie sich über einen gewaltigen geographischen Bereich hinweg beeinflußt. Bereits in der Vorgeschichte gibt es Austausch und Beziehungen zwischen den großen asiatischen und den europäischen Kulturen – mühsame und immer wieder unterbrochene, aber auch immer wieder neu angeknüpfte.

Dieses Buch möchte mit der Keramik des nahen und fernen Orients und ihrem Einfluß auf Europa bekannt machen. Diese ist so umfangreich, daß nur ein Überblick gegeben werden kann; wenn er aber Lust auf weitere Entdeckungen und Vertiefung der Kenntnisse über diese Kunstschätze vermitteln kann, so ist seine Absicht erreicht. Ein anderes Ziel war, so viele Vorlagen wie möglich dadurch zugänglich zu machen, daß die angewendeten Techniken erläutert werden – wie auch die verschiedenen notwendigen oder nützlichen Schritte, die ihre Umsetzung erleichtern –, und vereinfachte Ausführungen an die Hand zu geben. Die Auswahl war schwierig; kaum entscheidet man sich für ein Motiv, bedauert man schon den Verzicht auf ein Dutzend andere, ebenso schöne. Hieraus sollte – so ist zu hoffen – ein Anreiz zu eigenem Suchen folgen.

Dieses Buch ist im wesentlichen in drei Teile gegliedert. Der erste stellt die Keramik des Fernen und Mittleren Ostens vor. Da man eine Kunst als Ausfluß der Kultur nicht von deren Geschichte trennen kann, wird auch in elementarer Weise von der Geschichte Chinas, Japans und der Islamischen Welt die Rede sein. Gerade heute, da durch die schnellen Fortbewegungsmittel die Erde so klein geworden zu sein scheint, ist es gut, mehr über sie zu wissen. Dazu ist es nicht einmal mehr notwendig, sich aus den Großstädten fortzubegeben, wo alle Kulturen gegenwärtig sind. Es ist jedoch nützlich, sich Ereignisse ins Gedächtnis zurückzurufen, die wir vielleicht vergessen haben, oder andere anzu-

führen, die uns diejenigen, die uns betreffen, besser verstehen lassen.

Der zweite Teil zeigt den Einfluß, den diese Kulturen zu wiederholten Malen auf das Abendland ausgeübt haben, im besonderen auf die Keramik in Frankreich und anderen europäischen Ländern. Anhand der ausgewählten Themenkreise soll vorgeführt werden, wie die Europäer – nach Überwindung einer Phase der Nachahmung fernöstlicher Kunst – zu eigenständigen Schöpfungen gelangt sind, in denen das ursprünglich exotische Element nach und nach verschwindet. Hier ein Beispiel, das uns schon sehr nahe steht: Im neunzehnten Jahrhundert wirkt Japan gewaltig auf die europäische Kunst ein. Dieser Einfluß wird vollkommen verinnerlicht und gebiert durch und durch europäische Werke: Der »Japonisme« wandelt sich zu »Art nouveau«. Diese Dinge sollen in einem späteren Buch über die Keramik in Europa weiterentwickelt werden. Von diesen Einflüssen als von einer Angelegenheit der Vergangenheit zu sprechen, ist übrigens ungenau. Tatsächlich lassen wir uns immer noch von den orientalischen Kunstfertigkeiten faszinieren: Kampfsportarten, Yoga und Akupunktur sind gängige Praktiken geworden; die Lehrgänge in Malerei und Kalligraphie häufen sich. Was das Porzellan betrifft, so genügt ein Blick auf die industrielle Produktion der letzten Jahrzehnte, um zu sehen, daß die orientalischen Motive weiterhin gefragt sind; werden sie auch nicht mehr auf klassische Weise gemalt, so ist die Herkunft der Vorlage doch weiter erkennbar.

Der dritte Teil vereint alle technischen Hinweise, die bei der Ausführung der in den ersten beiden Teilen vorgestellten Motive von Nutzen sein könnten. Wenn auch die Erklärungen zuweilen lang sind, so doch einzig im Interesse der Klarheit und um dem Leser vollständige Auskunft zuteil werden zu lassen.

Das chinesische »Blau und Weiss«-Porzellan

China im geschichtlichen Überblick

❑ Vorhergehende Doppelseite: Die Komposition setzt sich aus Landschaften chinesischer Maler zusammen. Sie reicht bei weitem zur Verzierung einer großen Vase aus. Man kann jedoch auch nur Teile dieser Landschaft verwenden, indem man mit Hilfe eines aus einem Bogen Papier ausgeschnittenen Fensters das gewünschte Motiv von allen anderen isoliert. In dieses lassen sich Architektur und Personen einfügen, die man nach Bedarf verkleinert oder vergrößert.

❑ Drachenvase.
Ausführung Y. Alexiev

Es ist sehr schwierig, den Zeitpunkt zu bestimmen, da die Keramik in China auftaucht. Vasen, die aus Gräbern geborgen wurden, bezeugen, daß seit Beginn des Neolithikums getöpfert wurde. Es gab bereits Verzierung in sehr schlichter Form – geometrische Figuren, die in Rot und Schwarz aufgemalt (*caitao*) oder auch eingeritzt wurden.
Dies ist der Ausgangspunkt einer langwierigen und mühseligen technischen Entwicklung – einer Suche nach Formen, Glasuren und Verzierungen, die das Wunder des chinesischen Porzellans hervorbrachten, das die abendländische Welt in Bann schlug. Man kann zunächst festhalten, daß die Fortschritte der chinesischen Kultur und infolgedessen die der Keramik durch die Entwicklung der Brennverfahren bestimmt werden. Für die Metallverarbeitung war es wesentlich, hohe Temperaturen erreichen zu können, und diese Fähigkeit ermöglichte China den Eintritt ins Bronzezeitalter. Die Fortschritte auf diesem Gebiet kommen aber auch der Keramik zugute. So erscheinen bereits im dritten vorchristlichen Jahrtausend Töpferwaren mit äußerst hartem

Scherben, der bei hoher Temperatur gewonnen wird. Wenn bei 1300–1400°C gebrannt wird, verwandelt sich der im Ton enthaltene Feldspat zu Glas und bildet an der Oberfläche der Werkstücke eine natürliche Glasur, die ihnen Glanz verleiht und sie für Wasser undurchlässig macht. Die verwendete Töpfererde besteht zum Teil aus Kaolin, dem entscheidenden Bestandteil des Porzellans. Die unter der Shang-Dynastie (1766–1122 v. Chr.) hergestellten Töpferwaren sind unter dem Namen Protoporzellan bekannt. Das Bronze-Kunsthandwerk und das keramische stehen sich lange Zeit sehr nahe. Wenn zu Beginn die Töpferei die Bronzestücke beeinflußt hat, so dienten in den folgenden Jahrhunderten deren elegante Formen und Motive der Keramik als Vorbild. Um die Geschichte der Keramik ab dieser Epoche zu beschreiben, benutzen die Fachleute die Namen der aufeinanderfolgenden, herrschenden Dynastien, die ziemlich genau die verschiedenen Phasen kennzeichnen. Ohne auf Einzelheiten einzugehen, ist es doch nützlich, die Hauptmerkmale und einige Anfangsgründe der langen chinesischen Geschichte zu kennen.

Die Ch'in Dynastie (221–206 v. Chr.) vereinigt China und errichtet im Norden des Landes die Große Mauer, um es vor Einfällen barbarischer Stämme zu schützen. Erfindungen und wichtige technische Fortschritte bestimmen diesen Zeitabschnitt, wie durch Gestaltungen von großartigem Zuschnitt belegt ist. Der »Erhabene Kaiser des Anfangs«, Ch'in Shih Huang-ti, führt Reformen durch, die für die weitere Entwicklung des Landes bestimmend sind. Er wird mit einer symbolischen Darstellung seiner Armee – sechshundert Pferde- und siebentausend ganz unterschiedliche Kriegerstatuen – in Terrakotta beerdigt. Der Kaiser ließ diese Grabstätte noch zu seinen Lebzeiten vorbereiten; die Statuen wurden nach lebenden Modellen seiner Wache geformt. Auf diese Weise brach der Kaiser mit der alten grausamen Tradition der Menschenopfer, nach der die Herrscher ins Jenseits begleitet werden mußten.

Die Han-Dynastie (206 v. Chr. bis 220 n. Chr.) ordnet den Staat und macht ihn zu einer Militärmacht. Sie weitet ihre Herrschaft auf die Mandschurei, auf Korea und Tongking aus, und ihre Vorposten erreichen Transoxanien sowie Ferghana (Turkestan). Es ist das erste chinesische Großreich. Die Macht wird zentralisiert; die Führungskräfte sind gebildete Beamte, die in öffentlichen oder privaten Schulen erzogen werden und sich einer Prüfung zu stellen haben. Der Konfuzianismus ist die amtliche Lehre.

Es ist zudem eine friedliche, der Entwicklung der Künste förderliche Zeit. Die Han sind sehr baufreudig; die Architekten errichten Paläste und Tempel, deren Mauern Fresken zieren. Man kann sich diese heute verschwundenen Malereien dank der in Ziegel und Stein geritzten Szenen sowie der sie beschreibenden Texte vor Augen führen.

Die Keramik gewinnt in Form von Mauersteinen, Dachziegeln und Giebelplatten Zugang zur Architektur. Die Bleiglasur wird – vermutlich aus dem Mittleren Osten – übernommen; vor allem aber tritt einer der beiden Zweige der chinesischen Keramik in Erscheinung: Die *»Yüeh-Ware«* – von graugrüner Farbe – ist die Vorfahrin der berühmten Seladons. Ein großer Teil der Keramik ist für die Bestattungsgebräuche bestimmt, nach denen der Verstorbene mit allem für das Jenseits Notwendigen auszustatten war. Die »Stellvertreter« oder *ming-k'i* standen für seine Hausangehörigen und Verwandten. Dank diesen Statuetten aus Keramik wurde der Tote von Haustieren, Musikern, Tänzern, eleganten Damen und Dienern begleitet. Sie vermitteln uns auch eine Ahnung von den Lebensbedingungen jener Zeit.

Die Herrschaft der Han fördert zugleich die Ausfuhr von chinesischer Kunst. Die Große Mauer vermag die andrängenden Nomadenvölker nicht zurückzuhalten, noch vermögen es die Friedensverträge und wichtigen »Geschenke«, Abgaben zum Erhalt des Friedens. Das Gefühl der Bedrohung zwingt die Chinesen zu Bündnissen mit den benachbarten südlichen Königreichen oder zu deren Unterwerfung. Diplomatische Missionen wie Feldzüge begründen einen Austausch, der die chinesischen Produkte bekanntmacht; einige, wie die Seide etwa, gelangen durch Tauschhandel bis ins Abendland. Das Ende der Han-Herrschaft ist durch Aufstände gekennzeichnet; in aufeinanderfolgenden Wellen fallen die Barbaren in Nordchina ein.

Die Dynastien des Nordens und Südens. Auf den Sturz der Han-Dynastie folgt die Aufsplitterung ihres Reiches. Der Norden gerät unter Fremdherrschaft, und im Süden folgen mehrere Dynastien aufeinander. Schnell eignen sich die Eroberer die chinesische Kultur an und wenden sich dem Buddhismus zu, der in China zu Zeiten der Han aufgekommen ist. Die Ausbreitung der buddhistischen Kunst führt in der Malerei zu großer thematischer Mannigfaltigkeit, die auch in den Keramikdekoren zu spüren ist.

Auf dem Gebiet der Keramik sind die Fortschritte in der Scharffeuertechnik entscheidend. Die Beherrschung der Brennverfahren macht vollkommene Glasuren möglich. Gegen Ende des 5. Jahrhunderts sind die Formen sehr verfeinert, die Dekore eingeritzt oder als Reliefs ausgeschnitten. Am Ende dieses Zeitabschnitts taucht schließlich hellgraues, dichtes Steinzeug mit zunehmend härterer Glasur auf.

❑ Chinesische Krieger.
Ausführung N. Caramanis

❑ Langgestreckter blauer Drache.

Erst in der großen **T'ang-Dynastie (7. – 9. Jahrhundert)** blüht China auf – vereinigt und mit einer gut organisierten Verwaltung. Schnell weitet es seine Herrschaft auf Korea, Nord-Indochina und Sinkiang aus. Die Grenzen werden wirksam geschützt, und die Karawanen reisen sicher auf dem Herrschaftsgebiet. Seine Hauptstadt Ch'ang-an ist ein weltoffenes Kultur- und Handelszentrum. Fremde kommen über Land und Meer und bringen Waren aus entfernten Gegenden und ebenso ihre Ideen, Fertigkeiten und Künste mit. Der Friede und der Reichtum dieser kosmopolitischen Zivilisation fördern den Aufschwung aller Künste: Kalligraphie, Dichtkunst, Musik und Malerei. Die Macht und intellektuelle Ausstrahlung im China der T'ang-Dynastie sind ohne Beispiel, und sein Ruf verbreitet sich in ganz Ostasien; durch Vermittlung arabischer Kaufleute, die das Monopol auf den Handel mit dem Abendland besitzen, gar über die gesamte bekannte Welt. Bestimmend für diese Ausstrahlung sind ganz bestimmte Erfindungen: die des Papiers und die des Porzellans.

Unter der T'ang-Dynastie tritt eine Keramik in Erscheinung, die weiß, fein, durchscheinend und volltönend ist. Eine Feldspatglasur macht sie wasserdicht und glänzend. Damit ist das weiße Porzellan erfunden – fast ein Jahrtausend, bevor die ersten Muster aus Meißen auftauchen. Neue Oxide werden als Färbemittel genutzt, besonders Kupfer, Mangan und Kobalt; ihre Verwendung macht den »Drei-Farben«-Stil aus. In den Formen und Dekors scheint der Einfluß des islamischen Mittleren Ostens durch. Die Produktion von Grabfigurinen spiegelt das Alltagsleben und die Glaubenshaltungen und spinnt diese fort. Es ist eine erstaunliche Porträt-Galerie, die die Menge aus Würdenträgern, feinen Damen und Tänzerinnen, Kavalieren und Kameltreibern wiederaufleben läßt, die Diener und Händler sowie Fremde von überall her, die sich allesamt in den Straßen von Ch'ang-an drängen. Der Brauch der *ming-k'i* verschwindet in den folgenden Dynastien allmählich mit Änderung der Begräbnisriten.

❑ Zwei Phönixe. In den Zwischenräumen wird der Grund vorzugsweise mit Blütenstielen oder einem Ziermotiv ausgefüllt. In China ist der Drache das Sinnbild des Kaisers und der Phönix das der Kaiserin.

Gegen Ende des 9. Jahrhunderts kündigen Unzufriedenheit und Auflösungserscheinungen den Niedergang an. China versinkt in Anarchie und erlebt einen tragischen Zeitabschnitt, der den Sturz der T'ang-Dynastie mit sich bringt.

Die Fünf Dynastien. Die allgemeine Unordnung führt zur Zerstückelung des Landes; innerhalb von weniger als einem Jahrtausend folgen fünf Dynastien aufeinander. Die Zeiten sind hart; aber die Schwierigkeiten erweisen sich als anregend für das künstlerische Schaffen, das sich weiter in der großen Tradition der T'ang entwickelt.

In dieser Epoche gelangen die in Yüeh hergestellten Seladons zur Vollkommenheit; die Eleganz der Formen kommt durch eine ölig-glänzende Glasur zur Geltung. Das weiße Porzellan wird vollkommen, und die Gebildeten der Zeit vergleichen die Weiße ihrer Teeschalen mit der des Silbers. Die Verzierungen sind häufig als Reliefs aufgelegt oder eingeschnitten und stellen Phönixe, Drachen und Blumen dar. Gewisse Stücke sind den Herrschern vorbehalten und werden eigens in den Öfen von Yüh-yao gefertigt. Diese Zeit voller Plagen endet mit dem Regierungsantritt der Sung im Jahre 960 n. Chr.

Die Herrschaft der **Sung-Dynastie** scheidet sich in zwei Zeitabschnitte. Die erste – diejenige der Sung des Nordens – ist durch den Willen gekennzeichnet, dem Land durch Organisation und Reform zu neuer Macht zu verhelfen. Es sind tatkräftige, aber keine kämpferischen Kaiser, die eher bereit sind, Frieden zu erkaufen als den andrängenden Mongolenstämmen Einhalt zu gebieten. Im Jahre 1126 dringen die Tschurtschen in Nordchina ein. Die Sung verlegen die Hauptstadt und versuchen nicht, verlorene Gebiete zurückzuerobern. Die den Sung des Südens vergönnte Zeitspanne ist kurz und endet mit dem Einfall der Mongolen im Jahre 1279. Diese Kaiser – große Ästheten, Mäzene und selbst oftmals Künstler – widmen sich vor allem den Künsten. Die chinesische Kultur gelangt jetzt zu außerordentlicher Verfeinerung und großem Glanz; auf allen Gebieten werden beachtliche Fortschritte gemacht. Der Handelsverkehr ist wieder lebhaft, wenngleich die Seidenstraße – wegen der Mongoleneinfälle gefährlich geworden – aufgegeben wird. Der Handel vollzieht sich im wesentlichen über das Meer und liegt vor allem in den Händen der Araber. Die chinesischen Produkte – darunter Seladons und Porzellan – verbreiten sich immer weiter und werden besonders in Japan und im Mittleren Osten geschätzt.

In diesem günstigen Klima erfährt die Porzellanfabrikation einen großen Aufschwung; zahlreiche Werkstätten entstehen massenhaft in Südchina. Die Produktion ist sehr vielfältig, das Dekor von der Papier- und Seidenmalerei inspiriert. Zu erwähnen ist das Auftreten des »Blau und Weiß«-Porzellans, dem ein glorreiches Schicksal bestimmt ist. Die Nüchternheit der als vollkommenste Ware geltenden Sung-Keramik wirkt geradezu streng; ihre schlichten, reinen Formen und ihre erlesenen Farben bleiben unerreicht. Die »Yüeh« der Sung-Zeit kennt man überall. Sie gelangen nach Europa im 14. Jahrhundert, aber erst später wird ihnen in Frankreich der Name »Seladon« gegeben, der von den grünen Bändern des Schäfers Céladon herrührt, des Helden aus dem berühmten Roman »l'Astrée« von Honoré d'Urfé (17. Jh.).

Eine philosophische und intellektuelle Gärung bestimmt das kulturelle Milieu. Sie bringt zahlreiche und wichtige Werke hervor und begründet die Tradition der gebildeten Maler. Diese Gebildeten suchen der Malerei eine zusätzliche Dimension zu erschließen, indem sie ihr poetische oder philosophische Texte mitgeben und dafür die Kalligraphie einsetzen. Ihr Stil ist weniger formal und genau als persönlich und ausdrucksvoll – es sind beinahe schon Impressionisten.

Auf dem Gebiet des Handels ist der Staat bestens organisiert. Der lebhafte Warenverkehr ist durch Verordnungen geregelt; gewisse Waren sind von Staatsmonopolen betroffen, und auf Verkäufe werden Steuern erhoben, die 30% des Warenwertes erreichen. China ist ein reiches Land.

Das China der Sung ist nicht in der Lage, sich militärisch zu verteidigen. Tschingis Khan unternimmt dessen Eroberung zu Beginn des 13. Jahrhunderts; an ihrem Ende im Jahre 1279 fällt China unter das mongolische Joch.

Die Yüan-Dynastie (1280–1368). Kublai Khan an der Spitze seiner Krieger – die schon viel weniger wild sind als die Horden seines Vaters Tschingis Khan – unterstellt das gesamte chinesische Staatsgebiet zum ersten Mal seiner Fremdherrschaft. Er wird der erste Kaiser der Yüan-Dynastie. Kaum ist die Invasion Chinas abgeschlossen, stürzen sich die Mongolen in ferne Expeditionen – jedoch nicht immer mit Erfolg. Das Reich wächst zu unermeßlicher Größe.

Das ganze Herrschaftsgebiet wird von Kublai Khan befriedet. Die Karawanenstraßen, die seit den T'ang wegen der dort lauernden Gefahren aufgegeben waren, können wieder genützt werden. Ein Netz von Herbergen – mehr als 10000 nach Marco Polo – vermag Pferde unterzubringen und Reisenden und Beamten auf Inspektion frische Tiere zur Verfügung zu stellen. Händler strömen herzu und tragen zur Entwicklung der großen Städte und zum Wirtschaftsaufschwung bei. Selbst Europäer ziehen Vorteil aus der im ausgedehnten Mongolenreich gegebenen Sicherheit und bereisen die Seidenstraße. Marco Polo ist der einzige, der seine Reise und seine Erfahrungen in einem Buch – »Il Milione, Die Wunder der Welt« – beschrieben hat. Er begleitet seinen Vater und seinen Onkel – beide venezianische Kaufleute – auf deren zweiter Reise nach China. Sie brechen im Jahre 1271 auf und kehren erst 1295 zurück. Marco Polo verbringt die Zeit in Diensten des Kublai Khan, der ihn mit

❑ Dekor im Geschmack der Kunden aus dem Mittleren Osten: oben Pfingstrosen-Arabesken, rechts Blumen, wie sie oft auf Stücken dieses Stils dargestellt werden. Sie können mit oder anstelle von Pfingstrosen oder auch allein verwendet werden. Diese »indischen Blumen« sind gänzlich erdacht, aber sehr dekorativ. Die Arabesken finden auf einem breiten, waagerechten Streifen auf dem Bauch einer Porzellanvase Platz.

hohen Ämtern betraut, wodurch er zu einem privilegierten und um so interessanteren Beobachter wird. Die riesigen, wohlorganisierten Städte, die unermeßlich zahlreiche Bevölkerung, die Pracht der Paläste und des Hoflebens und die wirkungsvolle Verwaltung versetzen ihn – ganz Venezianer – in größtes Erstaunen. Als Sohn von Kaufleuten achtet er auf alles den Handel Betreffende und gibt eine Beschreibung bis in Einzelheiten.

Gemäß der Überlieferung soll er als erster Porzellan nach Europa gebracht haben, darunter eine weiße Vase, die Teil des Schatzes von San Marco in Venedig ist. Es ist sehr wahrscheinlich, daß andere Stücke im Wege des Austausches von Geschenken und Botschaften mit Ägypten und anderen islamischen Ländern nach Europa gelangt sind, was nachzuweisen allerdings schwierig ist.

Er ist es, der dem Porzellan den Namen gibt: »Noch etwas will ich euch erzählen: In einer der Provinzstädte mit Namen Tingiu werden wunderbare kleine und große Porzellanschalen hergestellt. Nur in dieser einzigen Stadt gibt es diese prächtige Ware; von hier wird sie in die ganze Welt ausgeführt. In Tingiu sind die Schalen nicht teuer, für einen venezianischen Groschen erhält man ohne weiteres drei Stück von unbeschreiblicher Schönheit…

Und so wird das Porzellan hergestellt: Handwerker aus der Stadt schichten aus Schlamm und lockerer Erde recht hohe Hügel auf und lassen diese dreißig oder vierzig Jahre ruhen. In der langen Zeitspanne, während der die Hügel von den Menschen nicht angerührt werden, entsteht der feine, geschmeidige Grundstoff. Die daraus gebildeten Gefäße sind von blauer Farbe und über alle Maßen schön.« (Es soll sich um die heutige Stadt Longquan im Süden von Chekiang handeln, die Heimat der Seladons; zit. n. »Il Milione, Die Wunder der Welt«, Zürich 1983, Kap. CLVIII, S. 270/ 271.)

Die Yüan lieben und fördern die Kunst nicht sonderlich. Es sind Herrscher, deren Augenmerk dem Gewinn aus dem internationalen Handel gilt. Um diesen zu erhöhen, betreiben sie die Entwicklung des Handwerks und die Ausweitung der keramischen Industrie im besonderen. Das Porzellan nimmt wegen der hohen Wertschätzung und Nachfrage, die ihm entgegengebracht werden, nach und nach den Hauptposten im Seehandel ein. Die Produktion wird gesteigert, und Jingdezhen, wo sich seit der Epoche der Sung die Porzellanwerkstätten drängen, zu einem der wichtigsten Fabrikationszentren Chinas. Nicht mehr steht im Vordergrund die durch Vollkommenheit von Form und Glasur verbürgte Schönheit; an die Stelle von Nüchternheit treten immer üppigere Dekore, die in Kobaltblau unter Glasur mit großer Meisterschaft gemalt werden und die Stücke vollkommen bedecken – ganz nach dem Geschmack der so wichtigen Kundschaft aus Indien und dem Mittleren Osten. Dieser Wille, den Kundenwünschen zu entsprechen, regt zur Suche nach neuen Formen und Techniken an. Es ist die Zeit einer neuartigen, vielfältigen, farbigen und prachtvollen

Produktion, die in völligem Gegensatz zur zurückhaltenden, verfeinerten Schönheit der Sung-Keramiken steht.
Obwohl die Yüan kein Interesse an der Kunst zeigen, ist ihre Epoche durch einen großen kulturellen Aufschwung gekennzeichnet wie auch durch das Werk der gebildeten Maler, die – zurückgezogen auf dem Lande, um nicht den Eroberern dienen zu müssen – zu ihrem Vergnügen malen. Die im Hofdienst verbliebenen Maler arbeiten im akademischen Stil, der in dieser Zeit großen Einfluß auf die Porzellandekoration gewinnt.
Die Herrschaft der Yüan ist für die Chinesen eine schwierige Zeit. Abgesehen von denen, die im Einvernehmen mit den Besatzern stehen, müssen sie untergeordnete Tätigkeiten ausüben, den Hauptteil der Truppen für die zahlreichen militärischen Expeditionen stellen – und sie verlieren ihre Ländereien, die zugunsten der Mongolen beschlagnahmt werden. Die Verarmung auf dem Lande ist groß und treibt die Chinesen schließlich in Aufstände, die zum Sturz der Yüan führen.

Faszination »Blau und Weiss«

❑ Große Schale.
Ausführung R. Van der Broek

In der Sung-Epoche tritt ein neuer Typus der Porzellanverzierung in Erscheinung – ein Unterglasurdekor in Kobaltblau, das nur einmal gebrannt wurde. In der Yüan-Zeit entwickelte sich dieser Stil zur Vollkommenheit und besetzte sogar einen wesentlichen Teil der chinesischen Porzellanindustrie. Die »Blau und Weiß«-Dekore wurden unter der Glasur gemalt, was allergrößte Geschicklichkeit erforderte. Der Dekormaler nahm das Stück aus Porzellanmasse in sehr trockenem, aber ungebranntem Zustand in Empfang. Auf dieser sehr durchlässigen und wie Löschpapier saugfähigen Oberfläche zeichnete und malte er mit Wasserfarben. Jede Linie und jeder Pinselstrich waren endgültig, undenkbar Zögern, Zerstreutheit oder der Wunsch, zu ändern. Nach Vollendung des Dekors wurde das Stück mit einer dünnen Glasurschicht überzogen und einem Brand bei sehr hoher Temperatur (ungefähr 1400 °C) ausgesetzt, der die Masse zu Porzellan und den Überzug glasartig ausfließen ließ.
Der Hauptteil der Produktion war für den Export bestimmt, und die Dekoration war vor allem auf den Geschmack der Kundschaft aus dem Mittleren Osten abgestimmt. Die Komposition ist dicht, eingeteilt in Randmuster, waagerechte Streifen und Felder, die die Oberfläche fast gänzlich bedecken. Die Motive sind sehr vielfältig: gewundene Drachen, fliegende Phönixe, Blumen, Landschaften … Das Blau aus natürlich vorkommendem Kobalt enthielt wahrscheinlich Verunreinigungen und war von matter, gräulicher Farbe. Als man das Kobalt aus dem Mittleren Osten einführte, wurde das Blau gehaltvoller und leuchtender.

Die blaue Farbe kann je nach Qualität des verwendeten Kobalts von Stück zu Stück sehr verschieden sein; dank der Maltechnik unter der Glasur, die der Tusch- und Aquarellmalerei eng verwandt ist, lassen sich zudem feine Abstufungen in den Farbtönen erzielen. Zur Vertiefung des Blaus erlaubt sie ebenso Farbhäufungen bis hin zu Reliefwirkungen (dieser Effekt wird *heaped-and-piled* genannt). Das Aufbringen in solcher Stärke ist gefährlich: die Farbe kann abblättern, wenn sie *auf* die Porzellanglasur aufgetragen wird. Die »Blau und Weiß«-Dekore werden heute noch sehr geschätzt. Sie bleiben für die Porzellanindustrie ein Quell der Anregung und dienen nach wie vor all denen, die auf Porzellan malen, als Vorlage.

Der Drache, der Phönix und die Pfingstrose sind die ältesten Motive; lange bevor sie gemalt wurden, führte man sie in Ritztechnik oder als Reliefauflage aus. Die hier gezeigten Gegenstände sind nach Themen zusammengestellt. Um ein wenig Farbe in die Abbildungen zu bringen, habe ich einige Motive beigefügt, die erst später geschaffen wurden, sich aber doch mit den technischen Möglichkeiten jener Zeit vereinbaren lassen.

❑ Drache und – in Schwarz und Weiß – verschiedene chinesische Wolkenbeispiele, die zur Ausschmückung der Oberfläche Verwendung finden.

❑ Rechte Seite: Chinesischer Krieger und Motive, die das Dekor der auf Seite 15 vorgestellten Vase vervollständigen.

Die Drachen

Nach einer Legende steht der Drache am Anfang der chinesischen Nation, was die ihm entgegengebrachte Verehrung erklärt. Er ist auch das Symbol für den Kaiser.

Er ist ein mythisches Geschöpf, das die Züge verschiedener Tiere auf sich vereinigt: den Kopf des Kamels, die Ohren des Rindes, die Hörner der Gazelle, den mit Karpfenschuppen bedeckten Körper der Schlange sowie die Klauen des Adlers. Begleitet von einem Wellenmotiv, taucht der Drache gemäß der Legende aus tiefem Morast empor und erhebt sich gen Himmel im Streben nach geistiger Vervollkommnung. Auf den Wolken schwebend, jagt er einer Allmacht verleihenden Zauberperle nach. Nach verbreiteter Meinung soll es sich bei dieser Kugel um die Sonne handeln, die der Drache verschlingen will, ohne daß es ihm jedoch gelingt. Er wurde oft auf Türen von Häusern gemalt, in denen Richter und wichtige Beamte wohnten, sowie auf Porzellan, das diesen zugedacht war. Anhand einer merkwürdigen Einzelheit läßt sich bei Betrachtung der Drachen die Herkunft der Stücke bestimmen: auf jenen der staatlichen Manufaktur haben die Drachen fünf Krallen, auf dem Porzellan aus privaten Werkstätten jedoch nur drei oder vier.

Der Drache ist sehr dekorativ und leicht zu malen. Er eignet sich für alle Arten von Gegenständen (Schachteln, Teekannen, Schmuckkästchen usw.) sowie für Teller und Vasen jeder Größe. Es ist ratsam, typisch chinesische oder sehr schlichte Formen zu wählen. In sich gekrümmt dargestellt, hat der Drache die passende Form für alle runden Arbeiten (Tellerboden, Platte, Dosendeckel). Vollständig aufgerichtet, vermag der Drache ganz allein die Vorderseite einer Vase zu zieren: Die gegenüberliegende Seite kann man mit der Wiedergabe eines Textes in chinesischen Schriftzeichen oder... mit einem weiteren Drachen schmücken. Der Länge nach, allein oder bei der Verfolgung eines anderen Drachens dargestellt, kann er als Dekor für eine Schale oder Schüssel dienen oder ein waagerechtes Band rund um eine Vase ausfüllen.

Die Gestaltung des Drachens vollzieht sich in mehreren Schritten:

1. Aufbringen des Motivs. Den Drachen zeichnen oder durchpausen, ohne Schuppen und andere Einzelheiten, die später ergänzt werden können.
2. Nachziehen mit der Feder, diesmal mit allen Einzelheiten.
3. Farbauftrag:
   a. Kolorieren und größere Flächen wie den Drachenkörper durch Stupfen mit dem Fehhaarpinsel vereinheitlichen.
   b. Falls auf der verwendeten Vorlage die Drachenschuppen einen weißen Rand haben, müssen sie einzeln koloriert werden. Die Farbe durch Brennen fixieren.
4. Nachbessern, um die Farben dort zu verstärken, wo es gewünscht wird.

Die Drachen können in Rot, Grün, dunklem Gelb auf rotem Grund oder mehrfarbig ausgeführt werden. Es sind immer zwei Farben zu verwenden: eine dunkle für die Umrisse und die dunklen Teile sowie eine helle für die entsprechenden Partien. Für die Umrisse eines gelben Drachens verwende man Schwarz.

Die Verzierung eines großen Stückes – einer Vase zum Beispiel – setzt sich aus mehreren dekorativen Komponenten zusammen: Fäden, unterschiedlichen Streifen und Rändern, von denen einige dem Hauptsujet als Umrahmung dienen, andere das Stück selbst vollenden. Ihre Ausführung verlangt die gleichen Arbeitsschritte und die Verwendung derselben Farben. Alle Teile des Dekors sollten deshalb zeitgleich Schritt für Schritt vorankommen. Der Bequemlichkeit halber kann man zwischen der Umrißzeichnung, dem Kolorieren und dem Nachbessern jeweils einen Brand ins Auge fassen; unnötig viele sind jedoch zu vermeiden. Man darf nicht vergessen, daß der chinesische Dekormaler alles mit einem einzigen und endgültigen Brand erledigt hat, ohne tilgen oder nachbessern zu können. Mehrfaches Brennen und Vergeßlichkeit im Hinblick auf bereits verwendete Farben sind häufig die Ursache für ebenso unerwartete wie unerwünschte Farbabweichungen. Man sollte es sich deshalb zwecks Vermeidung dieses Fehlers zur Gewohnheit machen, die benutzten Farben schriftlich zu vermerken.

Der Drache ist ein leichtes, für Anfänger schnell zugängliches Motiv. Da seine Ausführung jedoch auf einer beträchtlichen Arbeit mit der Feder beruht, die Feinheit und Genauigkeit des Strichs erfordert, empfiehlt es sich, zu üben, um mit dieser Technik vertraut zu werden, bevor man ein solches Dekor in Angriff nimmt. Man kopiere die großen klassischen Vorlagen – sei es aus Gefallen, sei es, um zu lernen oder weil man selber keine Einfälle hat. Jedenfalls ist dies eine gute Übung mit einem immer Befriedigung gewährenden Ergebnis, sofern nur die Arbeit gut ist. Diese Vorlagen sollen auch als Quell der Anregung zum Schaffen neuer Dekore und neuartiger Interpretationen dienen; hat man nur eine rechte Vorstellung, die dann auch einwandfrei ausgeführt wird, so ist das Vergnügen um so größer.

Die Früchte

Als erstes Malobjekt zur Einführung in die Porzellanmalerei dient am besten der Teller – und zwar wegen seiner Größe, seiner leichten Handhabbarkeit und schließlich deshalb, weil er dem uns allen wohlvertrauten Blatt Papier ähnlich ist. Bei dem vorgestellten Modell wurden die einfachsten, grundlegenden Verfahrensweisen angewandt: Durchpausen, Umriß mit der Feder zeichnen, je eine Farbe anmachen und malen.

❑ Drachenteller.
Ausführung A. Mattei

Das Zierband auf der Tellerfahne ist aus Fruchtmotiven zusammengesetzt. Die Teller – zeitgemäße Modelle – sind quadratisch mit abgeschnittenen Ecken. Ihre nüchterne Gestalt verträgt sich gut mit dem chinesischen Stil, dessen Formenvorrat auch den achteckigen Teller einschließt. Der Tellerrand wird aus kurzen und langen Stücken gebildet, die nicht auf gleiche Weise teilbar sind; folglich mußte das Motiv für die kleine und für die große Seite jeweils getrennt ausgearbeitet werden. Nachdem die Zeichnungen erstellt waren, wurden sie in den Seitenmaßen auf Pauspapier übertragen; das gleiche geschah mit dem zentralen Motiv, das nun als erstes auf den Teller übertragen wurde; gefolgt von den Randmotiven. Der nächste Schritt besteht im konturierenden Grundfarbenauftrag.

Es gibt mehrere Weisen, die Farbe anzumachen. Für welche man sich entscheidet, wird häufig durch den Einsatz der Farbe bestimmt, der die Anwendung dieser oder jener Methode leichter erscheinen läßt, oder auch durch Gewohnheit. Man sollte indessen nach anderen Gesichtspunkten auswählen und lernen, sich der verschiedenen Möglichkeiten in gleicher Weise zu bedienen.

❑ Zwei Arbeitsabschnitte sind zu sehen: der Umriß und die Farbe. Ausführung M. Polge

Verwendete Farben:

Der Umriß: ein mittleres und ein leuchtendes Blau. Zum Malen: ein helleres Blau, ein Blattgrün, ein eher dunkles Gelb und ein Rot.

❑ Die Litschis sind rotbraun, weil dies ihre Farbe auf dem Originalstück ist. Dieser Umstand ist den Schwierigkeiten zuzuschreiben, die das Brennen von Rottönen immer bereitet hat; der vorliegende Fall (Kupferoxid unter Glasur) zeugt von einem nicht vollständigen Gelingen. Verwenden Sie ein helles, leuchtendes Rot.

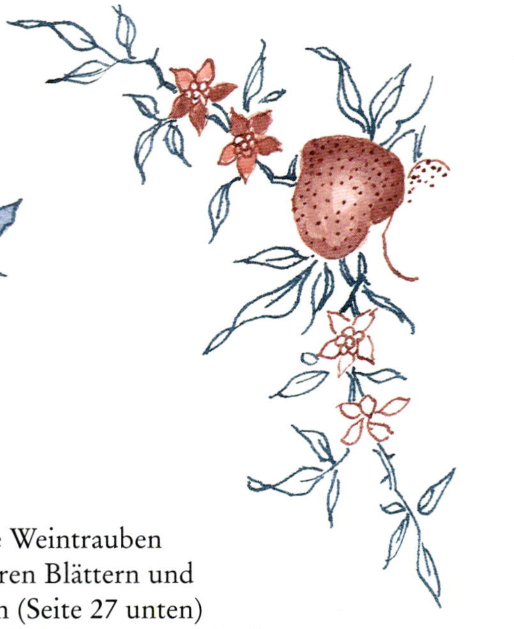

Die Weintrauben mit ihren Blättern und Ranken (Seite 27 unten) sind das Symbol der guten und reichen Ernte wie auch das des langen Lebens. Die Komposition des mehrfarbigen Motivs ist sehr schön und läßt sich durch Austauschen der Früchte vielfältig variieren.
Das Zentralmotiv unseres Tellers (Seite 26) stellt Melonen dar. Ähnliche Früchte laufen rund um eine Schale daneben (Durchmesser 15,5 cm und Höhe 7 cm), deren Inneres weiß ist. Diese Art kleiner Schale wird häufig »Palastschale« genannt, weil man glaubt, daß sie Teil des am Hofe benutzten Geschirrs war.

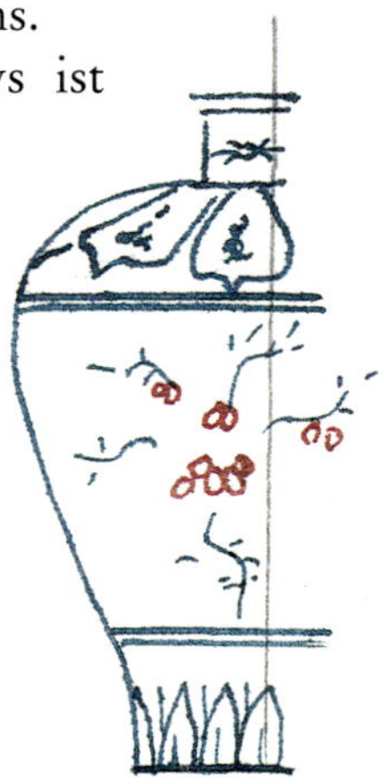

Das Kolorieren (siehe Herstellung der Farben) vollzieht sich gleichmäßig: immer nur eine Farbe auf einmal anmischen und alle ihr vorbehaltenen Stellen kolorieren.
Achtung: Im Falle von Sujets in *Gelb* und *Rot* muß man diese Farben *nebeneinander-*, aber nicht übereinanderlegen: Die Farbe Gelb neigt bei unsachgemäßer Mischung dazu, das Rot – mit Ausnahme sehr dunkler Töne wie der braunroten – aufzusaugen. Nach vollendetem Farbauftrag wird das Dekor durch Brennen im Ofen fixiert.
Die Symbolik der Früchte:
Der Pfirsich, Sinnbild des Frühlings und der Ehe, ist auch Symbol des langen Lebens. Nach der Legende spendet der Baum alle dreitausend Jahre Früchte, und wer von ihnen ißt, wird unsterblich (taoistische Mythologie). Der Granatapfel, ein buddhistisches Sinnbild, steht für eine kinderreiche Familie, Fruchtbarkeit der Felder und Wohlstand. Die Zitrone »Buddhahand«, die einer wie zum Geldempfang vorgestreckten Hand ähnelt (s. Abb. Seite 27), ist das Symbol des Reichtums.

Die Blumen

Die Technik der Malerei unter der Glasur macht Blauabstufungen von einem sehr hellen Ton bis zu tiefen, ins Violette spielenden Tönen möglich. Die Glasur wird aufgebracht, und nach dem Brennen sind Glanz wie Durchsichtigkeit vollkommen.
Die Technik der Aufglasurmalerei erreicht nicht die Tiefenwirkung der Dekore unter der Glasur. Die Farbe haftet auf der Oberfläche, und der Glanz hängt von den verwendeten Farben ab.

❑ Die vorgeschlagenen Motive lassen sich selbst für nichtchinesische Dekore einsetzen. Man braucht nur die Blumen gegen solche aus unseren Gärten auszutauschen und das Sujet in Farbe wiederzugeben – schon ist die Vorlage vollkommen verwandelt.

Will man rasch Erfahrungen im Farbgebrauch gewinnen, so sind die »Blau und Weiß«-Dekore vorzüglich dazu geeignet. Jede Farbe muß in einer Konsistenz verarbeitet werden, die ein optimales Ergebnis verspricht:

1. Eine dunkle Farbe, die zur Erzielung eines hellen Tons sehr dünn aufgetragen wird, wird nach dem Brennen glanzlos und rauh.

2. Eine Farbe, die zur Erzielung eines dunkleren Tones besonders dick aufgetragen wird, kann im Brand abspringen.

Es empfiehlt sich also, zwei Farbtöne bereitzuhalten, wenn ein Dekor »Blau und Weiß« gemalt werden soll: ein helles und ein dunkles Blau. Falls man meint, daß dieses nicht dunkel genug sei, kann man es mit ein klein wenig Schwarz – oder besser noch mit ein wenig Purpur (aufpassen, daß es nicht violett wird) – verstärken.

Bei der Auswahl des Blautons sollte man sich nicht allzu sehr auf die Farben von Reproduktionen verlassen, sie seien denn von vorzüglicher Qualität. Festzuhalten ist, daß das

❑ Motive für Tellerspiegel. Zur leichteren Ausführung und besseren Ausnutzung sind die Motive vor der Anwendung zu vergrößern.

beste Kobaltblau intensiv und strahlend ist. Man kann sich auch einfach von seinem Geschmack leiten lassen. Allen vorgestellten Motiven liegt eine Federumrißzeichnung zugrunde. Die Farbe der Blätter ist einheitlich, die der Blütenblätter hingegen abgestuft. Diese Wirkung läßt sich erreichen,

– indem man sich eines Stupfpinsels oder eines kleinen Schaumstoffschwämmchens bedient. Die Abstufung ist dann sehr gleichmäßig, die Oberflächen haben ein samtartiges Aussehen;

– indem man, wenn es sich um kleine Blütenblätter handelt, unter leichtem Drehen des Pinsels – an der Stelle beginnend, wo die Farbe am intensivsten ist – von links nach rechts der Breite nach koloriert. Verwischen und dabei entweder die Spitze oder die Basis des Blütenblattes weiß oder nur kaum getönt belassen. Mit Hilfe des Pinsels die Stengel und das Laubwerk verstärken.

Die Symbolik der Blumen:

Seit ihr dieser Titel in einem Gedicht der T'ang-Zeit verliehen wurde, ist die Pfingstrose die Königin der Blumen. Sie ist ein Symbol des Reichtums und des Adels, aber ebenso der weiblichen Schönheit, der Liebe und der Zuneigung; ist sie mit vielen Blättern dargestellt, so gilt sie als Vorzeichen großen Glückes. Der sich aus dem Schlamm erhebende und zu ganzer Schönheit erblühende Lotus wiederum ist das Symbol der Reinheit und Vollkommenheit.

Die Landschaften

»Es ist leicht, einen Berg bei klarem Wetter oder bei Regen zu malen. Sehr viel schwieriger ist es, diesen Zustand zwischen Sein und Nichtsein zu erfassen, wenn das schöne Wetter gerade dem Regen weicht oder umgekehrt dieser sich aufklärt, um schönem Wetter Platz zu machen. Oder wenn – in morgendlichen Dunst oder in Dämmerung getaucht – die Dinge im Halbschatten versinken, deutlich zwar noch, aber schon bekränzt von einem unsichtbaren Hof, der sie alle vereint.« Ch'ien Wen-shih (Song-Dynastie)

Die Landschaft ist eines der großen Themen der chinesischen Malerei. Zwischen den Epochen der T'ang und der Sung erreicht diese Gattung ihre höchste Blüte. Die Landschaftsmaler folgen den beiden Richtungen, die sich in der Malkunst abzeichnen: Die Meister aus dem Norden glänzen in der naturgetreuen Behandlung des Gegenstandes; die aus dem Süden legen eine poetische Deutung vor und scheinen zugleich auf das wirkliche Maß des Menschen angesichts des großartigen Naturschauspiels verweisen zu wollen. Gegen Ende der Sung-Herrschaft kommt die Tradition der Malerei der Gebildeten auf. Wang wei (701–761), einer der berühmtesten Künstler und Kalligraphen seiner Zeit, wird als der Schöpfer der einfarbigen Malerei angesehen.

»Seine Bilder waren Gedichte und seine Gedichte Gemälde«; dieser Kommentar zum Werk von Wang wei macht seine Wirkung gut verständlich und deutet auf die Bewegung, die er auslöst.

Diese Landschaften sind einfarbig und mit Tusche gemalt – eine Technik, die sehr gut die meditative Haltung der chinesischen Maler gegenüber der Landschaft zum Ausdruck bringt. Der Einfluß der Tuschmalerei ist besonders bei den in Schwarz und Sepia auf Porzellan gemalten Landschaften zu spüren. Diese Art von Dekor war aber erst später – nach Einführung der Farbe Schwarz zu Beginn des 18. Jahrhunderts – zu verwirklichen. Versuche mit schwarzer »Emailfarbe« (s. Seite 79) waren vorausgegangen; sie erwies sich jedoch als flüchtig und matt. In den Fällen, wo ein solcher Versuch gelang, haben die Analysen gezeigt, daß die schwarze Zeichnung von einer dünnen Schicht aus durchsichtiger, grüner Glasur geschützt wurde – eine schwierige und kostspielige Technik, die folglich auch nur wenig angewendet wurde.
Zu der Zeit der Yüan wurden die Landschaften als sehr stilisierte Nachbildungen von Gemälden – soweit sie Porzellan zierten – in Kobaltblau unter der Glasur gemalt.

Praktische Ratschläge
Ordnen Sie die Landschaft(en) auf dem zu bemalenden Werkstück an. Mit einer Feder die Konturen in Dunkelblau auftragen und den Inhalt dann kolorieren. Die chinesischen Landschaften scheinen an der Grenze zum Verschwimmen begriffen, und es ist wichtig, diese Stimmung und Geisteshaltung recht wiederzugeben. Stupfen Sie, wann immer es nötig ist, um die Farben gut zu verwischen. Brennen Sie einmal, bevor Einzelheiten nachgebessert oder die Farben dunkler gemalt werden.
Landschaften finden oft als Vasendekor Verwendung; um eine Vase mit rundem Bauch oder facettenartigen Flächen kann man eine Landschaft gänzlich umlaufen lassen (die auf Seite 10/11 vorgeschlagene Rund-Landschaft ist je nach gewünschtem Maßstab zu vergrößern). Bei quadratischen Vasen ist auf jede Fläche eine Landschaft zu malen; in diesem Fall auf zwei einander gegenüberliegenden Seiten die beiden nebenstehenden Landschaften; eventuell auf die verbleibenden Seiten je ein Detail von Seite 10/11, das als Anschlußstück dazu paßt. Eine senkrechte Inschrift in chinesischen Schriftzeichen würde diese Landschaften auf wunderbare Weise ganz im Geiste der gebildeten Maler vervollständigen.
»Die Alten pflegten die Bäume in Gruppen zu drei, fünf, neun oder zehn darzustellen. Sie zeigten sie in ihren mannigfaltigen Aspekten, einen jeden in seiner Eigenart; sie ver-

banden ihre ungleich hohen Umrisse zu einem lebendigen und harmonischen Ganzen. Ich male gern die Pinien, die Zedern, die alten Akazien und die alten Wacholder. Am häufigsten stelle ich sie zu dritt oder fünft zusammen. Ganz wie Heroen beim Kriegstanz nehmen sie unterschiedliche Hal-

tungen ein und führen sehr vielfältige Gebärden aus: Die einen senken den Kopf, die anderen heben ihn; manche kauern sich zusammen, andere schwingen sich gerade und offen empor.« Shih T'ao (Ming-Dynastie)

Die Bäume – ob chinesische oder europäische, klein im Hintergrund oder groß im Vordergrund – füllen und beleben die Landschaften. Sie haben eine beträchtliche Ausstrahlung, die oft keine Beachtung findet; und dennoch nimmt man Ungeschick in der Ausführung einer Baumzeichnung sofort wahr. Manchmal kann eine gut gemachte Arbeit durch einen Baum beeinträchtigt werden, denn entgegen allem Anschein ist es nicht leicht, einen Baum zu zeichnen. Folgt man einer Vorlage, so muß man sie aufmerksam betrachten, sie analysieren. Hat man die wesentlichen Linien erfaßt, so ist es leicht, den Gegenstand richtig wiederzugeben; dies gilt im übrigen für alles, was freihändig gezeichnet wird. Aber auch für diejenigen ist es wichtig, die durchpausen, denn beim hastigen und groben Pausen entgehen einem häufig ein störender Strich, eine unbeholfene Bewegung und unerquickliche Steifheit der Anlage.

Die islamische Kunst

Geschichtliche Darstellung der islamischen Welt

❑ Vorhergehende Doppelseite: Flache osmanische Teller

❑ Diese Teller zeugen von einer sehr eigenen Interpretation der ursprünglichen Vorlage, die aber nicht aufgegeben wird. Die fremdartigen und zugleich modern anmutenden Motive entstammen Tellern aus dem 10. Jahrhundert (Irak). Zu jener Zeit wurde kein Gold verwendet; es verstärkt aber die dekorative Wirkung der Motive und verleiht den Objekten viel Glanz und Pracht. Der Untergrund wurde mit feinem Pinselstrich koloriert.
Ausführung M. Rofougaran

Der mittlere Osten, an der Verbindungsstelle des europäischen, asiatischen und afrikanischen Kontinents gelegen, ist eine der ältesten Wiegen der Menschheit. Dieser »Umschlagplatz« hat Völker ganz unterschiedlichen Ursprungs und Wesens angezogen, hat die sumerische, chaldäische und ägyptische Kultur aufeinanderfolgen, sodann die Einflüsse der griechisch-römischen, byzantinischen, chinesischen, Hindu- und der Kunst der Steppenvölker sich kreuzen sehen…
Im 7. Jahrhundert nach Chr. tritt mit Arabien ein neuer Staat in Erscheinung, der sich schnell zu einem ausgedehnten Reich entwickelt. Mit seinen religiösen Gesetzen sorgt er für die Verbreitung einer neuen Kultur, die in sozialer, geistiger und künstlerischer Hinsicht wirksam wird. Arabien sollte jedoch den eroberten Ländern keine eigenständige Kunst bringen, sich im Gegenteil deren kulturelles Erbe mit seinen

Materialien und Techniken aneignen und es entsprechend seiner religiösen Kunstanschauung umwandeln. So gelangte eine äußerst vielfältige, eigenständige islamische Kunst zur Blüte, die für eine wichtige Epoche in der Kunstgeschichte steht; nach einer Hochzeit von etwa tausend Jahren beginnt sie gegen Ende des 18. Jahrhunderts zu verfallen.
Die Grundlagen der islamischen Kunst sind in der religiösen und politischen Geschichte des Mittleren Ostens zu finden. Der Islam ist eine monotheistische Religion, die von Mohammed im 7. Jahrhundert in Arabien begründet wurde. Seine Predigten sowie eine Anzahl von Vorschriften, die das Leben der Muslime regeln sollen (*Muslim* bedeutet Gläubiger), sind im Koran zusammengefaßt.
Mohammed gehörte den Haschimiden vom Stamme der Koraisch an, der sich in der Umgebung von Mekka niedergelassen hatte und die Stadt beherrschte. Seine Lehren riefen zu Beginn die Feindseligkeit des Klans hervor, was ihn zur Flucht nach Medina bewog. Dort gelang es ihm, einen Staat und eine Gesellschaft zu begründen, die dem Gesetz des Korans unterworfen waren. Er führt den Heiligen Krieg *(Dschihad)* ein, die Pflicht, Ungläubige zu bekämpfen, um sie zu bekehren oder tributpflichtig zu machen. Dies war das Signal zur Ausbreitung des Islam. Bald nach dem Tode des Propheten werden große Expeditionen außerhalb Arabiens unternommen, und ein unermeßlich großes Reich entsteht in weniger als einem Jahrhundert.
Die muslimische Religion verbreitet sich rasend schnell. Ein Teil des islamischen Erfolges ist der Unzufriedenheit der von unmäßiger Steuerlast und übertriebenem Prunk in Byzanz ausgelaugten Völkerschaften zuzuschreiben. So folgen die Eroberungen aufeinander, und im Jahre 700 dehnt sich das Reich im Osten bis Indien und Mittelasien, im Westen bis Spanien aus. Die Araber werden 732 bei Poitiers zurückgedrängt, geben Narbonne aber erst 759 auf. Den neuen Gebieten werden nicht nur eine politische Ordnung, sondern ebenso die arabische Sprache und islamische Kultur auferlegt, wobei der Koran die Hauptrolle spielt. Durch ihn wird das gesamte Herrschaftsgebiet vereinheitlicht.
Die Omaijaden (661–750). Nach Mohammeds Tod tragen die Herrscher des muslimischen Staates den Titel »Kalif«. Die Omaijaden- und Abbasiden-Kalifen – die beiden ersten Dynastien – sind koraischitischen Ursprungs und mit Mohammed verwandt.
Während dreier Kalifate ist Medina das politische Zentrum. Die erste Dynastie, die Omaijaden, verlegt die Hauptstadt nach Damaskus, das einen zentralen Platz in den neu islamisierten Gebieten einnimmt. Die Omaijaden sind große Baumeister. Sie errichten eindrucksvolle Moscheen, die den Islam symbolisieren. Indem sie prachtvolle Regierungssitze und Paläste bauen, schließlich die Prinzenresidenzen, die heute »Wüstenschlösser« genannt werden, wollen sie gleichermaßen ihren Reichtum wie ihre Macht zeigen.
Die Architektur nimmt unterschiedliche Gewerke in Anspruch und bewirkt ganz allgemein ein Aufblühen des Handwerks wie der Künste. Diese für die Wirtschaft und den Handel so günstige Zeit kann aber nicht als eine ruhige gelten. Das Reich wird von dauerhaften Krisen geschüttelt, die von der politischen Unbeständigkeit der in rivalisierenden Stämmen organisierten Araber herrühren, von der religiösen Spaltung (Schiiten, Sunniten und andere Strömungen) sowie von den sozialen Ungerechtigkeiten, die die nichtarabischen Muslime zu erleiden haben. Der Kalif wird durch einen Aufstand gestürzt; er entkommt jedoch im Gegensatz zu seiner Familie, die vollständig ausgelöscht wird. Abd Ar Rahman gründet das unabhängige Emirat von Cordoba.
Die Keramik dieser ersten Zeit ist einzig für den Gebrauch bestimmt. Das Nomadenleben beschränkte die Ansprüche der aus der Wüste gekommenen Stämme an die Gegenstände auf Transportierbarkeit und Zweckmäßigkeit; dafür förderte es den Sinn für die Ausschmückung der Objekte, den man in der üppigen Verzierung der Keramiken wiederfindet.
Die Dynastie der Abbasiden (750–1258), einem Onkel Mohammeds entstammend, ergreift die Macht mit Unterstützung der Schiiten aus Persien und Mesopotamien. Sie richtet eine mächtige Bürokratie ein und stützt sich auf eine muslimische, nichtarabische Armee. Diese setzt sich im wesentlichen aus türkischen Soldaten zusammen, die für ihre militärischen Qualitäten bekannt sind. Sie werden aus den türkischen Stämmen rekrutiert, die unter dem Druck der mongolischen Ausbreitung in Asien eindringen und noch eine wichtige Rolle zu spielen haben.
Die neue Dynastie beschließt eine Verlegung der Hauptstadt. Zu diesem Zweck läßt sie Bagdad und Samarra erbauen, das im 9. Jahrhundert vorübergehend Regierungssitz sein sollte. Die besten Künstler und Handwerker werden eingeladen, um diese Städte noch schöner und prächtiger als die vorhergehenden auszugestalten. Der Sinn für Luxus sowie die Bedürfnisse des Hofes beleben den Handel; Kunstgegenstände, Seidenwaren, wertvolle Steine und Porzellan aus dem Fernen Osten strömen zu. Es ist die Zeit des Harun Ar Raschid, Herrscher und Hauptperson aus »Tausendundeiner Nacht« (766–809), der ein sagenumwobenes Leben in Traumpalästen, voll von märchenhaften Reichtümern, führt.
Unter den Gewerken nimmt die Keramik einen sehr wichtigen Platz ein. Einer der Gründe dafür liegt wahrscheinlich in diesem Text des Propheten: »Gewißlich donnert das Höllenfeuer wie das Brüllen des Kamels im Bauche dessen, der aus goldenen und silbernen Gefäßen ißt und trinkt.« Selbst in den sehr reichen Häusern bestand das Geschirr aus Keramik (Ton, Fayence oder Porzellan) und aus verzinntem Kupfer.

Behälter und Gerätschaften jeder Art wurden aus Ton verfertigt, und ihr Dekor war hauptsächlich mit Engobe gemalt. Zu den bemerkenswertesten gehören die samanidischen Keramiken (Dynastie der Samaniden von etwa 874 bis 1005), verziert mit kufischen Inschriften in maronenbrauner Engobe oder in Schwarz auf einem Untergrund von weißer Engobe. Im 9. Jahrhundert entdecken die muslimischen Töpfer in Mesopotamien die Technik der Zinn-Fayencen. Ungefähr zur gleichen Zeit tauchen auch metallisch schimmernde Keramiken auf. Diese Stücke wurden bemalt, einmal glasiert und gebrannt, darauf mit einer weiteren Glasur überzogen, die Silber, Kupfer und andere Metalle enthielt. Dann wurden sie einem Brand bei niedriger Temperatur, aber bei reduzierender Atmosphäre ausgesetzt, der die Glasur in einen schillernden Schleier verwandelte. Diese Art irisierender Dekor wurde auf Glas bereits in Ägypten ausgeführt; in Persien wird diese Technik der Fayence angepaßt – sie findet weite Verbreitung in der islamischen Welt.
Im Laufe der Zeit läßt die Tatkraft der Abbasiden nach. Bauernaufstände und Unruhen, ausgelöst durch religiöse Spaltungen, schwächen die zentrale Gewalt. Örtliche Dynastien reißen in diesem unermeßlichen Reich die Macht an sich. Einige sind Vasallen der Abbasiden; andere errichten unabhängige Staaten, wie Transoxanien, Afghanistan und Ostpersien unter den Samaniden, wie das Emirat von Cordoba, das Kalifat des Maghreb, später Ägypten. Selbst in Bagdad verliert der abbasidische Kalif im Jahre 1055 die weltliche Macht und genießt nur noch Ansehen als religiöse Autorität.

Die Seldschuken. Die aus Transoxanien stammenden seldschukischen Türken beginnen gegen Ende des 10. Jahrhunderts nach Westen auszuwandern. Im Jahre 1055 läßt sich Togril, der Enkel Seldschuks, durch den Kalifen von Bagdad auf den Thron heben. Die neue, zum Islam bekehrte Dynastie übernimmt die Rolle des Beschützers und Erben der abbasidischen Kultur; sie beherrscht den muslimischen Orient vom 11. bis zum 13. Jahrhhundert. Ein wichtiger Sieg über die Byzantiner bei Manzikert (1071) erlaubt den türkischen Nomadenstämmen die Ausdehnung über ganz Kleinasien. Dieser Vorstoß der Türken ins Heilige Land setzt das große Abenteuer der Kreuzzüge in Gang.
Die Herrschaft der Seldschuken ist eine Zeit des Friedens und des wirtschaftlichen Reichtums. Sie haben nacheinander mehrere Hauptstädte, Ikonion (Konya) und Isfahan und überziehen Anatolien mit Monumenten. Sie gründen und errichten *madrasas,* islamische Universitäten; sie bauen Mausoleen, Observatorien und *khans* (befestigte Karawansereien) auf den großen, von Osten kommenden Karawanenstraßen. In den Städten mehren sich Moscheen, Krankenhäuser und öffentliche Bäder *(hammams).* Diese von intensivem intellektuellen und künstlerischen Leben geprägte Zeit ist der Entwicklung von Wissenschaften, Künsten und Gewerben sehr förderlich. Vor allem die keramische Industrie, deren Produkte als Architekturornament sehr geschätzt werden, erfährt einen beispiellosen Aufschwung. Während man die bekannten Techniken vervollkommnet, werden neue, noch ausgeklügeltere eingeführt. Am wichtigsten ist die Entdekkung einer weißen keramischen Masse in Persien, die eine Dekoration der Stücke ermöglicht, ohne daß sie engobiert werden müssen. Es handelte sich um eine bei hoher Temperatur schmelzende, weiße Fritte: Das Dekor war zwei- oder dreifarbig, grün, blau und schwarz. Außerdem wurden die Stücke mit einer

❑ Dieses Motiv entstammt dem Bruchstück einer im 14. Jahrhundert in Syrien oder Ägypten hergestellten Schale und hat nichts von seiner Schönheit und seinem dekorativen Wert eingebüßt. Im Original ist das Motiv deckend und sind die von den Pflanzenornamenten gebildeten Zwischenräume mit kleinen Schraffuren und geometrischen Formen ausgefüllt. Dieses Dekor können Sie einfarbig in Camaieu-Technik ausführen (schwarz, rot... und in Gold); für den Deckel einer rechteckigen oder quadratischen Schachtel, für den Boden eines Tabletts oder Aschenbechers. Als breiter Fries an einem hohen Gegenstand von schlichter Form würde es sich sehr gut machen.

❑ Von den dekorativen seldschukischen Blumen inspirierte Motive aus Iznik

alkalischen, durchsichtigen Glasur überzogen – eine weitere Neuheit, die gut auf der Fritte oder gemischt zusammengesetzten Massen haftete. Diese letztere Keramikart konnte unter oder auf der Glasur dekoriert werden.

Gegen Ende des 12. Jahrhunderts entwickelt sich ein neuer Dekortypus, der unter dem Namen *haft-rang* (persisch für sieben Farben) oder *mina'i* bekannt ist, der sich von *mina* – persisch für Glasur – herleitet. Die engobierten Stücke werden blaßblau, grün oder türkis bemalt, mit durchsichtiger Glasur überzogen und gebrannt. Die Motive – schwarzer Umriß und rot, gelb, maron oder blau koloriert – werden durch einen zweiten Brand bei 800 °C fixiert. Da diese Temperatur die Verwendung von mehr Oxiden zuläßt, ist die Farbpalette reichhaltiger. In der Seldschukenzeit ist dies die bei der Fliesenproduktion am häufigsten angewandte Technik.

Außer rein verzierenden Motiven schmücken figürliche Kompositionen die Wände der Würdenträger des Reiches. Die vermutlich von islamischen Handschriften angeregten Motive sind Menschen, Hunde und Vögel. Die Personen sind zu Pferde oder im Schneidersitz dargestellt. Diese Art zu sitzen – die türkische genannt – wurde aus Asien übernommen und ist in der islamischen Kunst das Symbol des von Glück gesegneten Lebens. Einige Personen tragen eine Gloriole, ein Zeichen des Adels. Die Sphingen, Harpyien und andere sagenhafte Geschöpfe erinnern an den türkischen Schamanismus in Zentralasien. All diese mit Überzügen in lebhaften, strahlenden Farben gemalten Motive stellen die eigenständigste Schöpfung der Seldschukenzeit dar. Auf dem Gebiet der Architektur wird das Mosaik aus geschnittenen Keramikfliesen eingeführt.

Mongolen und Ilkhane (1215–1353). Im Jahre 1206 hat Dschingis Khan alle mongolischen Nomadenstämme unterworfen. Er gründet einen Staat und nimmt an der Spitze einer großen Armee die Welteroberung in Angriff. Zuerst unterwirft er Nordchina, sodann Afghanistan und Ostpersien – plündernd, mordend und Schrecken verbreitend. Den Seldschuken gelingt es, in Syrien den Vormarsch der Mongolen aufzuhalten. Beim Tode von Dschingis Khan wird dessen unermeßliches Reich zwischen den Yüan in China und den Ilkhanen in Persien aufgeteilt. Der Fall Bagdads im Jahre 1258 setzt dem abbasidischen Kalifat ein Ende; im ablaufenden Jahrhundert aber sind die zum Islam übergetretenen Ilkhane vollständig eingegliedert. Ihre anhaltenden Beziehungen zu den Yüan haben einen starken Einfluß des Fernen Ostens auf künstlerischem Gebiet zur Folge, wie auch der Einfluß des Islam in China zu spüren war (siehe Historische Darstellung Chinas, Seite 65).

Timur-Leng und die Timuriden. Nach 1330 befreit ein türkisch-muslimischer Abenteurer, Timur-Leng (Tamerlan), gebürtig aus Kasch bei Samarkand, Transoxanien von den Mongolen (1363) und versucht sodann, ein neues Reich aufzubauen. Er zieht eine Spur der Verwüstung durch Armenien, Syrien und Mesopotamien, gelangt bis Ankara, wo er einen wichtigen Sieg über den osmanischen Sultan Bayazid I. erringt. Sein Reich hat jedoch nur sehr kurzen Bestand: nach dem Tode von Timur-Leng im Jahre 1405 wird es zwischen seinen Abkömmlingen aufgeteilt. Die Timuriden-Prinzen (1370–1507) beginnen mit dem Wiederaufbau der durch ihren Vater verwüsteten Gegenden. Sie sind Ästheten und Mäzene, aber schwach; nach und nach treten sie ab. Schah Ruch, der vierte Sohn des Timur-Leng, herrscht über Ostasien und Transoxanien; seine Hauptstadt Herat wird ein wichtiger Kunst- und Kulturmittelpunkt.

Hier gründen diese der Buchkunst zugetanen Herrscher ein Malatelier, das für seine Miniaturen berühmt wird. Nach den technischen Fortschritten und der Vervielfältigung der Dekore, die die Seldschukenzeit gebracht hat, ist in der Keramik ein leichter Niedergang festzustellen, wenn auch noch glasierte Fliesen sowie Keramikplatten für die Verwendung im Architekturdekor in großer Menge gefertigt werden. Ab 1400 etwa entstehen in der islamischen Welt Reiche, die mehrere Jahrhunderte lang Bestand haben.
Das Osmanische Reich wird von türkischen Prinzen, die aus einem kleinen anatolischen Emirat stammen, gegründet. Im Jahre 1453 fällt Konstantinopel, das unter diesem Namen zur Hauptstadt eines Territoriums werden wird, das in Europa Ungarn, in Asien den Kaukasus und in Afrika Algerien berührt. Die Safawiden steigen vom Aserbeidschan herab und lassen sich bis in den Chorasan nieder, mit Isfahan als Hauptstadt. Die Dynastie der großen Mogulkaiser begründet ihr Reich und den Islam in Indien. Dagegen befreit sich Spanien von dessen Einfluß; Tunesien, Algerien und Marokko werden von örtlichen Dynastien beherrscht.
Die geschichtlichen Ereignisse haben starken Einfluß auf die Künste dieser Gegenden. Dadurch, daß der Islam eine durch den Koran vermittelte Vorstellungswelt, Sprache und Kalligraphie einpflanzt, gelingt ihm die Durchsetzung von Einheitlichkeit. Dem fortschreitenden Auseinanderfallen des Reiches ist es zu verdanken, daß sich regionale Besonderheiten entwikkeln und für Vielfalt sorgen.

Die islamische Kulur hat eine leicht zu identifizierende Kunst geschaffen. Sowohl in der Architektur wie im Kunstgewerbe sind die Oberflächen durchweg üppig verziert. Die arabische Schrift ist häufig Element der Dekoration; aber selbst, wo dies nicht der Fall ist, zeugt noch das bescheidenste Motiv aus dem ungemein reichhaltigen dekorativen Repertoire von seiner kulturellen Zugehörigkeit.

Die Architekturkeramik

Die islamische Kultur hat eine große Bautätigkeit entfaltet. In einem so weiten Reich gab es viele Zentren, die in diesem kurzen historischen Überblick nicht aufgezählt werden konnten. Eine jede Dynastie wollte ihr eigenes haben und einige – wie die Osmanen – wollten mehrere. All diese Zentren mußten mit den notwendigen Gebäuden, Monumenten und Palästen ausgestattet werden; zudem sollten sie Reichtum und Macht der Kalifen und Sultane widerspiegeln. Die-

❑ Wandfliesen, Iznik, um 1580. Das Motiv erstreckt sich über vier Einheiten. Die großen, mandelförmigen Kartuschen haben einen roten Untergrund, der Tulpen, Nelken und Rosen hervortreten läßt. Die langen Blätter des »Saz«-Stils sowie die Pflaumenblüten werden durch leuchtendes Kobaltblau betont und in Türkis gemalt (vgl. Seite 48/49). Die Tulpen auf rotem Grund sind weiß und leuchtend blau, die auf Türkisgrund weiß und rot, die Blätter smaragdgrün. Während die Pflaumenstiele braun sind, wurden die der anderen Blumen auf farbigem Untergrund ausgespart.

ser Umstand trug wesentlich zum Aufschwung der Architektur und der mit der Ornamentik befaßten Gewerke bei. Es hatte sich ein sehr ausgeprägter Sinn für die Dekoration entwickelt. Tatsächlich sind in allen Bereichen – vom kleinsten Gegenstand bis zum Gebäude – die Oberflächen mit deckenden Motiven verziert. Glasierte Ziegel, Mosaike sowie Tafeln aus Keramikfliesen verkleiden Außen- wie Innenwände. Der größte Teil der Produktionskapazität der keramischen Industrie war durch die beständige Nachfrage in Anspruch genommen, die die Entwicklung des Architekturdekors auslöste; es gab sogar Phasen, in denen die gesamte Schaffenskraft nahezu ausschließlich mit dieser Spezialität befaßt war. Im öffentlichen wie im privaten Bereich wird immer noch an der Verkleidung mit Keramikfliesen festgehalten, da diese billiger als Stein oder Holz sind und dabei unbegrenzte dekorative und praktische Möglichkeiten bieten. Hier liegt ein Mittel vor, mit dessen Hilfe man ein Haus verschönern und persönlich gestalten kann. Bei vielen, die Porzellanmalerei ausüben, sind solche Dekorationsarbeiten sehr beliebt. Manche begnügen sich mit einem Fries oder einigen bemalten Kacheln, die sich vorteilhaft von einer einfarbigen Oberfläche abheben; andere malen Tafeln, die beträchtliche Ausmaße erreichen können.

❑ Indischer Elefant

Praktische Ratschläge:
a. Der Fries. Dieser besteht im allgemeinen aus einem sich wiederholenden Motiv. Das Grundmotiv auf Papier in den Fliesenmaßen aufzeichnen. Jedes (einer Fliese entsprechende) Element auf Pauspapier übertragen und die Pausen numerieren. Die islamischen Kunsthandwerker, die ganze Wände auskleideten, bedienten sich einer Schablone. Vor dem Durchpausen ist die Anzahl der für den gesamten Fries benötigten Kacheln zu errechnen und jeweils ein Element nach dem anderen zu fertigen. Bei exakter Arbeit paßt alles gut aneinander; besser aber vor dem Brennen noch einmal nachprüfen!
b. Die Tafel. Teilen Sie ein Pauspapier von der Größe der Tafel in Quadrate ein (jedes Quadrat entspricht einer Fliese) und numerieren alle. Das entweder passend gemachte oder zusammengesetzte Motiv wird auf die Pause gezeichnet oder übertragen. Man kann je nach Größe der Tafel und des zur Verfügung stehenden Platzes die Pause zerschneiden und mit einer beschränkten Anzahl von ausgebreiteten Fliesen arbeiten. Vor Arbeitsbeginn alle Fliesen sorgfältig auf der Vorderseite mit Kreide und auf der Rückseite mit Farbe numerieren!

❑ Junger Mann, der in der einen Hand einen Apfel und in der anderen eine Schale hält. Abbildung realisiert von E. Marshall im Stile des Hofmalers Reza. Persien, Isfahan, 1615–1620.

Die bemalten Fliesen gut trocknen lassen: man stapelt sie vorsichtig oder – besser noch – indem man Löschpapier jeweils zwischen zwei Stücke legt. Vor dem Brennen die gesamte Tafel ausbreiten und – soweit erforderlich – Korrekturen anbringen.

Ziermotive

Hauptmerkmale der islamischen Kunst sind die Fülle und der Reichtum der Ornamentik. Die außerordentlich mannigfaltigen Ziermotive beruhen auf dem Prinzip der Wiederholung und der Symmetrie der einzelnen Teile, das eine beliebige Ausweitung der Komposition und die vollständige Abdeckung einer Oberfläche möglich macht. Diese endlose Verknüpfbarkeit ergibt sich aus der Verbindung der Arabeske mit den Möglichkeiten der Geometrie.

Die Arabeske, die von den Arabern erfunden wurde, geht ursprünglich aus dem dekorativen Bestand des römischen und byzantinischen Kulturkreises hervor. Sie übernimmt die Wiegebewegung des Laubwerks und vereint sie mit der Palmette und dem biegsamen Akanthusblatt. Das Motiv entwickelt sich weiter bis zu seiner klassischen Form im 12. Jahrhundert. Unter den Seldschuken in Persien entsprießen diesen sehr stilisierten Pflanzenornamenten nie gesehene farbenprächtige, wunderbare Blumen. Die punktierte Lotus- und Pfingstrosen-Arabeske spiegelt zur Zeit der Dschingisiden-Dynastie im 14. Jahrhundert den gewachsenen Einfluß Chinas. Das mit der Arabeske eingeführte Blumenornament gewinnt in der Kunst der orientalisch-islamischen Welt eine grundlegende Bedeutung.

Die geometrischen Motive. Die traditionellen Künste haben sich immer die Geometrie dienstbar gemacht, der ganz natürlich ein großer Teil der Ornamentik in der klassischen Welt entstammt. Die islamische Kunst nimmt das Prinzip auf und entwickelt es auf eine Weise fort, die zu außerordentlich komplizierten und gekünstelten Gebilden führt. Die Teilung des Kreises sowie die Verbindung von Kreisen machen die Konstruktion von regelmäßigen Vielecken und Sternen möglich. Durch Vervielfachung und Unterteilung dieser Grundformen gewann man eine unbegrenzte Zahl von abstrakten geometrischen Motiven. Mittels Wiederholung und Symmetriebildung vermochte dieses Flechtwerk sich dann über die gesamte vorgesehene Fläche auszubreiten. Auch die sorgfältig ausgearbeitete Kalligraphie wird von der Ornamentik in Dienst genommen und sogar zu einem der Hauptmerkmale der islamischen Kunst.

Die islamischen Miniaturen

Die dem Koran beigemessene Bedeutung, die Notwendigkeit, viele Abschriften herzustellen sowie das Verlangen, seinen heiligen Charakter durch entsprechende Ausschmükkung zu verherrlichen, haben zweifellos zur Entwicklung der Buchkunst beigetragen. Gleichwohl konnte erst durch das Mäzenatentum das Buch zu einem Kunstwerk werden. Die Ausschmückung des Korans und der religiösen Bücher beschränkte sich auf eine ausgesucht schöne Kalligraphie, auf immer prachtvollere Buchmalereien sowie auf schöne Einbände. Die wissenschaftlichen, historischen und literari-

❑ Aschenbecher.
Ausführung L. Giblain

schen Werke wurden – da sie als solche Bilder enthalten durften – reich illustriert. Diese Illustrationen sind im Hinblick auf ihren Stil sowie je nach Zeit und Ort ihrer Entstehung sehr unterschiedlich. Sie stellen Blumen und Tiere, Kriegs- und Jagd- sowie Szenen des alltäglichen Lebens, auch Porträts dar. Die Qualität der Komposition und die hervorragende Ausführung machen aus ihnen vollgültige Werke der Malerei. Sie werden oft mit dem sehr allgemeinen Namen »persische Miniaturen« bezeichnet. Unter den Abbasiden in Bagdad beginnt die Entwicklung der Kunst der Miniatur, aber ihre Blüte erlebt sie unter den Ilkhanen- und Timuriden-Prinzen, die große Buchliebhaber sind.
Im Eindringen chinesischer Motive in das islamische Dekor schlägt sich der zu dieser Zeit gewachsene Einfluß Chinas nieder. Auch zwei weitere Malschulen erlangen Bekanntheit: die Schule des mogulischen Indien und besonders die türkische Schule aus Konstantinopel, wo die osmanischen Sultane die besten Kalligraphen und Maler des Reiches versammelt hatten. Uns faszinieren die Schönheit, oft die Poesie und fast immer die Vielschichtigkeit und Virtuosität dieser Miniaturen. Es handelt sich um sehr anziehende Sujets, die aufzugreifen man aber wegen der gebotenen Schwierigkeiten zögert. Es lassen sich jedoch einfachere finden, die auf Porzellan gemalt werden können; um sie zu kopieren, sind nur genaues Arbeiten und Geduld vonnöten. Diese Miniaturen wurden auf Papier von der Größe einer Buchseite gemalt. Als Träger der Reproduktion ist die Porzellanplatte ideal geeignet, zumal auf ihr die Arbeit besonders gut zur Geltung kommt.
Schöne Stücke kann man auch auf einfachere Weise schaffen. Man halte sich nur an ein Miniaturelement und gebe es frei wieder, indem man es an das ausgewählte Trägermaterial anpaßt. Unermüdlich hat die safawidische Miniatur das Jagdmotiv behandelt, und man braucht nur ein wenig zu suchen, um sehr dekorative Elefanten, Hirschkühe und Jäger zu finden, die zudem noch leicht auszuführen sind.
Die idealisierte Auffassung von Schönheit in der islamischen Kunst vermittelt der junge Mann auf Seite 43: ein rundes, breites Gesicht, Mandelaugen, ein kleiner Mund, volle Wangen, eine kleine Nase und lange Haare.
Die Miniatur wird durch zwei filigrane Bordüren ergänzt, gleich denen, die man am Rande des Motives sieht; eine jede endet in feinen Goldumrahmungen und farbigen Umrißlinien. Die Hinweise im folgenden sind für diejenigen gedacht, die dieses Sujet auf eine größerePlatte malen wollen, ohne dabei die Abmessung des zentralen Motivs zu ändern.

Die Ausführung (Abb. Seite 43)

1. Die Zeichnung auf die Platte durchpausen. Konturen und feine Einzelheiten mit der Feder nachziehen, dickere mit dem Pinsel. Das Gesicht sorgfältig ausarbeiten. Mit der Feder alle Linien der Einfassung in Schwarz nachzeichnen. Brennen.
2. Das zentrale Motiv mit Ausnahme von Gesicht, Händen und Hintergrund kolorieren. Turban und Kleid stupfen, ebenso die Einfassung. Brennen.
3. Das Sujet mit Schutzlack abdecken; den Untergrund stupfen. Die Einfassung mit Tupfen versehen. Brennen.
4. Gesicht und Hände durch Stupfen kolorieren; die Farben – falls erforderlich – verstärken. Jetzt sollte das endgültige Erscheinungsbild erreicht sein. Brennen.
5. Alle Nachbesserungen äußerst sorgfältig in Weiß ausführen. Gold auftragen – dabei mit dem Dekor des blauen Fonds beginnen, sodann der Reihe nach den Goldrand, die Tüpfel und schließlich die farbigen Umrahmungen.

Die spanisch-maurische Fayence

Im Jahre 711 erobern die Muslime fast die gesamte spanische Halbinsel. Sehr bald jedoch löst sich dieser Teil des Reiches von Damaskus. Im Jahre 756 flüchtet ein Überlebender der Omaijaden nach Spanien und gründet als Abd Ar Rachman I. das Kalifat von Cordoba. Am Ende des Jahrhunderts ist auch ein großer Teil des Maghreb unabhängig. Zu Beginn des 11. Jahrhunderts machen sich rivalisierende Banden *(taïfas)* in Spanien das Kalifat von Cordoba streitig. Dieses erlischt im Jahre 1031; sein Gebiet wird in kleine unstabile Königreiche geteilt.

Zur selben Zeit herrscht über Marokko und den Maghreb bis Algier die Dynastie der Almoraviden, die strenge Muslime sind. Nach der Zersplitterung des muslimischen Spaniens werden sie von den *taïfas*-Regionalkönigen gegen das christliche Vordringen zu Hilfe gerufen. Die Almoraviden besetzen Spanien; im 12. Jahrhundert treten die Almohaden, eine weitere Berberdynastie, an ihre Stelle. Der Niedergang der Dynastie im 13. Jahrhundert versetzt die christliche Reconquista in die Lage, dieser einen spanischen Besitz nach dem anderen zu entreißen. Letzte maurische Bastion ist das Königreich Andalusien, das von der Nasriden-Dynastie regiert wird. Im Jahre 1492 setzt die Einnahme von Granada acht Jahrhunderten muslimischer Oberherrschaft ein Ende.

War auch die Kunst der Keramik auf der iberischen Halbinsel zur Blüte entwickelt, so tritt die Lüster-Fayence hier doch erst nach der maurischen Besetzung in Erscheinung. Die Fayence wie die Lüstertechnik waren ungefähr im 9. Jahrhundert in Mesopotamien erfunden worden. Durch die islamischen Eroberungen wurden sie rund um das Mittelmeerbecken verbreitet. Nach Spanien dringen diese Techniken mit dem Einfall der Berber. Sie produzieren eine besondere Keramik, die als spanisch-maurische Fayence bekannt ist. Man könnte sogar sagen, daß es sich hier um die Geburt der Fayence in Europa handelt.

Das Königreich Andalusien war der Entwicklung dieser Keramik besonders förderlich. Der Bau der Alhambra in Granada beginnt 1273; dieser Palast wird nach und nach mit außergewöhnlichen Fayencen in Blau und Weiß, auch mehrfarbigen und solchen mit Metallglanz ausgekleidet. Das prachtvolle Lüstergeschirr erfreut sich hoher Wertschätzung am Hofe der Nasriden-Könige, der auch eine wichtige Rolle für dessen Entwicklung spielte.

Malaga in Andalusien ist eines der berühmtesten Fabrikationszentren in Spanien; vermutlich wurden hier die ersten Lüster-Fayencen hergestellt. Es war zugleich ein wichtiger Hafen, von dem aus die weithin bekannten vergoldeten Töpferwaren in die Länder des Mittelmeerraumes und sogar bis nach England gelangten.

❑ Diese rechteckige Kachel aus dem Iznik der zweiten Hälfte des 15. Jahrhunderts ist ein Beispiel für die Knoten-Arabeske, ein ungemein beliebtes Ziermotiv. Ihr Urheber, Meister der Knoten genannt, verbindet sie häufig mit anderen Motiven, etwa den *tchis,* die auf chinesische Wolken zurückgehen. Auf dieser Kachel wird das Dekor durch Übereinanderlegen einer dünnen und einer dicken geknoteten Arabeske gebildet. Es kann für eine Kuchenplatte verwendet werden oder für einen quadratischen Gegenstand, falls man nur das mittlere Motivteil berücksichtigt. Es kann aber auch rund um zylindrische Gegenstände laufen (Tasse, Vase …) oder senkrecht, sofern der Gegenstand über Flächen verfügt. Die Abbildung zeigt mehrere Vorschläge hinsichtlich der Farbgebung.

Ein sehr bekanntes Beispiel aus dieser Produktion stellen die vorzüglichen Vasen der Alhambra mit Henkeln in Flügelform dar. Ihre Größe, die Originalität und Eleganz des Dekors sowie die Ausführung zeugen vom Talent und der Meisterschaft der Künstler, die sie entworfen und verziert haben. Es gibt zwei Dekortypen bei den Malaga-Fayencen. Auf den *obra dorada* (vergoldete Töpferwaren) sind die sehr ausgearbeiteten Motive und Verzierungen vergoldet. Der andere Dekortypus gründet auf dem Kontrast von Blau und Lüster gegen den gräulich-weißen Fayenceuntergrund. Die Nasriden pflegen einen sehr prächtigen Dekorationsstil. Das Innere der Schalen und Schüsseln – oft in Felder unterteilt – ist reich in islamischer, von persischen Motiven beeinflußter Art verziert. Bänder aus kufischen Schriftzeichen oder einzelnen Wörtern, die Wünsche wie »Segen«, »Glück«, »Wohlhabenheit« ausdrücken, vervollständigen die Ausschmükkung. Der Niedergang der Nasriden-Dynastie wirkt sich auf die Produktion der prunkvollen Lüster-Fayencen in Malaga aus, die bis zum 15. Jahrhundert nach und nach erlischt. Bis in unsere Tage jedoch wird in den Werkstätten von Malaga Gebrauchsgeschirr ohne ästhetischen Anspruch hergestellt.

Manises. Seit dem 14. Jahrhundert lassen sich die Töpfer von Malaga in anderen Gegenden Spaniens nieder. Sie tragen ihr Wissen und ihre Erfahrung in die örtlichen Werkstätten. In Manises bei Valencia werden Technik und Dekor von Malaga so gut nachgeahmt, daß eine Unterscheidung der Produktion aus beiden Städten schwierig ist. Die Werkstätten von Manises ziehen großen Nutzen aus dem Niedergang Malagas, da die vergoldete Fayence zu dieser Zeit immer neue Bewunderung und Nachfrage auslöst. Die Töpfer von Manises stellen die verschiedensten Gegenstände her: Salbentöpfe und *albarelli,* Krüge, Seidel, Handwaschbecken, große Fruchtschalen auf Sockeln, tiefe Teller und große Platten, schließlich sehr vielfältige Dinge des täglichen Gebrauchs. Diese Aufzählung nennt Stücke, die sich anbieten, falls man in diesem Stil zu arbeiten wünscht.

Der Einfluß der islamischen Kunst ist aber nicht auf die Zeit der Eroberung beschränkt: Der Glanz des osmanischen Hofes sowie die Freude am Exotischen im 13. Jahrhundert bringen »Türkerien« hervor, die man mit den Chinoiserien verwechseln könnte, trügen die Personen nicht Turbane. Im 19. Jahrhundert werden diese Motive ausgiebig nachgeahmt oder dem europäischen Geschmack angeglichen.

❑ Von 1560 an kennzeichnet eine Farbe die Produktion aus Iznik: Es handelt sich um ein außergewöhnliches und einzigartiges Rot, das von ebenso leuchtenden Farben begleitet wird – intensivem Smaragdgrün und leuchtendem Blau. Verwenden Sie diese Vorlage wie die vorhergehende Abbildung.

Die Keramik aus Iznik

❑ Schale im »Saz«-Stil.
Ausführung A. Cassagne

Als der Begründer der osmanischen Dynastie im Jahre 1331 Nizäa zu seiner Hauptstadt machte, gab er ihr den Namen Iznik. Es handelte sich um eine Stadt mit glänzender kultureller und künstlerischer Vergangenheit. Im Jahre 1402 wurde sie von Timur-Leng geplündert, und nach Berichten von Reisenden aus dem Abendland entbehrte sie fortan jeden Reizes. In Iznik trafen alle für eine Keramikindustrie günstigen Voraussetzungen zusammen: ein Überfluß an von ihr benötigten Materialien (Holz, Wasser und Ton) sowie eine alte Tradition der Töpferei. Die byzantinische Technik wurde durch die überlieferte osmanische Frittentöpferei ersetzt. Zwei Jahrhunderte lang war Iznik ein bedeutendes Zentrum der Keramikproduktion, die ihre ungeheure Entwicklung dem nahegelegenen Konstantinopel verdankt. Der Bau neuer Paläste, religiöser Bauwerke und Residenzen sorgte für den Bedarf an Fliesen, und der Reichtum der Großstadt brachte eine Nachfrage nach schönem Geschirr hervor. Die osmanischen Sultane wandten sich mit ihren Aufträgen nämlich an Iznik. Während der 52 Tage dauernden Festlichkeiten anläßlich der Beschneidung des Prinzen Mehmet wurden 541 Stücke aus Iznik zur Ergänzung des chinesischen Porzellanservices gekauft, das sich angesichts der großen Gästezahl als nicht ausreichend erwiesen hatte. Auch Murad III. bestellte aus Anlaß der Heirat seiner Tochter in Iznik 1033 Stücke. Unter der Herrschaft Sulaimans des Prächtigen, der ein großer Bauherr war, mußten die Töpfer die Geschirrproduktion zugunsten derer von Wandkacheln einschränken.

Die Iznik-Keramik ist eine der schönsten Schöpfungen der islamischen Kunst und wurde sofort sehr geschätzt. Schenkungen der Sultane und Wesire an ausländische Botschafter, von Liebhabern eingerichtete Sammlungen sowie Reisende machten sie in Europa bekannt. So verfügte Iznik über einen recht ansehnlichen ausländischen Kundenstamm, den in der Hauptsache italienische Familien aus Florenz, Venedig, Rom und Mantua sowie dalmatinische Familien bildeten, die große Gedecke mit Wappen in Auftrag gaben. In einem Verzeichnis der Medici (»Guardaroba« von 1560) werden *terre di Salonich simili alla porcellana* erwähnt, was die Vermutung nahelegt, daß es sich um »Blau und Weiß« aus osmanischer Produktion zu Iznik handelte.

Seit dem 17. Jahrhundert mehren sich ökonomische wie politische Probleme, in deren Folge die großen Bauvorhaben seltener werden und die Nachfrage nach Verkleidungskeramik zurückgeht. Zudem fühlt sich der osmanische Hof stärker von der europäischen Kunst angezogen; seine Bestellungen aus Iznik nehmen empfindlich ab. In Ermangelung der Unterstützung durch den Hof verschwinden viele Werkstätten oder aber sie müssen für eine weniger anspruchsvolle Kundschaft und zu geringeren Preisen arbeiten. Die Qualität sinkt allmählich; die ruhmreiche Zeitspanne der Iznik-Keramik ist vorbei. Die in Iznik ausgeübte Technik ist die des unter Glasur gemalten Dekors. Die zu jener Zeit hergestellten Fliesen waren auf weißem Körper reich verziert, zuweilen sogar mit Goldüberzug. Hingegen hatten die ersten in Iznik angefertigten Töpferwaren rote Körper. Die Stücke ließ man, nachdem sie mit weißer Engobe überzogen worden waren, an der Sonne trocknen. Der Kunstmaler benutzte Schablonen, um gewisse Motive mittels Kohlestaub durchzupausen und malte mit Pinsel und Farben auf Metalloxidbasis. Die Stücke erhielten dann eine durchsichtige, farblose Bleiglasur, bevor sie einem Brand bei 900 °C bis 1250 °C unterzogen wurden. Dieser ziemlich schwere und gewöhnliche Geschirrtypus wurde bald aufgegeben. Dank des Interesses, das Mehmet II. der Keramik entgegenbrachte, sowie seiner Unterstützung gelang es den Töpfern von Iznik, Stücke mit weißem Körper herzustellen, die genauso aussahen wie chinesisches Porzellan.

Der Erfolg der Keramik aus Iznik ist deren leuchtenden und intensiven Farben zuzuschreiben. Dennoch ist ihre Palette begrenzt; sie enthält nur sieben Farben: Blau, Türkis, Grün, Schwarz, Violett, Rot und – seltener – Grau. Das Blau wurde auf der Grundlage von Kobaltoxid hergestellt, das aus Kaschan kam. Aus Kupferoxid wurde je nach Farbzusammenstellung und Brennverhältnissen Türkis oder Grün gewonnen. Das Kobalt- wie das Kupferoxid neigen zum Verlaufen, weshalb die osmanischen Töpfer – um die Farbe in den gewünschten Grenzen zu halten – Gebrauch von der Konturenzeichnung machten. Bis 1530 etwa sind diese Konturen von einem sehr dunklen Blau, das aus einem dermaßen konzentrierten Kobalt gemacht war, daß es beinah ein Relief bildete und nicht zerfloß. Um 1540 werden die Konturen in Grüngrau und von 1550 an in Tiefschwarz ausgeführt. Ungefähr zwanzig Jahre lang wurde Manganviolett verwendet und dann durch Rot ersetzt.

Kaum eine Farbe setzt dem Gelingen solche Schwierigkeiten entgegen wie das Rot unter der Glasur. Es wurde bereits zuvor in der islamischen Keramik verwendet; es erscheint matt und bräunlich im Vergleich zum leuchtenden Rot, das man im 17. Jahrhundert in Iznik erzielte. Dieses großartige Rot der osmanischen Töpfer entstammte einem kalk-eisenhaltigen Ton – auch armenischer Bolus genannt –, der in erheblichen Mengen in Anatolien nahe bei Kütahya, einem anderen bedeutenden Keramikzentrum, vorkam. Dieser Ton war sehr bekannt für seine adstringierende und heilende Wirkung: er wurde zur Pflege von Wunden angewandt, zumal der durch die Beschneidung verursachten. Dick auf Keramik aufgetragen, ist diese Engobe aus rotem Ton von außerordentlicher Lebendigkeit und plastischer Wirkung. Der Bolus, auch *terra miracolosa* genannt, war ebenfalls in Italien bekannt. Zur Verzierung der Majolika verwendeten die Töpfer derselben Zeit in Castel Durante dieses Rot aus einem toskanischen Vorkommen.

Die Produktion aus Iznik wird durch mehrere Stile bestimmt. Einige Dekore sind aus China übernommen, andere gehören der islamischen Welt an; alle verändern sich aber unter örtlichen Einflüssen. Es bildet sich ein typisch osmanischer Stil aus, der auch ausgiebige Interpretationen erfährt. Wegen ihrer hohen Qualität und der Mannigfaltigkeit der Dekore nimmt die Produktion aus Iznik die Spitzenstellung innerhalb der islamischen Keramikkunst ein.

Der vom chinesischen »Blau und Weiss« inspirierte Stil

Am osmanischen Hofe wurde das chinesische Porzellan sehr geschätzt. Die Sultane bestellten es nicht nur als Tafelservice, sondern auch zu ihrem Sammlervergnügen. Sie hatten nämlich im 15. Jahrhundert eine Sammlung angelegt, die nach 1514 noch beträchtlich anwuchs, als Selim I. Täbris plünderte und dabei reiche Beute machte. Darum beherbergt der Topkapı Sarayi, der heute ein Museum ist, zahlreiche Meisterwerke der chinesischen Keramikkunst.

Topkapı Sarayi war der kaiserliche Palast, der aber auch Werkstätten umfaßte, in denen die besten Kunsthandwerker des Reiches arbeiteten. Die benötigten Rohstoffe wurden ihnen zur Verfügung gestellt, die Qualität ihrer Arbeit streng überwacht. In diesen Werkstätten führte man kaiserliche Aufträge aus; darüber hinaus erlernte der Sultan hier ein Handwerk nach seiner Wahl, ganz wie es die Tradition verlangte. Die Buchwerkstatt, *nakkashane,* war von allen Werk-

❑ Ein Motiv, das man in der osmanischen Keramik häufig findet, sind Sträuße aus Tulpen, Margeriten, Hyazinthen und anderen Frühlingsblumen, die aus einer Vase ragen. Sehr wahrscheinlich ist es von chinesischen Vorlagen inspiriert, unterscheidet sich aber von diesen durch die vollkommen symmetrische Anordnung der Blumen; sehr oft in der blauen und türkisen Gruppe von Keramike zu finden, wird aber auch mehrfarbig ausgeführt.

❑ Osmanischer Lampenfuß.
Ausführung B. Gintzburger

stätten die wichtigste. Die Miniaturmaler und die Buchkünstler schufen Motive und Dekore, die sodann von den anderen Gewerken aufgenommen wurden. Auf diese Weise entstand der die Epoche kennzeichnende Stil im *nakkashane.*
Wurde anfangs von den Töpfern in Iznik noch verlangt, das chinesische Porzellan zu kopieren oder nachzuahmen, so setzten sich sehr bald die von den *nakkashane*-Meistern geschaffenen Dekore durch.
Ausgiebig bediente man sich jedoch des Repertoires der chinesischen Ziermotive. Lotus, Chrysanthemen, Pfingstrosen und Kamelien wurden übernommen, und gewisse Dekore wie das der »Wellen und Felsen« auf dem Tellerrand entwickelten sich zu großen Rennern. Die Anordnung des Dekors auf Schalen und zumal hohen Stücken, wo kontrastierende Motive gegeneinandergestellt sind, bleibt in der »Blau und Weiß«-Periode sichtbar von China beeinflußt. Der chinesische Stil »auf osmanisch« wird *hatâyï* genannt, was von Kathai, China, herrührt.
Das Dekor des nebenstehenden Stücks wurde von einer Moscheenlampe angeregt, die Sulaiman für die Kuppel des Felsendomes in Jerusalem bestellt hatte. Das Original ist kobaltblau und türkis, durch Schwarz betont und mit *tchis* sowie Koraninschriften verziert.
Bei der Anpassung der Vorlage wurden die Inschriften fortgelassen und bei gewissen Motiven das Schwarz durch Gold ersetzt.

Arbeitsschritte:

1. Größe und genaue Form der Motive in Dunkelblau auf dem Papier festlegen. Mittels Durchpausen auf das Werkstück übertragen. Schutzlack um die Motive auftragen und diese in Dunkelblau stupfen. Schutzlack abziehen. Brennen.
2. Mit der Feder die *tchis* in Dunkelblau auf Hals und Bauch zeichnen. In Türkis kolorieren. Brennen.
3. Die Streifen an Fuß, Bauch und Hals in Türkis stupfen. Die zentralen Motive – falls erforderlich – verstärken. Brennen.
4. Die Motive in Gold ausführen. Das Gold brennen.

Das *tchi* – die chinesische Wolke – wurde übernommen, umgewandelt und assimiliert. Es fügt sich auf vollkommene Weise in den Arabeskenverlauf und wird manchmal seiner eigenartigen Form wegen als »Agraffe« bezeichnet. Die *tchis* können entweder als alleinige Dekorelemente oder in Verbindung mit anderen Motiven verwendet werden.

Der Stil des Abraham von Kütahya

Zwischen 1470 und 1520 tritt ein neuer und eigener Stil in Erscheinung, der sich schnell durchsetzt. Zugeschrieben wird er Abraham aus Kütahya, auch Baba Nakkash (in der Übersetzung: ehrwürdiger alter Dekorationsmeister) genannt, einem armenischen Künstler am Beginn des 16. Jahrhunderts, Buchmaler am Hofe Mehmets des Eroberers. Sein Werk soll diesen Stil begründet haben. Dieser neue Stil verknüpft das klassische formale Gefüge der islamischen Motive – die Arabeske oder *rumi* – mit der Blütenspirale des chinesischen Porzellans oder *hatâyï,* weshalb diese Dekore auch *rumi-hatâyï* genannt werden.
Die Dekorelemente sind auf komplizierte Weise zusammengesetzt; sie bedecken die Oberfläche des Gegenstandes vollkommen und werden manchmal durch kufische Inschriften ergänzt. Die Motive treten oft aus einem Untergrund von äußerst dunklem Blau hervor: das Kobalt ist so dick, daß es nahezu schwarz erscheint. Gegenstände in diesem Stil, aber von minderer Qualität hinsichtlich Keramik und Dekor, die man auf den Inseln der Ägäis sowie in Milet gefunden hat, werden nach dieser Stadt benannt. Gleichwohl wurden sie in

beträchtlichem Umfang für einen großen Kundenkreis in Iznik hergestellt. Der Stil des Abraham von Kütahya entwickelt sich weiter, und zu Beginn des 16. Jahrhunderts sind die Motive heller und luftiger: Das verwendete Blau ist weniger dunkel, dem Weiß wird viel Platz gelassen. Zur selben Zeit erscheinen – einbezogen ins Arabeskengefüge – das Motiv des »Knotens« und das der »Wolke«, beide zu diesem Stil gehörig.
Objekte, die zu dieser Gruppe gehören und lange Zeit den Töpferwerkstätten am Goldenen Horn zugeordnet wurden, werden »Keramiken des Goldenen Hornes« genannt. Tatsächlich wurden sie um 1530 in Iznik hergestellt; sie unterscheiden sich in ihrem Dekor von der übrigen Produktion. Das Grundmotiv ist eine kleine, sehr schlichte Blüte am Stielende mit zwei winzigen Blättern, das sich wiederholt und dabei eine enge, konzentrische Spirale bildet. Diese Spiralen sind durch Medaillons miteinander verbunden und können so leicht jede beliebige Fläche bedecken. Ein Ensemble dieser Motive erinnert an die *tugra,* den kaiserlichen Namenszug Sulaimans des Prächtigen, und folglich wird es auch zuweilen als Stil »der *tugras*« bezeichnet.

❑ Die nebenstehende Abbildung zeigt die *tchis* als einzigen Dekor einer tiefen osmanischen Schale von 45,5 cm in Blau. Die Anordnung ist wie folgt:
– Die durch zwei Fäden begrenzte Innenfläche der Schale wird von den in Schwarz und Weiß ausgeführten Motiven bedeckt: Die runde Fläche in sechs Segmente teilen und abwechselnd je dreimal das große und das kleine Motiv wiederholen. Die Anordnung ist strahlenförmig, und die Motive berühren den gemalten Rand;
– der Steigbord ist trotz der Höhe dekorlos;
– auf den zu beiden Seiten von einem Doppelfaden (wie auf der Innenfläche) begrenzten Schalenrand wiederholt sich das längliche *tchi* (in Farbe) fünfmal in gleichem Abstand. Die äußeren Fäden sind etwas weniger als einen Zentimeter vom Rand entfernt, der selbst jedoch weiß bleibt.
Diese Vorlage wirkt sehr schön und ist dabei nicht schwer herzustellen.
Auf der Schale von Seite 55 bilden die von Blumen umgebenen *tchis* ein dichteres und prächtigeres Dekor.

❑ Zwei vom »Stil des Goldenen Hornes« inspirierte Kaffeetassen

❑ Die Abbildungen zeigen einerseits Originalbeispiele für den Stil des Abraham von Kütahya, andererseits vereinfachte Ausführungen auf der Grundlage dieses Stils.

Der »Saz«-Stil

Die Ursprünge des »Saz«-Stils liegen in Illustrationen aus einem epischen sassanidischen Werk des 15. Jahrhunderts. Unter Verwendung einiger ihrer Elemente hatte Shahkulu, Leiter der *nakkashane,* Motive dieses Stils geschaffen und diesen somit in die osmanische Kunst eingeführt. Eines der Motive ist das Saz-Blatt, das einer gebogenen Feder oder einem Blatt mit gezackten Rändern ähnelt. Es ist oft mit kleinen Blüten oder weißen Knospen geschmückt, dabei geschmeidig und kräftig. Das andere Element – rund und unbewegt – ist die Blüte. Diese großen, gemischten Blüten und entfalteten Rosetten wiegen sich an dünnen und biegsamen Stielen, die sie über die Oberfläche des Stückes ausbreiten. Diese Wirbelbewegung und die langen, gekrümmten Saz-Blätter ergeben lebendige und dynamische Kompositionen. Die Schale von Seite 48 ist die Kopie eines zur Sammlung des British Museum gehörenden Stückes. Das Original hat einen Durchmesser von 38,5 cm und zeigt ein für den Saz-Stil typisches Motiv:

- Das Sujet wurde photographiert, durch Photokopieren auf das gewünschte Maß vergrößert und durchgepaust.
- Die Umrisse und alle Details wurden mit der Feder in Schwarz nachgezogen.
- Koloriert wurde nacheinander je in einer Farbe.
- Nach dem Brennen wurden einige Farben verstärkt.

❑ Die Zeichnung nimmt das »Saz«-Motiv wieder auf, das auf Seite 48 zu sehen ist.

Bei den verwendeten Farben handelt es sich um ein helles und ein dunkles, jeweils sattes und intensives Blau sowie um ein Salbeigrün. Die Komposition von Seite 57 wird beherrscht von einem Baum mit blauem Stamm, gekrönt von einer großen, mit Schuppen versehenen Frucht (Artischocke oder Kiefernzapfen?). Diesem Dekortypus wird zuweilen die Bezeichnung »mit Artischocken« gegeben; häufig enthält er mehrere. Im Gegensatz zur Starrheit des Baumes scheint ein Wirbel aus stilisierten Blumen, Knospen und »Saz«-Blättern den vom Rand festgelegten Grenzen entfliehen zu wollen; einige Blüten sind zur Hälfte abgeschnitten. Außergewöhnlich ist das Motiv des Pfaus für die Iznik-Keramik dieser Zeit.

Neue Blumen bereichern das dekorative Repertoire: die Rose mit ihrer Knospe, die Tulpe, Krokusse und kleine Frühlingsblumen.

❑ Rechte Seite: Tiefer Teller mit Pfau aus Iznik im »Saz«-Stil, um 1540. Höhe und Durchmesser ca. 38 cm. Ein geschwungener schwarzer Faden grenzt das Motiv zum Rand hin ein.

Von 1540 an wird die Palette reichhaltiger. Hellrosa, Lila und Aubergine werden aus Mangan gewonnen; ebenso werden Grün (vom Salbei- bis zum Olivton), Maronenbraun und Grau eingeführt. Die Umrisse der Motive, die anfangs von einem nahezu schwarzen Grün waren, werden in der zweiten Jahrhunderthälfte schwarz.

Der Stil der »Vier Blumen«

Der Nachfolger von Shahkulu in der Direktion der kaiserlichen *nakkashane,* Kara Memi, soll dieses Dekor eingeführt haben, das auch oft mit seinem Namen bezeichnet wird. Im Gegensatz zum »Saz«-Stil, der aus der Fantasie schöpft, bezieht der Stil der »Vier Blumen« seine Anregungen aus der Wirklichkeit. Tulpe, Rose, Hyazinthe und Nelke sind sehr gut zu erkennen; sie sprießen ganz wie in der Natur im Garten. Manchmal bricht ein Stengel, und eine der Blüten wird durch ihr Gewicht niedergezogen, was der Zeichnung ein natürliches und lebendiges Aussehen verleiht, selbst wenn das Motiv wiederholt wird. Diese Blumen sind auf so typische Weise angeordnet und verbreiten eine so eigene Stimmung, daß der rein osmanische Stil – vielleicht der dekorativste, mit Sicherheit der am meisten geschätzte – leicht identifizierbar ist. Er eröffnet eine neue Farbpalette mit Rot und Smaragdgrün. Der unmittelbare Erfolg des Kara Memi-Stils beruht wahrscheinlich auf der symbolischen Bedeutung, die einigen der dargestellten Blumen zukommt.

Die großen gemischten Blumen werden gegen andere Pflanzen wie den Granatapfel, die Artischocken oder den mit Schuppen besetzten Kiefernzapfen ausgetauscht, die alle sehr dekorativ wirken. Einige Farbtöne sind selten und erlesen, wie das Grau, Mauve und die Töne zwischen Lind- und Olivgrün. Die Blautöne sind sehr kontrastreich und intensiv.

Einen bevorzugten Platz nimmt nach gängiger Auffassung die Tulpe deshalb ein, weil ihr Name – *lâle* – das Anagramm von Allah sein soll; jedoch führt das Studium der Etymologie von »Tulpe« und »Rose« zu anderen Bedeutungen.

Die Tulpe wurde im osmanischen Türkisch bis ins 16. Jahrhundert *dülbent lâlesi* oder »Turban lâle« genannt, vermutlich wegen ihrer Ähnlichkeit mit der Kopfbedeckung. Das Wort »dülbent« wird zum etymologischen Ursprung für Tulpe in verschiedenen europäischen Sprachen. Im Persischen und osmanischen Türkisch jener Zeit wurde »*lâle*« als Gattungsbegriff für eine wilde Blume benutzt im Gegensatz zu »*gül*«, das eine Kulturblume meint. »*Lâle*« bezeichnete schließlich einzig wilde Blumen von roter Farbe und ging in die mystische Literatur als »Blutblume« und »Schmerzensblume« ein, das Symbol für die Seele auf der Suche nach Gott. Es war das Symbol der Initiation; *gül,* die Kulturblume, das der Seele im Zustand der Gnade oder des *baraka.* Eine weitere Entwicklung führte dazu, daß *gül* der Artname für die Rose und *lâle* der für die rote Tulpe und für Tulpen ganz allgemein wurde, wobei ihre symbolische Bedeutung erhalten blieb. Macht der Erfolg des Stils den Erfolg der Tulpen aus oder verhielt es sich umgekehrt? Tatsache ist, daß Tulpenzwiebeln an Botaniker verschickt, daß Tulpen in zahlreichen Ländern auf Holzschnitten abgebildet wurden und daß diese den Türken so werte Blume in Europa eine wahre Tulpenmanie auslöste.

Das Personendekor taucht gegen Mitte des 17. Jahrhunderts auf. Das Sujet auf der Schale von Seite 60 ist von einer mogulischen Miniatur aus dieser Zeit inspiriert, die einen im Garten lesenden jungen Mann darstellt. Die Behandlung des Themas ist naiv und der Garten nur durch einige Blüten an Stengeln symbolisiert. Diese Schale gehört zur Sammlung osmanischer Fayencen von Auguste Salzmann, der zwischen 1865 und 1878 französischer Konsul auf Rhodos war; sie ist in Écouen ausgestellt. Die mehr als fünfhundert Stücke zählende Sammlung hat wesentlich zur Verbreitung des Stils

❑ »Der junge Mann mit dem Brief«, Teller aus Iznik, 17. Jh., zur Zeit des Niedergangs. Höhe 6 cm, Durchmesser ca. 30 cm.

beigetragen, den man fälschlicherweise den Stil »von Rhodos« nennt, bei dem es sich aber um eine Produktion von minderer Qualität handelt, wie sie Iznik zu dieser Zeit exportierte.

Das Motiv des Schiffes – allein oder im Flottenverband – taucht gegen 1530 auf, bleibt aber lange Zeit selten. Dieses sehr anziehende Sujet wird mit der Einführung der Farbe schließlich in die planmäßige Produktion übernommen. Als die Werkstätten von Iznik sich leicht, schnell und wirtschaftlich herzustellenden Dekoren zuwandten, wurde es zu einem alltäglichen, auf Tellern, Töpfen und Seideln präsentierten Motiv.

In einigen Vorlagen wird die Komposition von einem gewaltigen Schiff, einer Galeone, beherrscht, die den Tellerspiegel fast gänzlich ausfüllt; bei anderen ist die ganze Oberfläche mit einer Flotte von kleinen Schiffen geschmückt, die Lateinsegel gesetzt haben. Die Segel sind weiß auf hellgrünem Grund oder gestreift, sofern der Grund weiß ist. Diese kleinen Schiffe sind zwischen Wellen und stilisierten Felsen alle gleich ausgerichtet. Die Seglerdekore dieses Typus sind ebenfalls Bestandteil jener osmanischen Keramiken, die lange Zeit irrtümlich als »Fayencen von Rhodos« bezeichnet wurden.

Man kann sich nicht vom Osmanischen Reich trennen, ohne der Persönlichkeit des Monarchen zu gedenken, der im 16. Jahrhundert in Italien und Frankreich den Beinamen Sulaiman der Prächtige erhielt. Sulaiman – Erbe eines beträchtlichen, seit dem 13. Jahrhundert kontinuierlich aufgebauten Reiches – besteigt den Thron im Jahre 1520. Er sieht sich in der Tradition der Osmanli-Krieger, der *gazı* des Hauses Osman, und führt in zwölf Feldzügen seine Armee selbst. Unter ihm erreicht das Osmanische Reich seine größte territoriale Ausdehnung und richtet sich bedrohlich gegen die abendländischen Mächte. Diese politische Höhenluft bringt auch die Künste und Ideen auf allen Gebieten zum Erblühen. Sulaiman war nicht nur ein Mann des Krieges: eine tiefe künstlerische Empfänglichkeit wohnte ihm inne ebenso wie der Hang zur Prachtentfaltung. Seine Leidenschaft galt wertvollen Steinen; er selbst hatte die Goldschmiedekunst in den kaiserlichen Werkstätten erlernt, deren Arbeit er immer noch aus der Nähe verfolgte. Da er ein Liebhaber schöner Handschriften war, interessierte er sich besonders für die Buchwerkstatt, zumal er selbst – ein vollendeter Dichter – unter dem Pseudonym Muhibbi, »der Liebende«, in persischer und türkischer Sprache schrieb. Sulaiman der Prächtige wußte aus vielfältigen Talenten eine Verbindung zu schaffen, der sehr persönliche und hervorstechende Stile entsprangen. Man kann sagen, daß sein Zeitalter für die osmanische Kultur das goldene gewesen ist. – Heimsuchungen durch Krankheit und familiäre Belastungen werfen einen Schatten auf das Ende der langen Regierungszeit Sulaimans. Seine Feldzüge sind nicht mehr siegreich, und auf seinem letzten stirbt er im Jahre 1566. Dieses traurige Ende der Herrschaft kündigt den allmählich sich abzeichnenden Niedergang an.

❑ Die hier gezeigten Teller entstammen einem Service, das alle Segler von Iznik zeigt. Überall ist auch das »Wellen und Felsen«-Motiv als Randschmuck zu erkennen.
Ausführung C. Lafontaine

Das mehrfarbige chinesische Porzellan

Historische Darstellung

❑ Vorhergehende Doppelseite: Ein sehr geläufiges Motiv ist unter der Ch'ing-Dynastie der ein günstiges Geschick verheißende Hahn, dargestellt inmitten blühender Pfingstrosen, die ihrerseits Glückssymbole sind. Ausgeführt in hellen, leuchtenden Farben, findet er als zentrales Motiv auf einem Teller Anwendung, aber ebenso zur Belebung weißer Aussparungen auf einer Vase oder als Rundumverzierung auf sogenannten Hofschalen. Dieses Dekor wird zuweilen von Versen begleitet, die der Kaiser Ch'ien-lung geschrieben haben soll.

❑ Teedose im Stil der »Rosa Familie«, mit Vögeln und blühenden Zweigen verziert. Das Motiv wurde einem von der kaiserlichen Kupferemailwerkstatt angefertigten Stück entnommen und in drei Arbeitsschritten ausgeführt:
a. Zeichnung, Konturieren mit der Feder, Kolorierung der Motive. Brennen.
b. Stupfen der Facetten und der Verschlußkappe, nachbessern und brennen.
c. Schlußarbeit in Gold. Man beachte die Zartheit der Umrißzeichnung sowie die Vollkommenheit der Arbeit. Ausführung A. Cassagne

Die mongolische Yüan-Dynastie wurde durch einen Aufruhr gestürzt, und sein Anführer wurde in der Folge zum Begründer der chinesischen Ming-Dynastie (1368–1644). Der neue Kaiser Cheng-tsu wählt Peking zu seiner Hauptstadt, wo er die gesamte Verwaltung zusammenfaßt. Unter seiner und seiner Söhne Herrschaft erlebt China eine Zeit der politischen und wirtschaftlichen Stärke sowie der territorialen und kulturellen Ausbreitung. Bedeutende Werke werden in Angriff genommen, wie der Bau von Bewässerungskanälen, die Anlage öffentlicher Kornkammern und die Restaurierung der Großen Mauer; zudem werden Kontakte wiederaufgenommen, diplomatische Beziehungen neu geknüpft, die nicht zuletzt dank der Öffnung der Seidenstraße bis in die Türkei reichen.

Nach dem Tode Timur-Lengs nämlich hatte der Mittlere Osten seine Ruhe wiedergefunden, der Karawanenverkehr wurde neu eingerichtet, und China sicherte die Verbindungswege im Inneren. Es war das Ziel der Ming, den Handel wiederzubeleben; sie organisierten deshalb zwischen 1405 und 1435 große See-Expeditionen. Cheng ho gelang als erstem chinesischen Seefahrer und Entdeckungsreisenden die Überquerung des Indischen Ozeans. Er unternahm sieben Reisen und baute politische und Handelsbeziehungen mit Indien, Persien, Arabien und einigen Ländern an der ostafrikanischen Küste auf. Für die Chinesen, die bedeutenden eigenen Entdeckungen auf dem Gebiete der Navigation zum Trotz kein Seefahrervolk waren und Korea sowie Japan die Sicherung des Schiffsverkehrs überlassen hatten, war dies eine Glanzleistung. Ihre Dschunken entbehrten der Stabilität, und selbst solche außerordentlich großen wie die der Ming blieben zerbrechlich und zu unsicher, um dem Ozean die Stirn zu bieten. Die aus einem Dutzend Dschunken bestehende Flotte Cheng hos war so eindrucks- wie wirkungsvoll. Sie trug zur raschen Entwicklung des Handels und zumal der Porzellanausfuhr bei, die über das Meer viel leichter abgewickelt werden konnte. Erneut drang so der Ruf Chinas über Meere und Länder; sein Ansehen entspricht vollkommen dem Namen »Ming«, der »strahlend« bedeutet. Gegen 1450 indessen beginnt die Lage sich zu verschlechtern. Die Korruption in der Umgebung des Kaisers ruft Unmut in Adelskreisen hervor, die auf Verschwörung sinnen und Geheimgesellschaften gründen. Die bereits schwierige Lage der Bauern wird zusehends ernster. In den Jahren 1512 und 1518 brechen Aufstände los, die die Dynastie ins Wanken bringen. Die Mandschuren nutzen die Schwächung der Macht und befreien sich aus der chinesischen Lehensherrlichkeit. Ferner zieht das Einschreiten Chinas zugunsten von Korea, das im Jahre 1592 einen japanischen Überfall zu erdulden hatte, systematische Vergeltungsmaßnahmen von seiten japanischer Piraten an den chinesischen Küsten nach sich. Von nun an verbündet sich alles gegen die Ming: eine große Hungersnot im Jahre 1640, in deren Folge sich ganze Provinzen erheben. 1644 dringen die Mandschuren in Peking ein und reißen die

❑ Gegenüberliegende Seite: Vase mit Fischen, inspiriert von einem »Fünf Farben«-Ming-Krug mit Deckel. Der Fisch ist ein sehr altes Symbol des Überflusses und ein für solche dekorativen Zwecke sehr häufig benutztes Motiv. Der Eindruck von Wasser wird lediglich durch die besondere Pflanzenwelt vermittelt. Dieses Sujet empfiehlt sich zur Verzierung des Inneren von Schüsseln und Schalen. Von ihm wurde ein Service in Blau und Rot von sehr schöner Wirkung inspiriert, dessen Dekor rote Fische sowie blaue Wasserpflanzen darstellt.

Macht an sich. Die Ming fliehen in den Süden des Landes; schließlich jedoch wird der letzte Kaiser an die Mandschuren ausgeliefert und 1661 hingerichtet.
Ungeachtet schwieriger Abschnitte stellt sich die Ming-Herrschaft als eine Zeit der nationalen Wiedergeburt dar, die in vieler Hinsicht glanzvoll ist. Für den Abendländer ist der Name »Ming« geradezu gleichbedeutend mit Porzellan; doch der erste Kaiser der Dynastie, T'ai-tsu, nimmt anfangs keinen Anteil an dieser Industrie, deren Produktion stagniert und gar zurückgeht. Es handelt sich jedoch nur um eine Übergangsphase, denn bald sieht man Jingdezhen wieder in voller Tätigkeit. Die Keramikherstellung wird in dieser für ihre vielen Brennöfen bereits sehr bekannten Stadt zusammengezogen. Sie entwickelt sich zu einem bedeutenden Handelsplatz und hat es verstanden, bis heute Hauptzentrum der chinesischen Keramikproduktion zu bleiben.
Bei diesen günstigen Verhältnissen macht das Porzellan einen wahren Sprung nach vorn. Das Goldene Zeitalter des »Blau und Weiß« bricht an; darüber hinaus werden außerordentliche Entdeckungen im Dekorbereich gemacht. Die Forschungen und Neuerungen sind im besonderen der Anteilnahme zu verdanken, die einige Kaiser der Porzellankunst entgegenbrachten. So ist die sich über drei Jahrhunderte erstreckende Ming-Produktion reich und vielfältig. Es ist auch die Zeit, da die Abendländer nach China strömen. Zu Beginn des 16. Jahrhunderts entdeckt Vasco da Gama den Weg nach Indien, und von nun an nehmen die Europäer den Seeverkehr in die Hand. Zunächst kommen die Portugiesen und Holländer, später weitere Europäer, die Kontore gründen und einen lebhaften Handel mit China beginnen. Das Erzeugnis, dem vor allem anderen ihr Interesse gilt, ist das Porzellan, das in immer größeren Mengen hergestellt wird.
Die Portugiesen gründen Macao, das sich schnell zu einem bedeutenden Handelszentrum und zu einer Versorgungsstation auf dem Weg nach Japan entwickelt. Hier wird im Jahre 1565 eine Jesuitenresidenz eingerichtet, von der aus China missioniert werden soll. Als einzigen Europäern gelingt es ihnen, bis an den Hof vorzudringen, denn offizielle Kontakte waren und blieben sehr mühsam. Schließlich ließ der Kaiser im Jahre 1601 Matteo Ricci nach Peking kommen, der wegen seiner wissenschaftlichen Bildung berühmt war und der zudem Chinesisch gelernt hatte. Er verstand es, den Kaiser durch das Geschenk einer Weltkarte für sich einzunehmen und seine Neugier mit den Erfindungen der Europäer und deren Kenntnissen auf dem Gebiet der Astronomie zu erregen. Nach Riccis Tod wird durch dessen Stellvertreter Johann Terrentius aus Konstanz berufen, der Galilei und Kepler nahesteht, sowie Johann Adam Schall, der die Chinesen in Astronomie unterweisen soll. Dieser wird sogar technischer Berater der Ming; sein Ansehen ist so groß, daß die Mandschuren ihn in ihre Dienste übernehmen, als sie 1644 nach Peking kommen.
Die Mandschuren dringen ohne Gewaltanwendung in China ein. Gerufen hatte sie der chinesische General Wu Sankuei in der Absicht, das aufständische China zu befrieden. Dies erwies sich als folgenschwerer Leichtsinn, den die Mandschuren dazu ausnutzten, sich im Lande festzusetzen und die Mandschu-Dynastie Ch'ing (1644–1912) an die Macht zu bringen. Die Verhältnisse, die sie im Lande vorfinden, sind sehr schwierig; hinzu kommen die Kämpfe der pro-Ming-Legitimisten, die sich bis gegen 1680 hinziehen und zur Zerstörung eines großen Teils von Jingdezhen führen. Die in dieser unruhigen Zeit sehr eingeschränkte und unter dem Namen Übergangsporzellan bekannte Produktion ist für die Ausfuhr bestimmt. Den Schwierigkeiten zum Trotz gelingt es den Mandschuren sehr bald, die Lage wieder unter Kontrolle zu bringen. Die Unruhen im Inneren werden unterdrückt, die Korruption verschwindet, und die Lage der Bauern verbessert sich. Der Außenhandel kommt wieder in Gang und zwar stärker als zuvor. China erlebt eine Zeit der Ruhe und des Wohlstandes, die ungefähr zwei Jahrhunderte andauert.
Außerdem nehmen die Kaiser und ihr Mandschuren-Gefolge schnell chinesische Art an. Die neue Dynastie tut alles, um hinsichtlich Verfeinerung und Kultur dem Ming-Hofe gleichzukommen. Sie selbst wirft sich nun zur Beschützerin der Künste auf. Unter der Herrschaft des K'ang-hsi (1662-1722) wird der Hof zum Treffpunkt der Gebildeten. Der Kaiser ist ein Mann von Geschmack und Kultur, sehr tolerant im Hinblick auf fremde Religionen, was um so weniger erstaunt, als der junge Mann in einer von der chinesischen Kultur geprägten Umgebung aufgewachsen ist und den für seine universelle Gelehrsamkeit berühmten Bouvet zum Lehrmeister hatte. Man schätzt die Jesuiten immer mehr auf Grund ihrer Kenntnisse und Fähigkeiten, die sich auch auf das Gebiet der Kunst erstrecken. Der Jesuitenpater Giuseppe Castiglione verbringt den größten Teil seines Lebens

❑ Vase der »Grünen Familie«. Die Medaillons mit Blumenmustern erhellen einen kobaltblauen Untergrund.

❑ Blumenkörbe

in Peking, wo er eine kaiserliche Malwerkstatt leitet und nicht nur für K'ang-hsi, sondern auch für dessen Nachfolger, die Kaiser Yun-cheng und Ch'ien-lung, malt. Zumal die französischen Jesuiten genießen hohes Ansehen. Frankreich entsendet im Jahre 1688 eine Gruppe Wissenschaftsmissionare, von denen manche wegen ihrer Kenntnisse des Chinesischen und sogar Mandschurischen, wegen ihrer Gewandtheit und Ungezwungenheit am Hofe auf sich aufmerksam machen, so daß zehn Mitglieder der Gruppe dabehalten werden. Dominique Parennin, der ein Freund K'ang-hsis wird, zeichnet die berühmte, im Jahre 1735 zu Paris veröffentlichte Karte von China, der Mandschurei und der Mongolei. Einigen Europäern vertraut der Kaiser diplomatische Missionen an; so spielen etwa Gerbillon und Pereyra eine bedeutende Rolle in Nertschinsk in Sibirien, wo sie den Eintritt Rußlands in einen Krieg mit China verhindern können.

François-Xavier d'Entrecolles, Ordensgeneral der Jesuiten zwischen 1707 und 1719, pflegt einen lebhaften Briefverkehr, durch den wir über eine ausführliche Beschreibung Chinas verfügen. Auch das Porzellan gehört zu den von ihm behandelten Themen. Er zeigt sich sehr beeindruckt von Jingdezhen, einem wahren »Ameisenhaufen«, wie auch von der Porzellanherstellung und der Arbeitsorganisation. Da Jingdezhen während der Aufstände in Brand gesteckt und teilweise zerstört worden war, wollte K'ang-hsi die kaiserliche Manufaktur sogar nach Peking verlegen. Dieses Vorhaben mußte er aber aufgeben: Die Porzellanherstellung beruht auf gewissen Voraussetzungen, die alle in Jingdezhen gegeben waren, so daß diese Gegend zur Keramik geradezu prädestiniert war. Er ließ die Stadt wieder aufbauen und entsandte außerdem einen energischen Oberaufseher, der der Produktion zu großem Aufschwung verhalf. Der Auszug eines Briefes des Ehrwürdigen Vaters d'Entrecolles von 1712 zeichnet ein fesselndes Bild: »Danach, Ehrwürdiger Vater, muß ich Ihnen eine Beschreibung von King-te-Tching geben. Es gibt dort wohlhabende Kaufleute, deren Wohnung einen großen Platz einnimmt und einer riesigen Menge von Arbeitern Raum gibt. Es wird auch gesagt, daß es hier mehr als eine Million Seelen gibt und daß an jedem Tag mehr als 10 000 Ladungen Reis sowie mehr als tausend Schweine verzehrt werden. Übrigens liegt King-te-Tching auf der Länge einer ganzen Meile am Ufer eines schönen Flusses ... Vormals, sagt der Geschichtsschreiber Feu-leam, zählte man dreihundert Porzellanöfen in King-te-Tching; gegenwärtig sind es gut dreitausend. Es überrascht nicht, daß oft Feuersbrünste dort zu sehen sind... King-te-Tching liegt in einer von hohen Bergen umgebenen Ebene... An den Wirbeln aus Flammen und Rauch, die an verschiedenen Stellen aufsteigen, vermag man erst Ausdehnung, Tiefe und die Umrisse von King-te-Tching zu ermessen; bei Eintritt der Nacht glaubt man eine ausgedehnte Stadt in Brand oder einen großen Schmelzofen mit zahlreichen Zugöffnungen zu sehen...«
K'ang-hsi nahm sich aller Formen der Kunstausübung an. Er hatte im Palast sogar Lack-, Glas-, Seidenmalerei- und Kup-

❑ Gegenüberliegende Seite: Vase.
Ausführung M. Braneyre

feremailwerkstätten eingerichtet. Es war im übrigen ein Franzose, Jean-Baptiste Gravereau, der die Technik der Emailleure aus dem Limousin in die kaiserlichen Werkstätten von Peking einführte. Indessen galt dem Porzellan das ganz besondere Interesse K'ang-hsis, und sein Mäzenatentum trug Früchte. Das Porzellan aus dieser Periode zeichnet sich durch seine Materialqualität, die Motivvielfalt sowie durch Feinheit der Malerei und Endbearbeitung aus.
Die bedeutendste Entdeckung jener Zeit ist ein unter dem Namen »Grüne Familie« berühmt gewordenes Dekor, des-

❑ »Tausend Blumen«-Schale: Aus der Blumenthematik entwickelt sich gegen Ende des 18. Jahrhunderts das Dekor »Tausend Blumen«, in dem Blütenkronen und Blätter ineinandergreifend und sich überlagernd die gesamte Oberfläche bedecken. Einige Stücke, wie die im Musée Guimet, Paris, ausgestellte Vase, führen uns ganz unmittelbar die unendliche Kunstfertigkeit des chinesischen Malers vor Augen. Indessen ist die Qualität der »Tausend Blumen« nicht immer gleich; einige Stücke sind fade und von kommerzieller Machart.
Das Foto gibt das Beispiel einer äußerst delikat ausgeführten Arbeit wieder.
Ausführung C. de Corbiac

sen Glanzzeit zwischen 1680 und 1710 liegt und das eine große Vielfalt von Mustern umfaßt.
Zwischen 1720 und 1730 tritt ebenfalls die »Rosa Familie« in Erscheinung, kenntlich an ihren matten Farben zwischen Karmesinrot und Purpur (wohingegen die Palette der »Grünen Familie« sich aus durchscheinenden, leuchtenden »Emaillen« zusammensetzt). Dieser Dekortypus bestimmt unter Kaiser Yung-cheng (1723–1735) weitgehend die Produktion. Äußerste Sorgfalt und Genauigkeit, die oft als gesucht und manieriert eingeschätzt werden, kennzeichnen die Ausführung der Stücke. Ihren Höhepunkt jedoch erreicht die »Rosa Familie« unter dem Kaiser Ch'ien-lung (1736–1795), der friedliebend und ein Wohltäter für die Künste war. Als Dichter und Kalligraph, als Mäzen und Sammler hat er seine Epoche deutlich geprägt. Er spielt eine bedeutende Rolle in der Ausrichtung und Entwicklung der kaiserlichen Manufaktur und mithin in der Porzellankunst überhaupt. Die von ihm ernannten Direktoren erweisen sich als sehr fähig, und die bis zum Äußersten getriebene Verfeinerung erreicht schließlich den Grad der Vollkommenheit, ja stößt in den Bereich der Virtuosität vor. Schließlich jedoch erschöpft sich die Inspiration. Die Dekore werden immer gesuchter; die Porzellanglasur versucht Bambus, Koralle, Elfenbein, Jade und andere Materialien nachzuahmen. Alle Anstrengungen führen zu einem enttäuschenden Ergebnis und verbergen nur schlecht den Verfall – machen ihn vielmehr um so deutlicher. Im 19. Jahrhundert beschleunigt sich der Niedergang der chinesischen Keramik aus vielerlei Gründen. Als verhängnisvoll erweist sich in erster Linie das Fehlen des kaiserlichen Mäzenatentums. Hinzu kommt, daß durch die bedeutenden Bestellungen aus dem Abendland die Industrialisierung in der Fertigung zunimmt. Diese beiden Faktoren lähmen alle Tat- und Schöpferkraft. Zudem werden die Werkstätten von Jingdezhen während des T'ai-p'ing-Aufstandes im Jahre 1853 vollständig zerstört. Abgesehen von einem kurzen Wiederaufblühen unter der Herrschaft von Taokuang (1821–1850) bleibt das chinesische Porzellan auf die Wiederholung der durch die »Rosa Familie« wie der Ch'ieng-lung-Produktion vorgegebenen Motive beschränkt.

Das Porzellan unter der Ming-Dynastie

❑ Große Schale mit Pfingstrosen in einem Baum und mit einem auf einer kleinen Terrasse wachsenden Pflaumenbaum. Da die Randkolorierung nicht vollendet wurde, sind die präzise gemalten Einzelheiten gut zu sehen.
Ausführung R. Van der Broek

In der Epoche der Ming vollzieht sich ein außerordentlicher Fortschritt im Porzellandekor. Die Stücke in »Blau und Weiß« sind nun vollkommen, vor allem aber eröffnet die großartige Entdeckung der Aufglasurmalerei mit Spezialfarben dem chinesischen Porzellan neue Horizonte. Dank dieser neuen Technik werden die Dekore anmutiger, feiner und farbiger.

»Blau und Weiss« und »Blau und Rot«

Die Malerei unter der Glasur mit Kobaltblau beherrschte man in der Yüan-Zeit schon meisterhaft. Die schönsten Stücke in »Blau und Weiß« wurden aber unter den Ming hergestellt. Porzellan- und Glasurbeschaffenheit sind besser; das Blau ist sehr rein und intensiv. Auch haben sich die Dekore zu einem luftigeren und harmonischeren Stil entwickelt. Ganz außerordentlich und besonders gepflegt sind die von der kaiserlichen Manufaktur für den Gebrauch am Hofe hergestellten Stücke; einige Dekore wurden sogar von den Hofmalern ausgeführt. Die Bestellungen von seiten des Hofes sind umfangreich: Beispielsweise steigt ihre Zahl auf 35 000 Stücke im Jahre 1544 und erreicht 100 000 im Jahre 1554. Auch wird die regelmäßige Ausfuhr nach Europa in dieser Zeit aufgenommen. Man kann sagen, daß die Stücke in »Blau und Weiß« den Hauptteil der Ming-Produktion ausmachen. Neue Produktionsmittel und schnellere Verfahren werden entwickelt, um die große Nachfrage zu befriedigen. Dank der guten Arbeitsorganisation wirft diese Industrie immer mehr Gewinn ab.

Die Stücke in »Blau und Weiß« werden massenhaft für die Ausfuhr hergestellt. Sie lassen die Sammlungen der persischen und türkischen Herrscher anschwellen und überschwemmen die abendländischen Höfe. In ganz Europa greift eine Schwärmerei für »Chinoiserien« um sich. Das zwischen dem Ende der Ming- und dem Beginn der Ch'ing-Dynastie hergestellte und größtenteils dem »Blau und Weiß«-Stil zugehörige Ausfuhrporzellan wird als »Übergangsporzellan« bezeichnet. Eine äußerst fruchtbare Zeit beginnt nun für das Porzellan, technische Neuerungen wie Erfindungen bieten Anregungen zu wundervollen und abwechslungsreichen Dekoren. Dem ungeheuren Erfolg dieser neuen Porzellane zum Trotz wird die »Blau und Weiß«-Produktion nicht aufgegeben, sondern in der Ch'ing-Zeit weitergeführt.

»Blau und Rot«. Die Verwendung von Kupferrot unter der Glasur geht auf die Sung-Epoche zurück. Diese Technik brachte viele Probleme mit sich, und noch zu Zeiten der Ming kam es in der Produktion immer wieder zu enttäuschenden Ergebnissen. Bei den mißglückten Exemplaren wurde das Rot unter Einwirkung höherer Temperatur zu Grau. Eine Verwechslung dieser Gattung mit den roten Aufglasurdekoren ist kaum möglich; die Glasur verleiht eine Leuchtkraft und Tiefe, die den auf Glasur gemalten Dekoren verwehrt sind. Die Motive sind etwas weniger deutlich, und der Rotton ist dunkler als der beim Aufglasurrot, einer matten, hellen und leicht ins Orange gehenden Farbe. Das Blau und das Rot harmonieren vollkommen miteinander und heben sich gut vom weißen Porzellan wie auch vom Seladon ab. Durch Einbringen von Eisenrot läßt sich der »Blau und Weiß«-Stil abwandeln. Der Großteil des Dekors bleibt blau, nur einige Teile werden in Rot gemalt, wie auf der Abbildung mit den Litschis (Seite 28) zu sehen ist. Bei der Gestaltung einer Landschaft etwa sind einzig das Blattwerk der Bäume sowie die die Wolken andeutenden Linien rot zu malen; bei einem Drachen mit blauem Körper werden ein Kamm und Flammen in Rot ausgeführt...

Das Susankai-Dekor

Das Susankai-Dekor ist in der Ming-Epoche entstanden. Die Motive sind auf die Glasur oder direkt auf Biskuit gemalt. Um zu verhindern, daß die Glasuren sich vermischen, wurde auf zweierlei Weise verfahren: Die Motive wurden wie in der T'ang-Zeit (»Drei Farben«-Keramik) eingeritzt oder durch ein leichtes Schlicker-Cloisonné voneinander abgegrenzt. Dieser Dekortypus bedient sich zweier Farben aus der Scharffeuer-Palette, oft in Verbindung mit Blau. Auf den Stücken in diesem Stil heben sich die Motive gegen einen farbigen Untergrund ab; üblich sind die Verbindungen von Gelb und Rot, Grün und Rot sowie Manganviolett und Gelb. Beispiel: Drachen und Ziermotive in Gelb auf rotem Grund.

Will man Stücke dieses Typs in Porzellanmalerei wiedergeben oder sich von ihnen anregen lassen, so ist die Farbe für die Umrißzeichnung fallweise zu wählen. Sind die Motive grün, dann nimmt man einen kräftigen Grünton. Da nämlich dieses Dekor auf den Originalstücken eingeritzt worden war, sammelte sich die Farbe in den Hohlräumen und erschien dunkler. Handelt es sich um gelbe Motive auf rotem Grund, macht man den Umriß schwarz – was für starken Kontrast sorgt – oder rotbraun, falls man lieber nur zwei Farben verwendet. Das Motiv auf der gegenüberliegenden Seite ist nach einem Bild (Tusche und Farben auf Seide) aus dem 10. Jahrhundert gearbeitet, das Gruppen von Hirschen und Hirschkühen im Wald darstellt.

❑ Ein Krug im »Fünf Farben«-Dekor aus der Ming-Zeit diente dieser Vase als Vorlage.
Ausführung E. de Saint-Gilles

Tatsächlich hat sich die Porzellanmalerei in China stark von der Papier- und Seidenmalerei sowie von der Gravierkunst anregen lassen. Die Werke der großen Maler wurden kopiert oder angepaßt, wie es auf dieser Vase der Fall ist. Auch ist dieses Motiv voll symbolischer Bedeutungen. Der Hirsch ist das Reittier eines der Unsterblichen – folglich selbst unsterblich – sowie Vorzeichen langen Lebens und von Beständigkeit. Überdies ist der chinesische Name für Hirsch »*lu*« – was auch den Beamtenlohn bezeichnet – gleichbedeutend mit vom Glück gesegnetem Leben. Die Malerei sowie das Dekor auf Porzellan mit dem Namen »*bailu*« – »hundert Hirsche« oder »viele Hirsche« – werden zu einem an den Empfänger gerichteten Glückwunsch. Unsere Vase ist aus Fayence und von stellenweise beträchtlicher Dicke. Es empfahl sich daher, sie mit Vorsicht und so wenig wie möglich zu brennen. Es ist wie mit allen Gegenständen solchen Umfangs schwierig zu malen, ohne daß es im Fortgang zu Verwischungen kommt. Damit dies aber doch gelänge, wurde das Werkstück – nachdem die Vorzeichnung mittels eines Allstabilo-Stiftes aufgebracht worden war – vollständig mit einer Lebensmittel-Plastikfolie abgedeckt. Die Umriß-Federzeichnung wurde sodann in kräftigem Strich »mit Zucker« (der gut hält, siehe Seite 182 f.) in senkrechten Bahnen wiederholt, wobei jeweils nur der betroffene Teil der Vase aufgedeckt wird: Die Schutzfolie sorgt dafür, daß die Vase gut handzuhaben und die Arbeit leicht auszuführen ist. In dem Maße, wie die Federarbeit trocknete, wurde auch sie mit Plastik abgedeckt, bis die Umrißzeichnung rundherum vollendet war. Bis zu dem Augenblick, da mit dem Beginn des Malens die Plastikfolie entfernt wurde, hat die Zeichnung praktisch keinerlei Beeinträchtigung erfahren. So war es möglich, Vorzeichnung, Umriß und Malerei ohne Zwischenbrände zu erledigen.

❑ Trinkschale mit nach oben leicht breiter werdendem Rand im Dukai-Stil aus der Zeit der Ch'ing-Dynastie (Yongzheng-Periode). Höhe 5,5 cm, Durchmesser 11,9 cm.
Fünf Medaillons mit Blumenmuster, getrennt durch Lotus-Ziermotive oben und unten. Blaue Fäden ergänzen das Dekor am Innen- und Außenrand wie auch oben am ringförmigen Fuß.
Beim Original ist die Blüte auf der rechten Seite weiß, und die Blütenblätter sind schlicht konturiert. Dieses Dekor »kleidet« jede Fläche und eignet sich auch für größere Stücke.
Die kreisrunde Medaillons bildenden Motive werden auf weißem Porzellan wie auch auf farbigen Untergründen angewendet. Man dekoriere ein Stück mit drei oder fünf Schmetterlingsmedaillons (siehe Seite 79); dabei Anordnung und Farben jeweils ändern, um nicht das gleiche Sujet mehrfach zu wiederholen.

Die Wukai- und Dukai-Dekore

Die Herrschaftszeit von Cheng hua (1465–1487) bezeichnet einen Wendepunkt in der chinesischen Porzellankunst. Bisher war das Dekor vor dem Glasurauftrag aufgemalt und das Ganze – Dekor und Porzellan – sodann einem einzigen Brand unterzogen worden. Nun entwirft man ein Dekor, das auf die Glasur der gebrannten Stücke gemalt wird. Dies ist eine Neuerung, die zu einem grundlegenden Wandel führt. Das neue Dekor wird Wukai oder »Fünf Farben« genannt, obwohl häufig mehr als fünf Farben verwendet wer-

❑ Junge Frauen mit Lampe. Dekor im Stil der »Grünen Familie« aus der K'ang-hsi-Epoche. Dieses Sujet wurde auf einem tiefen Teller mit schmalem Rand gemalt, dessen ganzer Dekor aus einigen Schmetterlingen, roten Blüten sowie deren verstreuten Blütenblättern besteht. Garten und Felsen liefern ein Beispiel für die Farbtöne, wie sie bei mehrfarbigen Landschaften zu verwenden sind.

den, manchmal auch weniger. Es handelt sich um einen sehr frischen und heiteren Stil, mit lebendigen und leuchtenden Farben. Die Palette setzt sich aus lebhaftem Rot und Grün, Gelb, Türkis, Aubergine, Braun und Schwarz zusammen. Das Blau ist bei den Wukai-Stücken manchmal unter, häufig auf der Glasur gemalt. Der Dukai-Stil – die wörtliche Übersetzung des Namens bedeutet »mit kontrastierenden Farben« – ist eine verfeinerte Abwandlung des vorigen. Er verbindet nämlich zwei gegensätzliche Verfahrensweisen: Die Zeichnung des Motivs wird in Kobaltblau unter der Glasur, der Farbauftrag hingegen auf der Glasur ausgeführt. Die Stücke im Dukai-Stil werden zweimal gebrannt: für die Umrißzeichnung bei hoher Temperatur (ungefähr 1400 °C) und für das Dekor bei Muffelfeuer (750 bis 840 °C), das für die Aufglasurfarben ausreichend ist.

»Emaillen« ist der korrekte Begriff für die in den Dukai-Dekoren verwendeten Farben. Es handelt sich dabei nämlich um Pigmente, die der Bleiglasur beigemengt sind. Die Glasur verleiht ihnen die Durchsichtigkeit, und das Blei macht, daß sie bei niedriger Temperatur schmelzen, was zu einer reicheren Palette führt. Dick aufgetragen, lassen diese Emaillen beim Berühren ein leichtes Relief spüren. Da sie größeren handwerklichen Einsatz und mehr Brände erforderten, war die Produktion der Dukai-Stücke sehr kostspielig. Sie erlebte dennoch einen Aufschwung, weil sie den am Hofe Cheng huas herrschenden Sinn für Prachtentfaltung befriedigen konnte, der vermutlich von seiner Lieblingsfrau, Wan Guifei, genährt wurde. Nach Ansicht mancher Forscher soll diese tätigen Anteil an der Manufaktur von Jingdezhen genommen haben.

Das Porzellan unter der Ch'ing-Dynastie

❑ Der Lotus hat durch die Jahrhunderte nichts von seinem Reiz eingebüßt. Diese Teller sind Teil eines Services, dessen einziges Dekor – übernommen aus der chinesischen Seidenmalerei oder durch sie angeregt – der Lotus ist. Die Arbeit wurde in mehreren Schritten ausgeführt. Die Lotusblumen sind grau umrissen, die Blattrippen schwarz. Kolorieren sowie Nachbessern geschahen mittels Stupfen. Man beachte die außerordentlich sorgfältige und genaue Ausführung.
Realisation H. Petauton

China durchlebt schwierige Zeiten, als die Mandschuren die Macht übernehmen. Die Porzellanindustrie befindet sich in Auflösung, ihr Ausstoß ist gering, und es gelingt nur mit großer Mühe, die Lieferungen für die Ausfuhr sicherzustellen. Dank einer klugen Leitung kann die Produktion erhöht werden, die überdies eine unvergleichliche Qualität erreicht. Nach der Übergangszeit unter der Herrschaft von K'ang-hsi werden die Wukai- und Dukai-Dekore zunächst von der »Grünen Familie«, später von der »Rosa Familie« in den Schatten gestellt.

Das Falangkai- oder »Grüne Familie«-Dekor

Das Falangkai-Dekor, das seinen Ausgang vom mehrfarbigen Ming-Porzellan nimmt, entwickelt sich unter der Herrschaft des Kaisers K'ang-hsi (1662–1722) und erreicht in

❑ Der aus stehenden und trüben Gewässern makellos emporsteigende Lotus ist ein Symbol der Reinheit und daher in Indien und China eine heilige Blume, die Buddha häufig als Thron dient. Lotus-Dekor aus der Ch'ing-Dynastie (K'ang-hsi-Periode). Die Umrisse sind in Schwarz und Rot ausgeführt, der Hintergrund ist beim Original tief rot. Das Motiv läßt sich als ganzes oder teilweise jedoch auch auf weißem, Seladon- oder leicht getöntem Untergrund anwenden.

dieser Zeit auch seinen Höhepunkt. Den Namen »Grüne Familie« führte Albert Jacquemart mit seiner im Jahre 1873 veröffentlichten Geschichte des Porzellans ein. Er wählt diese Bezeichnung im Hinblick auf die in diesem Dekortypus vorherrschende Farbe, die durch Verwendung sehr verschiedenartiger grüner »Emaillen« hervorgerufen wird. Diese Benennung gibt jedoch gelegentlich Anlaß zur Verwirrung, denn die »Emaillen« fanden ebenfalls Verwendung bei der Herstellung von Stücken mit vollständig grün, gelb oder schwarz koloriertem Fond, die nicht in Verbindung mit der »Grünen Familie« gebracht werden. Die Farben der »Grünen Familie« sind durchsichtig und leuchtend. Sie werden mehr oder weniger dick aufgetragen und bilden daher ein ganz leichtes, mit dem Finger zu erspürendes Relief.
Das Grün auf Kupferoxidbasis reicht vom transparentesten bis zum Smaragdton. Das Antimongelb ist reiner und variantenreicher als das in den vorhergehenden Epochen verwendete. Der Auberginеton rührt vom Manganoxid her; er reicht je nach Emaildicke von Violett bis zu Schwarzbraun. Das sehr helle und ins Orange gehende Eisenrot ist eine matte Farbe; sie kann also nicht dick angewendet werden, eignet sich aber für die Umrisse. Den Hauptunterschied zu den Wukai- und Dukai-Dekoren machen das Verschwinden des Türkisemails sowie des Blaus unter Glasur aus. Tatsächlich ist das Kobaltblau unter Glasur aus der »Grünen Familie« verbannt und durch ein blaues Email ersetzt worden. Dieses ist schwierig zu gewinnen, sieht oft unsauber aus und zielt ins Violett. Dagegen kommt das schwarze Email sehr häufig vor. Gold tritt erstmals auf, das zur Hervorhebung einiger Motive Anwendung findet.
Sehr vielfältig sind die Ziermotive; einige anspruchslose und schlichte stehen für das, was als echteste chinesische Art angesehen wird: ein blühender Zweig, ein Vogel oder zwei auf einem Ast. Diese Sujets sind sehr viel geschmeidiger, anmutiger und lebendiger als jene der vorhergehenden Produktionen und legen Zeugnis von dem den Chinesen angeborenen Sinn für die Komposition ab. Obgleich diese sich im allgemeinen auf äußerste Asymmetrie gründet, bleibt sie doch immer ausgewogen und harmonisch. Andere Dekore haben

die Darstellung des Menschen zum Thema; einfache Kompositionen zeigen Personen in nur angedeuteter Landschaft. Vom 16. Jahrhundert an jedoch entwickelt sich ein anekdotenhafter Stil mit lebhaften, äußerst vielschichtigen Darstellungen von Schlachten- und Jagdszenen; auch werden religiöse und geschichtliche Ereignisse nachgezeichnet.
Der Anlage dieser Dekore liegen zwei unterschiedliche Auffassungen zugrunde. Nach der ersten, auf Einfachheit abzielenden, sollen die Sujets »vollflächig« auf dem weißen Untergrund stehen und die gesamte Oberfläche des Stückes abdecken, nach der zweiten die Sujets in Felder oder Aussparungen eingefügt werden, die eine geometrische und regelmäßige Form haben oder zuweilen jene einer Frucht, eines Blattes, eines Fächers oder eines *makemono* (langgezogene Rolle) annehmen können. Diese Fächer und Aussparungen heben sich vom kolorierten, manchmal mit stilisierten, von Brokat und Damast inspirierten Motiven versehenen Fond ab.
Das anfangs recht schlichte Dekor wird immer komplizierter. Die Überladung ist Kennzeichen des Niedergangs, der unausweichlich einsetzt, wenn das Streben nach Vollkommenheit zum äußersten getrieben und das Heil nur noch in Schwierigkeit und Virtuosität gesucht wird. Dieser Stil erfährt zudem Ermunterung durch die Porzellanhändler, weil er dem Geschmack der Kundschaft aus dem Mittleren Osten eher entgegenkommt. Die Machart richtet sich oft peinlich genau nach dem sehr gepflegten und dekorativen akademischen Stil aus. Wir können sie – wie bisher gewohnt – mit der Feder wiedergeben. Ist sie von der Arbeit der gebildeten Maler inspiriert, so wirkt sie plastischer und spontaner. Die schwarzbraunen, dünnen oder auch nachdrücklicher gezeichneten Umrisse sowie kräftige Schraffuren betonen die Details, die Texturen und die Schatten. Nur indem man Pinsel verwendet, ist es möglich, dem Geist und der Kraft, die dieser Stil entbindet, gerecht zu werden. Den Gebrauch des Pinsels erlernt man anfangs mit ebensolcher Mühe wie den der Feder; Fertigkeit im Umgang mit ihnen sowie die Kenntnis aller ihrer Möglichkeiten sind jedoch unabdingbar.
Die »Gelbe Familie« ist eine unter der Herrschaft von K'ang-hsi auftauchende Porzellangattung mit gelbem Fond. Die »Schwarze Familie« verdankt ihren Namen einer schwarzen, strahlenden Glasur, die zur selben Zeit erfunden wurde und als Fond diente. Die Motive wandern hier in die Aussparungen, und dieser Kontrast verhilft den Farben zu wundervoller Wirkung. Seltsamerweise gelten allein die in Eisenrot gemalten und mit Gold gehöhten Stücke als zur »Grünen Familie« gehörig.

❑ Der Pflaumenbaum ist mit seinen weißen, gelben und rosa Blüten eines der Lieblingssujets der chinesischen Maler. Er ist Vorbote des Frühlings und Symbol der Keuschheit. Selbstverständlich wurde er auf dem Porzellan aller Epochen dargestellt; auf der blauen Abbildung sieht man stilisierte Zweige und Blüten, die ein schönes, deckendes Dekor bilden – sehr praktisch für große Stücke. Die andere Abbildung bietet eine geradezu verführerische Darstellung: Im Verhältnis zu den Abmessungen des Gegenstandes sind die Blüten und Zweige sehr groß, und doch macht gerade das die Originalität und Schönheit der Vorlage aus. Der Untergrund ist in einem satten und tiefen Rot gehalten.

Das Fenaki- oder »Rosa Familie«-Dekor

Im 17. Jahrhundert gewann Andreas Cassius aus Leiden in den Niederlanden aus einer Gold-Chlor-Verbindung eine neue Farbe, das Purpur, das sogleich in ganz Europa für die Keramikindustrie wie auch für das Emaillieren auf Metall in Gebrauch genommen wird. Jesuitenmissionare führten um 1720 ein von deutschen Emailleuren entwickeltes rosa Email in China ein. Es wurde zunächst für das Emaillieren auf Kupfer verwendet und erschien sodann in den Dekoren der »Grünen Familie«. Dem großen Vorsprung in der Keramikkunst zum Trotz war das ins Purpur gehende Rosa in China gänzlich unbekannt, und seine Anwendung auf Porzellan wird erst gegen 1730 beherrscht. Es setzt sich sogleich in einem solchen Maße durch, daß es das charakteristische Merkmal eines neuen, auf die »Grüne Familie« folgenden Stils wird.

Die »Rosa Familie« heißt auf chinesisch *fenkai,* fremde oder sanfte Farben. Das Rosa wird die beherrschende Farbe; es hat teil an einer neuen, von der in der kaiserlichen Werkstatt für Kupferemail in Peking verwendeten Farbskala inspirierten Palette, deren unendlich vielfältige Töne opak sind. Dieser Reichtum an Abstufungen ist dem matten Weiß auf Arsenikgrundlage zu verdanken, das ebenfalls gerade erst eingeführt wurde. Man verwendet es allein oder mischt es den »Emaillen« bei und gewinnt so eine unbegrenzte Anzahl von Farbtönen. Die typischen Farben dieser Gruppe sind das Rosa vom blassesten bis zum Rubinton, zusammen mit Lavendelblau, Mauve, Hellgrün, Schlüsselblumengelb, Hellrot, Schwarz und manchmal Weiß. Die Dekore sind voller Anmut und Poesie: Die der Natur entlehnten Motive lassen uns die Schönheit der Blumen, der auf Zweigen hüpfenden Vögel, der Insekten und der Schmetterlinge wahrnehmen. Auf weißem Porzellan kommen die freie und natürliche Komposition sowie die außerordentlich feine Ausführung zur Geltung. Keine Umrandungen, nichts soll die Schlichtheit und Erlesenheit dieser Sujets schwer machen noch ihnen Abbruch tun. Die Darstellung von Menschen beschränkt sich auf sorgfältig und peinlich genau gemalte hübsche, junge Frauen, die spazierengehen oder sich ausruhen oder – umgeben von Kindern – Zither oder Flöte spielen.

Auch ist das Porzellan von einer zuvor niemals erreichten Güte. Die Masse ist weiß, rein und fehlerlos, die Glasur vollkommen. Es wird ein Porzellan entwickelt, so fein und durchscheinend, daß es den Namen »Eierschale« erhält. Aus dieser Epoche stammen auch die *»ruby back«*, das sind Teller, deren Unterseite ein tiefes und sehr sanftes Rosa bedeckt.

❑ Pflaumenbaumzweig und Vögel, Pinselzeichnung. Wir würden diesen Kompositionstypus als unsymmetrisch bezeichnen. Tatsächlich sind wir hier mit der Vorstellung der Leere konfrontiert, einem Begriff aus der taoistischen Philosophie, der vom Konfuzianismus und Zen-Buddhismus übernommen wurde und auch in gewissen praktischen Bereichen Geltung hat – namentlich in der chinesischen Malerei. Ohne diesen Gedanken weiter ausführen zu wollen, können wir feststellen, daß das Leere die Komposition leichter macht. Diese Art von Dekoren wird auf Porzellan »voll« angewendet, das heißt, daß sie sich über die ganze Oberfläche des Stückes (Teller, Vase usw.) ausbreiten und dabei einen erheblichen Raum weiß lassen.

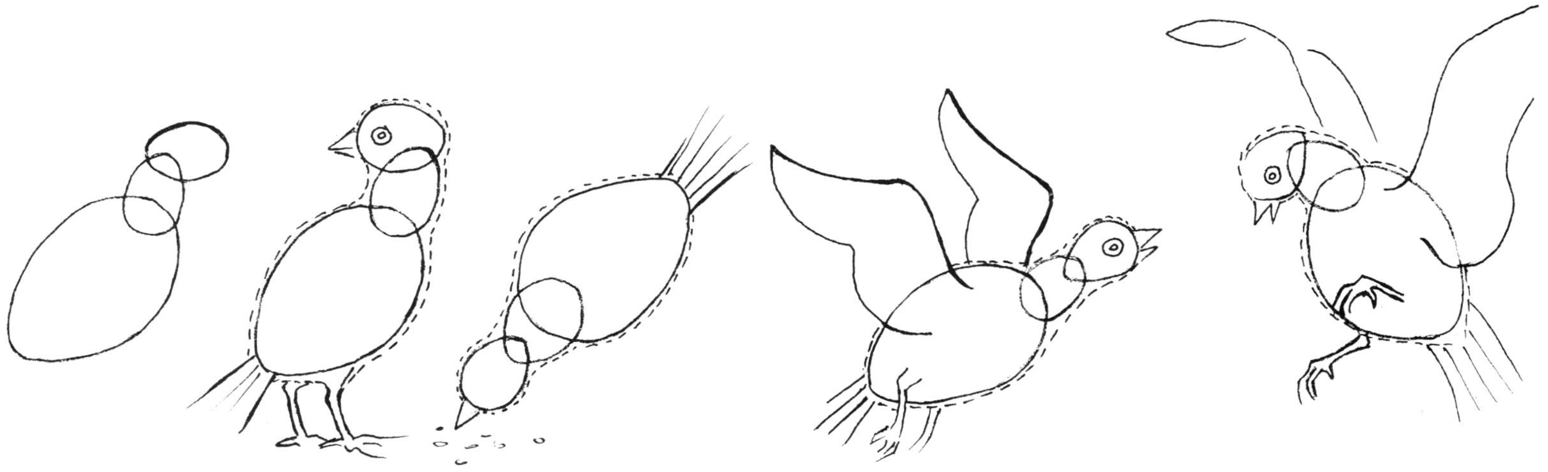

»Um einen Vogel zu malen, beginnt man gewöhnlich mit dem Schnabel. Zunächst zeichnet man dessen oberen Teil und geht zu Nasenhöcker und Augen über. Sodann zeichnet man den unteren Teil des Schnabels sowie Kopf und Hals. Zum oberen Teil kehrt man zurück, um Nacken, Rücken, die Flügel und den Schwanz fertigzustellen, zum unteren, um Brust, Bauch sowie die Beine zu vollenden. Schließlich werden die Füße dazugesetzt. Wenn auch der Maler abschnittweise vorgeht, so muß er doch im Geiste die Vorstellung von einem ganzen Vogel gegenwärtig haben, der im wesentlichen die Form eines Eis hat.« Cheng Chi (Ch'ing-Dynastie), »Geisteshauch«.

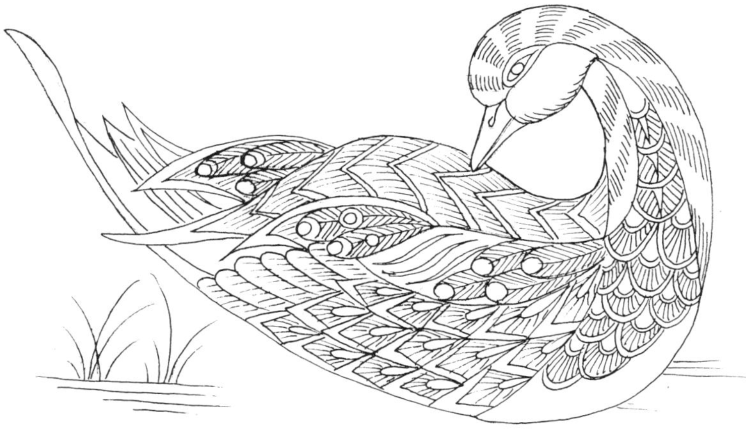

❑ Dieser Ente sieht man den chinesischen Einfluß an. Und doch handelt es sich um eine zeitgenössische Schöpfung: Sie ziert die Halstücher einer anspruchsvollen Modemarke (Hermès). Oft als Porzellandekor verwendet, wird sie in Camaieu oder mehrfarbig wiedergegeben.

Die Porzellane der »Rosa Familie« wie die der »Grünen Familie« erfreuten sich sogleich großer Beliebtheit und wurden massenhaft nach Europa ausgeführt. Wie zuvor die Stücke im »Blau und Weiß«-Stil Motive nach dem Geschmack muslimischer Länder aufgegriffen hatten, suchen die neuen Stile nach Dekoren, die dem des Abendlandes entgegenkommen. Das für die Ausfuhr hergestellte Porzellan ist durch ein überladenes Dekor gekennzeichnet. Die das Motiv einfassenden Konturen vervielfältigen sich, werden immer komplizierter, detaillierter und wunderlicher: in manchen Fällen lassen sich sieben verschiedene ausmachen. Die Motive sind von unendlicher Mannigfaltigkeit: Karos, Schuppen, Mosaiken, gesprenkelt mit kleinen schwarzen Punkten, »Kies« und kleine Kreise, Spiralen, Lambrequins ... Unzählbare Einfälle, die zum großen Teil den Dekoren der »Grünen Familie« entstammen, aber aus der Farbpalette der »Rosa Familie« gemalt werden.

Hier kommt es zum Bruch mit dem althergebrachten Streben nach Schlichtheit und Vollkommenheit von Form und Dekor. Einige Autoren meinen sogar, daß dieses Trachten nach Zufriedenstellung der Europäer zur Verschlechterung des Geschmacks der Chinesen beigetragen habe. Jedenfalls bedient dieses Porzellan bestens das Verlangen nach Exotik, das schließlich seinen Höhepunkt in der Mode des chinesischen Kaufhausporzellans im 19. Jahrhundert findet.

❑ Vögel aus der »Rosa Familie«

Die ostindische Kompanie und die Wappen

Die Kontore

❑ Deckelterrine, gekrönt mit einer Ente. Ausführung R. Van der Broek

Neugier und Unternehmungsgeist sind es, die die Menschen in der Aussicht, neue Welten zu entdecken, schon immer dazu gebracht haben, Abenteuer zu suchen und Gefahren die Stirn zu bieten. So gibt es Handelsbeziehungen zwischen dem Morgen- und dem Abendland bereits in der Antike. Die Seewege rücken die geheimnisumwitterten Länder am anderen Ende der Seidenstraße näher; ihnen ist es auch zu verdanken, daß sich das chinesische Porzellan über ganz Europa verbreitet. In den Fernen Osten zu gelangen, war nicht leicht: Dieses Kapitel zeichnet den Weg seiner Entdeckung und die entstehenden Handelsbeziehungen nach. Die den Text illustrierenden Motive entstammen dem sogenannten Auftragsporzellan aus China.

Aus dem hintersten Ende Asiens langten Waren über einen weiten und beschwerlichen Weg ein. Der deutsche Geograph Ferdinand von Richthofen gab ihm im 19. Jahrhundert den Namen Seidenstraße – und das zu Recht, denn von Gewürzen abgesehen beförderten die Händler vor allem Seide. *Serica,* dieser wertvolle Stoff aus fernem, geheimnisvollen Land, erfreute sich bei den Römern seit dem ersten vorchristlichen Jahrhundert einer außerordentlichen Beliebtheit. Die Seidenstraße wird später auch zur Straße des Elfenbeins, der Lacke, der Arzneien, der kostbaren Hölzer sowie – in sehr begrenztem Umfang – der Keramiken. Der Preis dieser Waren war der Entfernungen, der einzugehenden Risiken und der Zwischenhändlerprovisionen wegen außerordentlich hoch. Tatsächlich gelangten die römischen Karawanen nicht bis China. Das mächtige Reich der Parther, das sich über den größten Teil des heutigen Iran und über Mesopotamien erstreckte, versperrte ihnen den Weg und nahm den Karawanenhandel mit Asien uneingeschränkt für sich in Anspruch. Der Handelsverkehr auf dem Landweg blieb an die Verläßlichkeit der Seidenstraße gebunden und ist über lange Zeitabschnitte unbedeutet. Seit dem 2. Jahrhundert n. Chr. werden die Seewege zunehmend befahren. Die Parther dienen immer noch als Zwischenhändler, da sie sich jeder direkten Verbindung zwischen China und dem Abendland widersetzen. Später, als der Islam sein Reich begründet, treten die Araber an ihre Stelle und halten für lange Zeit das Monopol auf den Seehandel. Indessen bauen auch die Chinesen eine Handelsflotte auf; in der Sung-Zeit fahren ihre Dschunken nach Indonesien, Malaysia, Indien, Korea, Japan und zu den Philippinen. Zeitweise ist ihre Flotte in Ostasien dominierend; bis in den Persischen Golf wagt sie sich jedoch nur selten vor. Denn wenn auch die Chinesen Navigationsinstrumente erfunden haben, sind sie doch keine Schiffsbauer, und ihre Dschunken sind für die langen Fahrten nicht stabil genug. Dank dem zunehmenden Fassungsvermögen der Schiffe wurde der Seehandel um vieles einträglicher. Befanden sich in der Han-Zeit unter den von Karawanen beförderten Gegenständen schon einige aus Steinzeug oder Seladon, so wurde doch erst mit der Entwicklung des Seehandels die chinesische Keramik wirklich bekannt. Sie verbreitet sich mit wachsendem Erfolg in ganz Südostasien und auch in der arabischen Welt. Europa ist noch zu weit; dorthin gelangt das Porzellan erst in der Zeit der großen Reisenden und Abenteurer, die sich entdeckerlustig auf die sagenumwobenen Länder des Orients stürzen.

Die Reisen über Land waren voller Unwägbarkeiten und Gefahren; die Seefahrt war es jedoch nicht minder. Sie vollzog sich – mit Ausnahme einiger fraglicher Fälle – in den durch die bekannten Meere gesetzten Grenzen. Bis ins 5. Jahrhundert finden sich die Seeleute nur mit Hilfe von Sonne, Mond und Sternen zurecht; bei bedecktem Himmel folgen sie einfach dem Wind, ohne sich auf eine bestimmte Richtung festzulegen. »Sie führen Vögel mit sich, die sie von Zeit zu Zeit loslassen, und folgen deren Flug gen Land« (Plinius d. Ä.).

❑ Rechte Seite: Große Schale. Damit die Motive auf der Abbildung Platz finden, wurden sie dicht zusammengedrängt. Beim Auftragen der Zeichnung auf die Platte ist das Dekor aufzulockern: Das zentrale Motiv wird frei gelassen, indem man die Buketts nahe an den Rand setzt. Je nach Größe des zu verzierenden Gegenstandes können die Motivteile einzeln oder in Gruppen zu dreien oder fünfen verwendet werden.

Die Fortschritte, die auf dem Gebiet der Navigation gemacht wurden, haben ganz sicher ihren Anteil an der Entwicklung des Seehandels. In China war das Prinzip des Kompasses seit der Han-Zeit bekannt. Arabische Autoren erwähnen ihn im 13. Jahrhundert, und Europa übernimmt ihn in der Folge. Die zu Beginn unserer Zeitrechnung in China entwickelte Armillarsphäre, mit deren Hilfe sich die Bewegung der Sterne darstellen läßt, wird am Ende des Mittelalters auch in Europa verwendet. Das Astrolabium, ein Instrument, das zur Messung der Höhe eines Gestirns über dem Horizont dient, war bei den arabischen Seeleuten in ständigem Gebrauch. Alle diese die Navigation erleichternden Instrumente werden nach und nach von den europäischen Flotten übernommen, deren Horizont sich dadurch erweitert.

Seit dem 11. Jahrhundert baut Venedig seine wirtschaftliche und maritime Vormachtstellung im Mittelmeerraum aus. Diese Stadt, in deren Händen bereits Finanzierung und Beförderung der Truppen in ganz Europa liegen, zieht die Fäden bei der Vorbereitung des vierten Kreuzzuges. Im Jahre 1204 führt sie die Kreuzfahrer zu den Schätzen des byzantinischen Reiches und zur Eroberung Konstantinopels, des Tores zu den großen Verkehrswegen des Nordens und Ostens. Hinter der Fassade eines »Lateinischen Imperiums« übt Venedig – wahre Herrin von Konstantinopel – ein Wirtschaftsmonopol auf dem Schwarzen Meer aus, dort, wo Pelz- und Seidenstraße sich kreuzen. Es kontrolliert die Einfuhr aller aus dem Orient kommenden Erzeugnisse wie auch die Ausfuhr von Erzen und wollenen Tuchen aus Europa. Den Auseinandersetzungen mit ihrer Rivalin Genua zum Trotz vermag sie ihre Vorherrschaft über drei Jahrhunderte zu wahren. Das einzige Mittel, um sich der venezianischen Allmacht zu entziehen, bestand darin, neue Wege in den Fernen Osten zu finden: Christoph Kolumbus bricht im Auftrage Spaniens nach Westen auf und entdeckt Amerika. Auch die Portugiesen

❑ Rechte Seite: Kakaokanne. Die Ziermotive schmücken den rund um den Deckel sowie oben und unten an der Kanne weiß gelassenen Untergrund. Der Kreis in der Mitte bezeichnet die Stelle für den Griff.

erkunden die Ozeane. Sie verfügen vermutlich über die beste Flotte ihrer Zeit, und ihre Karavellen sind mit allen bekannten nautischen Geräten ausgestattet. Sie erreichen die Kanarischen Inseln und daraufhin die afrikanische Küste. Mitte des 15. Jahrhunderts überqueren sie den Äquator, und im Jahre 1498 erreicht Vasco da Gama nach Umrundung des Kaps der Guten Hoffnung Indien. Von nun an steht der Weg nach China offen.

Portugal

Lissabon tritt nun an die Stelle Venedigs. Die mit den Meeresstraßen wohlvertrauten portugiesischen Seeleute sind von jetzt an in der Lage, einen regelmäßigen Verkehr zu gewährleisten. Ein bedeutendes Handelsnetz wird geschaffen, und es werden in Kalkutta und Goa in Indien Handelskontore eingerichtet. Im Jahre 1513 legt zum ersten Male ein europäisches Schiff in China an. Jorge Alvarès eröffnet in Kanton eine Botschaft. Aber die Beziehungen sind heikel und führen zu einem diplomatischen Mißerfolg. Dennoch gelangt Alvarès nach Peking; der offizielle Verkehr hält sich indessen weiter in Grenzen. Aus dieser Sackgasse befreien sich die Portugiesen, indem sie ihre Hilfe im Kampf gegen die Piraten anbieten, die zu dieser Zeit die Küsten Südchinas heimsuchen. Für diesen Dienst belohnt der Kaiser sie im Jahre 1557 mit der kleinen Insel Macao. Gestützt auf diese großen Kontore in Indien und China, vermag Portugal den Handel auszubauen, und das Porzellan wird zu einem der Hauptausfuhrartikel. Die chinesischen Werkstätten erhalten von den Portugiesen genau umrissene Aufträge. Besonders gefragt sind die Wappenservice, die sogar an ausländische Kunden geliefert werden. Das erste in China angefertigte derartige Service soll das für Kaiser Karl V., König von Spanien, gewesen sein. Seit 1557 wird Portugal von schwachen Herrschern regiert und durchlebt eine schwierige Zeit. Marokko versucht, die Portugiesen, die sich eines Teils seiner Küste bemächtigt hatten, zurückzudrängen. Dieser Krieg endet mit der für Portugal folgenreichen Niederlage bei Ksar-el-Kebir. Spanien, das die Handelserfolge Portugals neidisch beobachtete, nutzt diese Schwächung für einen Einfall in das Land aus und versichert sich der Kontrolle über den Ostindienhandel. 60 Jahre lang bleibt Portugal Spanien einverleibt. Lissabon ist nun zur Drehscheibe des internationalen Handels geworden. Niederländische Kaufleute kommen hierher, um chinesisches Porzellan zu erwerben, das sie dann an die nördlichen Länder weiterverkaufen. Nach der Annexion durch Spanien untersagt ihnen Philipp II. den Zugang zu den lusitanischen Häfen. Die holländischen Seeleute suchen deshalb nach eigenen Wegen, um sich in China direkt zu versorgen. Es kommt zu einer erbitterten Rivalität zwischen der portugiesischen und der niederländischen Handelsflotte, die heute noch unterschwellig spürbar ist. Portugal verliert schließlich sein Monopol auf die Einfuhren aus dem Orient an die Niederländer sowie an die englische Handelsmacht, die in Asien Fuß faßt und schnell Bedeutung erlangt.

Im Jahre 1755 zerstört ein Erdbeben Lissabon mit der Folge gewaltiger Wiederaufbaubemühungen. Der Quelas-Palast wird instandgesetzt, und der König gibt Wappenservice für die Empfänge bei Hofe in Auftrag. Da die großen Familien dem Beispiel folgen, fließen China die Bestellungen nur so zu. Wappenservice werden Mode in ganz Europa, und die verschiedenen Ostindischen Kompanien sorgen für die Befriedigung der Nachfrage. In den Jahren 1602 und 1604 kapern die Holländer zwei portugiesische Karacken, deren aus chinesischem Porzellan bestehende Ladungen in Amsterdam versteigert werden. Es handelt sich um »Blau und Weiß«-Ware, die sich unter dem Namen *Kraakporzellan* (Karackenporzellan) über ganz Europa verbreitet. Seitdem dient dieser Begriff zur Bezeichnung der »Blau und Weiß«-Ware, die in sehr wechselhafter Qualität von der Mitte des 16. Jahrhunderts an und während des gesamten 17. Jahrhunderts für die Ausfuhr hergestellt wurde. Waren es anfangs hauptsächlich Sammlerstücke, so werden bald vermehrt ihre Gebrauchsqualitäten entdeckt.

Die Niederlande

Die Seeroute Vasco da Gamas, welche man die Porzellanstraße nennen könnte, wurde zum Schauplatz wahrer Schlachten. Portugiesen und Spanier verteidigten sie, und die niederländischen Kaufleute hatten keine andere Wahl, als sich den Weg nach China mit Gewalt zu bahnen. In den iberischen Ländern verfügte einzig der Staat über die Mittel, um Wirtschaftsunternehmungen militärisch zu schützen; die holländische Regierung jedoch war knapp bei Kasse und nicht in der Lage, in ferne und gefahrvolle Expeditionen zu investieren. Daher gründeten die kapitalbesitzenden Kaufleute der Hafenstädte und die Schiffsausrüster eine Handelsgesellschaft. Der mittelalterlichen Gildentradition folgend, verlangten sie von den Staatsorganen die Bestätigung ihrer Statuten sowie die des Monopolprivilegs. So wurde mit Unterstützung durch die Regierung die Ostindische Kompanie geboren. Die Holländer rüsteten sich mit Handelsschiffen aus, die im Bedarfsfalle aber auch für Kriegszwecke eingesetzt werden konnten. Mit einer eindrucksvollen Flotte von elf Schiffen fuhren sie zur Gründung ihrer Kontore in Asien aus.

Die V.O.C., Abkürzung für *Vereenigte Oostindische Compagnie,* richtet Etappenhäfen am Kap sowie auf Ceylon ein und läßt sich auf den Sunda-Inseln nieder. Auf einer von ihnen, Java, wird eine befestigte Stadt gebaut, die als Verwaltungszentrum in Asien dient. Batavia, das heutige Jakarta, entwickelt sich sehr schnell zu einem bedeutenden internationalen Handelsplatz, der Käufer und Verkäufer aus ganz Südostasien anzieht. Es war auch der Ort, an dem sich die meisten Seeleute auf dem Weg nach Japan mit Lebensmitteln für die drei Monate dauernde Reise eindeckten. Das reiche und mächtige Batavia erfreute sich weitgehender politischer und wirtschaftlicher Unabhängigkeit. Die Kolonien der V.O.C. blühten; ihr Handelsnetz war wohlorganisiert und sehr wirkungsvoll. Ganze Frachtschiffe voll von Porzellan erreichten Amsterdam, und alles wurde sofort versteigert. Käufer aus England, Deutschland, Frankreich und sogar

noch ferneren Ländern fühlten sich angezogen. Die Gewinne waren über das gesamte 17. Jahrhundert gewaltig: oft gab es 50%, manchmal sogar 75% Dividende!
Europa wurde mit Porzellan überschwemmt. Im Jahre 1612 brachte ein Schiff 38640 Stücke nach Amsterdam, und im Jahre 1614 entlud ein anderes 69057 Stücke. Man schätzt, daß Holland zwischen 1604 und 1656 mehr als drei Millionen Stück Porzellan eingeführt hat. Die »Blau und Weiß«-Ware kommt dem Geschmack des Abendlandes entgegen und fügt sich auf vollkommene Weise in die Inneneinrichtungen ein, indem sie den Hauch von Exotik hinzugibt, der zum Träumen anregt. Die holländischen Maler erkennen sofort ihren dekorativen Wert und bauen sie seit dem 17. Jahrhundert in ihre Stilleben ein. Das chinesische Porzellan – und später auch das japanische – erobert im Geschwindschritt Europa.

❑ Von einem Erfrischungsbecken inspirierte und für den englischen Markt bestimmte Blumenschale, für die Ostindische Kompanie in China hergestellt.
Ausführung D. Alexiev

Zu Beginn wählte man nach Qualitätsgesichtspunkten aus. Die chinesischen Stücke von vollkommener Schönheit riefen Bewunderung hervor und fanden sogleich leidenschaftliche Liebhaber und Sammler. Der zunehmende Handel mit dem Fernen Osten machte es leichter, in den Besitz von Porzellan zu gelangen; Sammeln wurde Mode. Man begann, es hinsichtlich der Qualität der Stücke nicht mehr so genau zu nehmen, da es Menge und Größe waren, die sie etwa zum Kaminschmuck tauglich machten. In dieser Zeit entstehen fast überall in Europa große Sammlungen und Porzellankabinette. Zu Beginn des 19. Jahrhunderts lenkt der Handel das Interesse auf die nützliche Seite des Porzellans und ermuntert zu Bestellungen von Servicen oder Stücken, die nach dem Geschmack der Kunden gearbeitet werden. Ein Modell in Fayence, Zinn, Silber oder einfach aus Holz, versehen mit eingeritztem oder aufgezeichnetem Dekor, wird zwecks Ausführung in den Fernen Osten geschickt. Dort bilden Chinesen und Japaner tatsächlich diese ihrem Kulturkreis völlig fremden Gegenstände und Sujets getreulich nach. Im 18. Jahrhundert erfährt der florierende Betrieb der V.O.C. durch Eingeborenenaufstände eine heftige Erschütterung. Er muß endlich ganz aufgeben, zur selben Zeit, da die Vereinigten Niederlande unter den Schlägen der Französischen Revolution abtreten; englische Kompanien nehmen seine Stelle ein.

GROSSBRITANNIEN

Die Handelskompanien werden als private Aktiengesellschaften zwischen dem 17. und 19. Jahrhundert unter der Schirmherrschaft und Kontrolle der europäischen Staaten mit dem Ziel gegründet, unter dem Schutz einer Nationalflagge und begünstigt durch ein Monopol Schätze in Übersee auszubeuten. Eine Gilde der »Abenteuerkaufleute« hatte sich seit 1556 in England auf ferne, ins Moskauer Gebiet gerichtete Handelsbeziehungen spezialisiert. Im Jahre 1600 gründet sie die erste Ostindische Kompanie, 1661 die Afrikanische Kompanie (Gewürze und tropische Erzeugnisse) und 1670 die Hudson-Bay-Kompanie (Pelze).
Die englische Ostindische Kompanie mußte sich indessen bis ins 18. Jahrhundert mit einem ziemlich kümmerlichen Handel bescheiden, da die besten Plätze von den Portugie-

sen und Holländern mit Beschlag belegt waren. Von 1699 an kehrt sich die Lage vollkommen um. In der Absicht, den Handel auszuweiten, öffnet Kaiser K'ang-hsi Kanton für die Europäer, und sogleich richten Dänen, Schweden, Österreicher und Spanier in den den »Barbaren aus dem Westen« vorbehaltenen Vierteln ihre Kontore ein. Der englischen Ostindischen Kompanie aber gelingt es, sich in einem Maße durchzusetzen, daß Englisch zur offiziellen Geschäftssprache wird. Die Kompanie dehnt sich über ganz Bengalen aus und wird zu einer Territorialmacht, so daß die englische Regierung einen Rat sowie Richter entsendet, um ihre Unternehmungen in Indien zu kontrollieren. Der Generalgouverneur betreibt seine Politik weiter und hat endlich Besitzungen der Kompanie auf der ganzen indischen Halbinsel. Im 19. Jahrhundert hebt die britische Regierung die Ostindische Kompanie auf; Indien wird Kronkolonie.
Erforschungen und Entdeckungen bewirkten die Einführung neuer Lebensmittel, die von einem weiten Kundenkreis rasch angenommen wurden. Chinesischer Tee, Kaffee und bald auch die Schokolade wurden Bestandteil des täglichen Lebens von immer mehr Menschen. Der Bedarf an angemessenen Porzellanservicen schlägt sich in Hunderttausenden von Bestellungen nieder, und diese machen wiederum den größten Teil der Schiffsladungen aus. Im 18. Jahrhundert ist England Hauptimporteur dieser Service.

FRANKREICH

Während die Holländer und Portugiesen den Asienhandel an sich ziehen, nimmt Frankreich in diesem Sturm auf den Fernen Osten eine sehr bescheidene Stellung ein. Die französischen Kaufleute fühlten sich durch ferne Abenteuer nicht angezogen. Trotzdem ergriffen Richelieu und später Colbert Maßnahmen im Hinblick auf eine Förderung des bedeutenden Seehandels und der Kolonisation. Es wurden mehrere Kompanien gegründet; alle waren nur von kurzer Dauer. Einer einzigen, der Compagnie de Chine du sieur Joudan du Groué, gelang die Entsendung eines Schiffes nach China. Nachdem das erste französische Kontor im Jahre 1698 in Kanton gegründet war, kehrte die »Amphitrite« mit einer ansehnlichen Porzellanladung zurück, die versteigert wurde. Bald darauf jedoch zwangen finanzielle Schwierigkeiten die Kompanie zur Einstellung ihrer Tätigkeit. Schließlich wurde im Jahre 1718 die Compagnie des Indes orientales gegründet, die sich gut entwickelte und einen fortgesetzten Handel betrieb. Große Liefermengen bewirken nun, daß das Porzellan fortan erschwinglich ist. Konnten bis zum Ende des 17. Jahrhunderts nur der Hof, einige Schiffseigner sowie wenige adlige Familien sich den Besitz eines Porzellanservices leisten, so rückt ein solches nunmehr für alle begüterten Personen in den Bereich des Erlangbaren. Das Wappenservice auf Bestellung ziert hinfort den Tisch aller großen Familien des 18. Jahrhunderts. Die Auftragsvergabe von Porzellan an China ist in Frankreich wie in ganz Westeuropa gängige Übung. Diese Nachfrage läßt in der chinesischen Keramik einen neuen Zweig entstehen, den des sogenannten Auftragsporzellans. Die chinesischen Künstler malten Stücke aus Rouen, Nevers und Lille, Sujets nach Bildern von Poussin, Mignard..., sehr getreu nach und wechselten mit Leichtigkeit von galanten zu religiösen Themen.

Die Wappen

❑ Zwei Wappenteller.
Ausführung R. Van der Broek und J. Fournier

Wappen sind »farbige Sinnbilder, die – erblich oder fest – einer Familie, Gemeinschaft oder manchmal auch einer einzelnen Person zugeordnet und hinsichtlich ihrer Anordnung, ihrer Farben und Formen bestimmten, durch die Wappenkunde festgelegten Regeln unterworfen sind« (R. Mathieu). Diese Definition gilt für die im 12. Jahrhundert in ganz Europa auftauchenden Wappen. Sie entsprechen einer militärischen Erfordernis, indem sie Ritter leicht erkennbar machen, die sonst unter ihren Rüstungen nicht zu identifizieren sind.

Der Ursprung der Wappen liegt weit zurück, denn Unterscheidungs- und Identifikationsmerkmale waren bei den Kriegern seit der Antike in Gebrauch. Die Ägypter, Griechen und Römer verwendeten Abzeichen, um sich in den Schlachten persönlich auszuweisen. In fernen, der Mittelmeerwelt unbekannten Ländern – etwa in China – wurden während der Schlachten Banner nicht nur zur Unterscheidung der einzelnen Armeekorps, sondern auch zur Weitergabe von Befehlen sowie zur Manöverlenkung eingesetzt. So erinnert Samuel B. Griffith in seinem Vorwort zur »Kriegskunst« des Sun-tze daran, daß »die von Sun-tze erwähnten Armeen sich aus taktischen Einheiten zusammensetzten, die zu unabhängigem und aufeinander abgestimmtem Manövrieren in der Lage waren wie auch zu sofortigem Ausführen von durch Trompetensignale, Trommeln, Fahnen und Banner übermittelten Befehlen« und fügt hinzu, daß »zur Zeit der Kämpfenden Staaten eine in Schlachtordnung angetretene chinesische Armee ein eindrucksvolles Schauspiel bot, wenn sich ihre dichtgedrängten Formationen in Linie aufstellten und eine Vielzahl reichbestickter Standarten im Wind knatterte, verziert mit Tiger-, Vogel-, Drachen- und Schlangengestalten, mit Phönixen und Schildkröten, die den Generalstab sowie die Führungsstäbe der die Flügel befehlenden Leutnante kenntlich machten.« Bei den hier erwähnten Feldzeichen handelt es sich um kollektive Sinnbilder. Besondere Zeichen macht aber – wie im Falle des griechischen Kriegers – der Einzelkampf erforderlich. Nachdem er lange Zeit nicht geübt wurde, gelangt er im 12. Jahrhundert mit dem mittelalterlichen Krieger wieder zu neuer Bedeutung. Dieser benötigt Feldzeichen, um erkennbar zu sein; auch sein Pferd und seine Bewaffnung – Zeichen von Reichtum und gesellschaftlicher Macht – tragen sie. Dies ist der Auftritt der Wappen; sie werden gemalt, gestickt, in den Schild, den Waffenrock, die Banner und in den Helm eingearbeitet.

Der für den waffentragenden Mann so wichtige Schild stellt das Wappenemblem in Vorderansicht dar; er ist der Träger der heraldischen Zeichen. Zunächst erscheinen Tiergestalten wie Adler und Löwe oder auch Chimären wie der Drache. Sodann treten die sogenannten Heroldsstücke hinzu, die in Wirklichkeit – und häufig offensichtlich – Elemente der Schildstruktur sind und zur Dekoration des Wappenemblems verwendet werden. Einige Bestandteile des Wappenschildes lassen sich mithin aus Nägeln und Nieten, aus Verbindungsscharnieren zwischen den Holzleisten und Tierhäuten herleiten. Die gemeinen Figuren – in der heraldischen Sprache stilisierte Darstellungen aller möglichen Gestalten – sowie Farbmerkmale ergänzen die Ornamentik des Wappenemblems, wobei jedes Element eine genau umrissene Bedeutung hat. Darauf wird der Helm in das Wappen eingefügt, das noch durch Schildhalter oder Träger – zumeist das Wappenemblem haltende, auf den Hinterbeinen aufgerichtete Tiere – vervollständigt wird; wie auch durch Wappensprüche auf Bändern, die über dem Emblem flattern. Mit diesen Sprüchen kündigten die Herolde die Ritter bei deren Einritt auf dem Turnierplatz an. Der für den Schutz der Schwachen und die Aufrechterhaltung der Sicherheit streitende Krieger war zum Ritter geworden, und seine ursprünglich persönlichen Feldzeichen werden nun für seine Familie und Nachkommenschaft erblich.

Im 13. Jahrhundert weitet sich der Wappengebrauch aus. Sie erscheinen auf Siegeln von Bistümern, Kanzleien, bürgerlichen Familien und Städten. Später, im 14. Jahrhundert, sollten oder konnten Abteien, Zünfte und selbst einfache Bauern welche haben.

Um dem Staatsschatz eine neue Einnahmequelle zu erschließen, verfügte Ludwig XIV. von Frankreich mit einem Edikt im Jahre 1696 die Erstellung eines allgemeinen Wappenbuches, in das die Wappen offiziell eingetragen werden sollten. Eine große Anzahl Nichtadliger ergriff die Gelegenheit, Wappen anzunehmen, auf die es mithin kein Vorrecht gab. Im Jahre 1790 wurden sie abgeschafft, aber von Napoleon wieder in Geltung gesetzt, wenn auch ausschließlich für den kaiserlichen Adel. Wappenservice erfreuten sich im Europa des 18. Jahrhunderts einer regen Nachfrage. Die verschiedenen Ostindischen Kompanien ließen sie in China oder Japan malen und lieferten sie in alle europäischen Länder; daher bestand auch das »Auftragsporzellan« zum größten Teil aus solchen Servicen. Heute betrachten wir diese Stücke mit Staunen und Bewunderung. Die Farben der »Rosa Familie« sind von unvergleichlicher Schönheit und Frische; die Machart ist vorzüglich. Ein Rechtschreibfehler, der sich in das Spruchband eingeschlichen hat, oder ein anstelle des Helmes auftauchender chinesischer Kopf machen sie nur noch reizvoller. Die Wappenteller sind äußerst dekorativ und wurden oft reproduziert, außerdem werden immer noch Service, Zierschalen und andere Wappenstücke angefertigt. Der Vorlage ist genau zu folgen – nicht die geringste Einzelheit darf geändert werden. Alles ist systematisch erfaßt und hat eine festgelegte Bedeutung: Die Heraldik ist eine Wissenschaft für sich.

Echtgold und -silber kommen in den Wappen oft vor. Falls man nicht damit arbeitet oder für ein einzelnes Stück kein so teures Material kaufen will, lassen sie sich durch metallische Farben ersetzen. Jedoch empfiehlt sich für die Bemalung eines Wappenservices – zumal wenn es häufig benutzt wird – die Anschaffung von Gold und Platin (als Pulver zum Anreiben), und zwar vorzugsweise mit matter Wirkung, da diese kostbarer, von zurückhaltenderer Erscheinung und zudem haltbarer sind.

Japan

Historische Darstellung

❑ Ein von *sometsuke*-Motiven inspiriertes Service.
Alle Teller sind verschieden.
Ausführung Y. Alexiev

Wir schätzen die japanische Spitzentechnologie und sind von der japanischen Kunst gebannt. Was wissen wir von diesem fernen und zugleich so nahen Land? Wir wählen den Umweg über die Entfaltung der Keramik in Japan, um in seine Vergangenheit einzutreten und die Entwicklung Japans über die Jahrhunderte besser zu verstehen. Die japanische Inselkette ist die äußerste Verlängerung des asiatischen Kontinents. Geschichte und Kultur Japans wurden wesentlich durch dessen Insellage und Isolation bestimmt; auch prägten die Geographie sowie das Klima die Wesensart und die Kunst dieses Volkes. Sehr hügelige und malerische Küsten begrenzen die gebirgigen Inseln. Im Schnittpunkt von Südmonsun und nördlichen Winden, einer tropischen und einer polaren Meeresströmung gelegen, verfügt Japan über eine außergewöhnliche und großartige Vegetation. Zahlreiche Flüsse und Bäche, Seen und Wasserfälle tragen das Ihre zur Schönheit der Landschaft bei. Die Japaner waren für diese Schönheit immer sehr empfänglich und sich ihrer wohl bewußt; in ihrem Leben wie in ihrer Kunst hat sie daher eine bedeutende Rolle gespielt.

Die Jomon-Epoche (um 4500 bis etwa 300 v. Chr.)

Der Kunstsinn der Ureinwohner tritt zum ersten Male auf dem Gebiet der Keramik zutage. Ihre Töpferwaren sind schwer, mit der Hand geformt, zeichnen sich aber durch Vielfalt der Formen, gestalterische Qualität und durch sehr kunstvolle abstrakte Dekore aus. Diese Kultur – die älteste in Japan bekannte – entsteht im dritten Jahrtausend und wird Jomon-Kultur genannt – was »Schnurmuster« bedeutet –, da die Töpferarbeiten mit einem die gesamte Oberfläche überziehenden, von Schnurabdrücken herrührenden Dekor versehen sind. Die Jomon-Menschen formen auch kleine Tonfigürchen, die *dogu*, die entweder die Erdmutter verkörpern oder »Medizinpuppen« sind, die den für eine Krankheit verantwortlichen bösen Geist vom Kranken fernhalten sollen. Um das 3. vorchristliche Jahrhundert strömen Volksgruppen des mongolischen Typus vom Festland nach Japan ein, deren Zivilisation von chinesischem Einfluß geprägt ist. Sie bringen die Kultur des Reisanbaus und vor allem die der Bronze- und Eisenbearbeitung mit sich. Aus dieser Zeit – Yayoi-Epoche genannt (300 v. – 300 n. Chr.) – datieren die ersten Kontakte mit dem Festland. Aus Korea übernimmt man verschiedene Techniken, darunter den Gebrauch der Töpferscheibe; die Werkstücke werden regelmäßiger und nehmen die für die Keramiken des Fernen Ostens typischen Formen an. Charakteristische Gegenstände aus dieser Kultur wurden in den großen Grab-Tumuli – mehr als 10000 – gefunden, die diese Epoche auf eine Weise prägen, die ihr den Namen »Hügelgrabkultur« eingetragen hat. Rund um die Grabhügel wurden *haniwa* in den Boden gepflanzt, die sowohl zur Erdbefestigung wie zur Verzierung und als magische Schranke gegen die bösen Geister dienten. Anfangs war der *haniwa* ein schlichter Keramikzylinder ohne Boden, von Löchern durchbohrt und mit Einritzungen versehen; die Kunst der Töpfer aber verwandelte die *haniwa* zu Figurinen, die Tiere und vor allem musizierende, singende und tanzende Frauen und Männer darstellten. Sie sind zwar von unbeholfener und naiver Machart, jedoch äußerst ausdrucksvoll.
Seit dem 3. Jahrhundert n. Chr. verstärken sich die Kontakte mit Korea und China, was für die Entwicklung Japans von entscheidender Bedeutung ist. Zu Beginn des 4. Jahrhunderts lassen sich in Japan ganze Kolonien von kriegsflüchtigen koreanischen und chinesischen Familien nieder, die neue Techniken und Gewerbe wie das Weben, das Sticken und die Seidenraupenzucht mitbringen. Der kulturelle Schub ist gewaltig. Um leichter Zugang zur chinesischen Kultur zu finden, werden die chinesische Sprache und Schrift übernommen. Im 5. Jahrhundert taucht eine neue Art von Töpferwaren aus feinem, grauen Ton mit dichtem und hartem Scherben auf: das Steinzeug. Die Glasurverfahren jedoch werden erst im 8. Jahrhundert aus China übernommen.

Die Azuka-Epoche (538–645)

Japan hatte keine feste Hauptstadt; den Sitz des Hofes verlegte man immer wieder, um nicht an einem Ort bleiben zu müssen, der durch den Tod eines Kaisers gezeichnet war. Zu Beginn des 6. Jahrhunderts hatte sich der Hof in Azuka eingerichtet, das auch der Epoche ihren Namen gibt. Es ist die Zeit, da der Buddhismus eingeführt und der Einfluß Chinas auf Japan vorherrschend wird. Im Jahre 538 übersendet der König von Paekche (Korea) dem japanischen Kaiser eine Bronzestatue, die Sakyamuni darstellt, und legt ihm das Gesetz Buddhas ans Herz. Es handelte sich dabei um einen in China unter dem Einfluß des taoistischen Strebens nach Einheit zwischen Mensch und Natur gewandelten Buddhismus. Der Shintoglaube des einfachen Volkes mit seiner Verehrung der Naturgewalten stand für dieselben Neigungen. – Der Buddhismus breitet sich rasch aus, und beide Religionen bestehen nebeneinander in einer Art Symbiose. Im Jahre 587 wird der Buddhismus Staatsreligion, und mit ihm dringt die ganze chinesische Kultur, dringen ihre Schrift, ihr Denken, ihre politischen Einrichtungen und ihre Künste in Japan ein. Die Japaner entscheiden sich für ein Studium der neuen Religion in China selbst. Offizielle Abordnungen folgen aufeinander; Gelehrte, Priester und Künstler halten sich lange Zeit dort auf. Alle kehren sie beeindruckt von diesem weiten und mächtigen Reich zurück, von dem Reichtum seiner weltoffenen Städte sowie der Ordnung und Wirksamkeit der Machtausübung. Denn China ist soeben in eine der großartigsten Epochen seiner Geschichte eingetreten, die der T'ang-Dynastie, und sein Ansehen ist gewaltig. Voller Bewunderung und um so schnell wie möglich zu verstehen und zu lernen, schikken die Japaner zahlreiche, aus Hunderten von Personen bestehende Gesandtschaften und machen sich unglaublich rasch das Fremde zu eigen. Die Begeisterung für den neuen Glauben vermittelt der Architektur wie der Skulptur einen ungeheuren Aufschwung. In der Kunst ahmen die Japaner die Vorlagen vom Festland nach oder lassen sich von ihnen anregen. Die Einwirkung der T'ang-Epoche auf die japanische Kunst war so mächtig, daß sie noch heute – direkt oder durch Überlieferung in Abwandlungen – die japanischen Künstler beeinflußt. Indessen beginnen sich die Qualitäten der japanischen Kunst abzuzeichnen: der Sinn für die Zeichnung, deren Eleganz und Erlesenheit, die vollendete Ausführung.

Die Nara-Zeit (710–784)

Da Japan keine ständige Hauptstadt hatte, gab es bis jetzt auch keine Großstadt. Der tiefe Eindruck aber, den Ch'angan, die Hauptstadt der T'ang, auf die Japaner hatte, ließ bei ihnen den Entschluß reifen, auch eine solche zu bauen. Im Jahre 710 wird der Hof nach Nara verlegt, das zur ersten Hauptstadt Japans und die erste nach einem Plan – dem

❑ Motive aus der »Geschichte des Prinzen Genji«. Die Sujets aus dieser Epoche sind sehr dekorativ. Mittels Vereinfachung und Vergrößerung lassen sie sich leicht für die Wiedergabe auf Porzellan einrichten. Auch Wandschirme sind eine nie versiegende Quelle für Motive, die selbst bei Vereinfachung zuverlässig dekorativ wirken. Man kann die Golduntergründe durch Ockergelb ersetzen, die Wirkung ist genauso gut.

Schachbrettmuster der chinesischen Städte folgend – erbaute Stadt wird. In diesem günstigen Rahmen bringen es viele Weberei-, Malerei- und Lackwerkstätten sowie Bronzegießereien unter Aufsicht und Direktion der Staatskasse zu einer außerordentlichen Produktion. Sie schaffen die chinesischen Vorlagen so vollkommen nach, daß es selbst für Fachleute oft schwierig ist, die in China hergestellten Gegenstände von den mehrere Jahre später in Japan angefertigten zu unterscheiden.

Die Heian-Zeit (794–1185)

Heian-Kyo, »Hauptstadt des Friedens und der Stille«, das heutige Kyoto, löst im Jahre 794 Nara als Hauptstadt des japanischen Reiches ab. Diese räumliche Verlagerung wird von einer politischen und kulturellen Umwälzung begleitet: In China geht zur selben Zeit die T'ang-Herrschaft ihrem Ende entgegen; die diplomatischen Verwicklungen mit Japan führen im Jahre 894 zum Bruch. Auch die Beziehungen zu Korea gestalten sich feindselig. So erlebt Japan mehrere Jahrhunderte der Isolation, und in dieser Zeit des Rückzugs auf sich selbst bildet sich die japanische Identität aus.

Bereits gegen Ende der Nara-Epoche begnügen sich die japanischen Künstler, die sich die Kultur des Festlandes längst angeeignet haben, nicht mehr mit der Nachahmung chinesischer Vorlagen. Es entsteht eine eigene Kunst, in der der Sinn für Schlichtheit und Prägnanz und besonders die Liebe zur Natur bestimmend werden. Es handelt sich um eine Rückkehr zu den Quellen, denn die Natur ist im täglichen Leben des Japaners ein bestimmendes Element. Seit unvordenklichen Zeiten ist sie geheiligt, und der Shinto, die primitive Religion des japanischen Volkes, eine Mischung aus Ahnen- und Naturkult, wird bevölkert von wohltätigen, übernatürlichen Geistern (*kami*), die in Bäumen und Tieren, in Flüssen und Bergen wohnen.

Von der Heian-Epoche an wird die Natur, die bisher nur als Dekorationselement Verwendung fand, zu einem eigenstän-

digen Thema. Die Japaner halten dafür, daß in ihr das eigentliche Wesen der Schönheit beschlossen liege, weshalb sie forthin in allen Zweigen der Kunst gegenwärtig ist.
Der Kaiser geht schließlich seiner politischen Macht verlustig; das Land wird von Klans regiert, die sich unerbittlich um die Macht streiten. Die erste große Familie, die zu einer vorherrschenden Rolle gelangt, ist die der Fujiwara. Zentrum des kulturellen Lebens bleibt der Hof; da er von der politischen Macht ferngehalten wird, gilt all seine Anteilnahme den Künsten. Im Laufe der Jahrhunderte bildet er eine von Eleganz und Verfeinerung geprägte Lebenskunst aus. Diese höfische Kultur spiegelt sich in dem wider, was die Kunst vollbringt: Schönheit und Vollendung jedes Werks sind ein Abbild der Poesie und des Zartgefühls in den Beziehungen und Empfindungen. In allen Einzelheiten ausgemalt findet sich dieser Kosmos in der »Geschichte des Prinzen Genji« (*Genji Monogatari*), einem für die höfischen Romane dieser Zeit charakteristischen Werk von Murazaki Shikibu. Die im Banne von Schrift und Poesie stehenden Japaner hatten eine Nationalliteratur geschaffen, die fortan den Malern Vorwürfe liefern sollte. Aus dieser Bildwerdung der literarischen Werke entsteht eine rein weltliche Malerei von ganz und gar japanischer Eigenart. Die kleinen Gedichte und höfische Romane illustrierenden Bilder verleihen eher Stimmungen Ausdruck als daß sie Taten und Gebärden wiedergäben. Gleichwohl läßt der Gesichtsausdruck keinerlei Gefühl erkennen, da die Züge bis zum äußersten schematisiert sind: Das Auge ist durch einen Strich und die Nase durch einen Haken angedeutet. Man muß daher die Gemütsbewegungen, denen die Personen unterworfen sind, in den verwendeten Farbtönen und in der diffusen Stimmung zu finden suchen, die aus der Gesamtkomposition zart hervortritt. Die Natur mit ihrem schwermütigen Mond oder heiteren Himmel läßt die Beziehungen zwischen den Personen und deren Empfindungen ahnen.
Eine andere Illustrationsweise ist die des *Shigi-san engi.* Da dies auf langen Rollen geschah, ist es möglich, dem Ablauf der Handlung zu folgen. Beim langsamen Abrollen vermitteln die Bilder einen Begriff von Zeit und Raum. In dieser dynamischen, fast filmartigen Malerei sind die Gesichter sehr lebendig, woraus zu schließen ist, daß es sich bei den dargestellten Personen nicht um Adlige handelt. Dieser Gegensatz zwischen Adel und Volk war schon in der frühgeschichtlichen Bildhauerei gegenwärtig. Die Rivalitäten unter den Klans ließen eine Kriegerkaste, die der Samurai, entstehen, die die Privatarmeen bildeten. Selbst der Buddhismus läßt sich – ungeachtet seiner pazifistischen Grundsätze – von der Gewalttätigkeit dieser Zeit mitreißen. Die Mönche vom Berge Hiei erheben Forderungen; ihre Söldnertruppen versetzen die Hauptstadt in Angst und Schrecken. Japan erlebt drei Jahrhunderte der Wirren sowie blutiger und zerstörerischer Bürgerkriege.

Die Kamakura (1185–1332)-, Nambokucho (1333–1391)- und Muromachi (1392–1572)-Perioden

Zur Vorherrschaft gelangte schließlich der Minamoto-Klan, der dem Kaiser nur den Titel und seine repräsentativen Funktionen ließ. Das Oberhaupt des Klans, Yorimoto, schlug sein Hauptquartier in Kamakura auf, das damit zur Parallelhauptstadt wurde und der Epoche ihren Namen gab. Yorimoto ist bemüht, seine Krieger und Beamten fern vom Hofe, von dessen Eitelkeit und Ränkespielen zu halten. Eine Vielzahl fähiger Menschen kommt indessen aus Kyoto, um in der neuen Verwaltung zu arbeiten; sie bringen ihren Sinn für Kunst und Kultur mit und tragen so zum Stimmungsumschwung in dieser Militärdiktatur bei. Auch wird, nachdem die Ordnung wiederhergestellt ist, die Restaurierung der durch die Bürgerkriege beschädigten Baudenkmäler angeordnet; die zahlreichen Baustellen verhelfen den Künsten zu neuem Aufschwung. Zur selben Zeit tritt Japan aus seiner Isolation heraus und nimmt den wissenschaftlichen und kulturellen Austausch wieder auf. Die Kunst unterliegt einem mächtigen Einfluß von seiten Chinas; die japanischen Zen-Mönche etwa lassen sich von chinesischen Tempeln inspirieren. Der Zen, eine in China Ch'an genannte Sekte, dringt während der Kamakura-Periode ein und entfaltet sich sehr machtvoll. Der Einfluß des Zen auf die Kunst ist beträchtlich, selbst auf so ausgefallenen Gebieten wie der Gartenkunst und der Teezeremonie. Die Sekte fordert strenge Disziplin und Genügsamkeit; die sparsame Anordnung der Bestandteile, die die in der Muromachi-Periode eingeführten »trockenen Gärten« ausmachen, gibt ein treffendes Bild von dieser Strenge. Diese Gärten bestehen aus täglich sorgfältig gerechtem Granitkies, der als Wassersymbol dient, sowie aus Stein»inseln«, die für die universelle Ordnung stehen. Sie sollen der Meditation förderlich sein und durch das Arbeiten mit den Händen den Zugang zur Erkenntnis erleichtern.

Diese Periode endet mit zwei Versuchen der Mongolen unter Kublai Khan (die China im Jahre 1260, sodann Korea und Indochina eroberten), in Japan einzufallen. Die Japaner schlagen die Mongolen zurück; die Herrscher von Kamakura jedoch erfahren eine Schwächung. Der Bürgerkrieg flammt wieder auf und hält mehr als 50 Jahre an: wir befinden uns in der Nambokucho-Periode (1333–1391). Im Jahre 1392 erklärt sich Ashikaga Takauji zum Shogun und regiert erneut an Stelle des Kaisers. Die nun folgende Periode verdankt ihren Namen dem Muromachi-Viertel in Kyoto, wo sich der Ashikaga-Palast befand. Den endlosen Kämpfen zum Trotz bleibt die Anteilnahme für die geistigen Bestrebungen und die Künste rege. Diese kommen nicht ausschließlich mehr dem Hofe zugute; die Ashikaga-Shogune sind Mäzene. Außerdem haben sich die Zen-Mönche zu Vorbildern an Gelehrsamkeit und Kultiviertheit entwickelt. Sie knüpfen zunächst die Kontakte zum chinesischen Zweig der Sekte neu; sodann werden die offiziellen Beziehungen mit China wieder aufgenommen. Im Jahre 1543 erreichen zum ersten Male Europäer – portugiesische Kaufleute – Japan. Drei Jahre später folgt eine vom frommen François-Xavier geleitete Gruppe französischer Jesuitenmissionare nach. Das Christentum wird wohlwollend aufgenommen, findet Anhänger und breitet sich aus; seine Verbindungen zur Macht jedoch sind unklar. Sie richten sich nach den wirtschaftlichen und politischen Erfordernissen des Augenblicks und enden mit schrecklichen Verfolgungen.

Die Muromachi-Periode ist dem Handel förderlich, und obwohl Piraten die chinesischen Küsten heimsuchen, entwickelt sich ein lebhafter Verkehr. In Japan bildet sich eine beachtliche Kaufmannsklasse aus, die mit ihrem Mäzenatentum die Künste fördert. In den Handelsbeziehungen mit China kommt den Kunstwerken auch ein bedeutender Stellenwert zu. Die Japaner führen Papier, Lacke sowie Bronzen aus und Seide, Bücher und Porzellan ein. Der Einfluß Chinas macht sich erneut auf allen Gebieten nachdrücklich bemerkbar.

Die monochrome Tuschmalerei und der nüchterne, dabei ausdrucksstarke Stil, den die chinesischen Meister der Sung-Zeit als Erbteil von den Gebildeten der T'ang-Dynastie übernommen hatten, bezaubern die Zen-Mönche. Dieser Stil entspricht auf vollkommene Weise dem japanischen Empfinden. In Japan, wo der Umgang mit der Natur eine Quelle des Glücks und der Inspiration ist, erreicht er seinen Höhepunkt auf dem Gebiet der Landschaftsmalerei. Die heimliche Sehnsucht, die aus diesen Tuschlavierungen spricht, offenbart eine von Leidenschaft und Heftigkeit getönte Trauer, die vielleicht auf dem Seelengrund des Japaners verborgen liegt. Maler von unvergleichlicher Kraft und Ursprünglichkeit – wie Sesshu – lassen ihre Lehrer aus der Ming-Zeit weit

❑ Sesshu (1495) gebot über einen kraft- und ausdrucksvollen, staunenerregenden Pinselstrich. Diese aktuelle Deutung einer von ihm gemalten Landschaft vermittelt bei weitem nicht dessen ganze Kraft.

❑ Die Wappen *(mon)* von Nobunaga, Hideyoshi und Ieyasu in Schwarz und Gold. Oft wird das *mon* oder Familienwappen auf dem Schulterteil des Kleidungsstückes getragen. Diese stilisierten und sehr schön gezeichneten Wappen finden als Dekorationselemente Verwendung. Ein einzelnes *mon* genügt zur Verzierung des Deckels einer kleinen Schachtel. Mehrere dieser Wappen in Gruppen sowie einzelne – harmonisch über die Oberfläche eines großen Stückes verstreut – bilden ein maßvolles und elegantes Dekor, das sich in alle Inneneinrichtungen einfügt.

hinter sich. Dennoch verschwindet die sehr dekorative und farbenfrohe Malerei im herkömmlichen japanischen Stil nicht. Sie wird von der Tosa-Schule weiter gepflegt, die für den kaiserlichen Hof arbeitet, wohingegen die Maler der die Shogun-Werkstatt leitenden Kano-Familie sie durch Übernahme der Monochromie erneuert. In der Folge versöhnen diese Maler die Farbe und die Kunst der Tuschmalerei miteinander und schaffen so einen neuen, typischen Stil.
Die Japaner pflegten schon immer ihre althergebrachte Töpferei und verfertigten Steinzeug, dessen Schönheit sich durch Einfachheit und Natürlichkeit mitteilt und das bei der Teezeremonie Verwendung findet. Gleichwohl zeigten sich die Japaner immer von der Keramikkunst der Chinesen angetan und mehr denn je in der Sung-Zeit, da die Seladonware und das Porzellan zur Vollkommenheit entwickelt waren. Auf diesem Gebiet hatten die Japaner einen großen Rückstand; es muß aber festgehalten werden, daß die Chinesen sich sehr wohl hüteten, das Geheimnis der Porzellanherstellung an Fremde weiterzugeben. So taucht das echte Porzellan – das bereits in der Mitte der T'ang-Zeit (618–906) entwickelt worden war – erst fünf Jahrhunderte später in Korea auf, obwohl dieses immerhin Teil der chinesischen Halbinsel ist.
In Japan ist es angeblich zwei Jahrhunderte später dank Gorodayu Shonzui hergestellt worden, der sich von 1510 an fünf Jahre in Jingdezhen, dem Zentrum der chinesischen Porzellanindustrie, aufgehalten haben und mit allen erforderlichen Produkten nach Japan zurückgekehrt sein soll. Nachdem er sich in der Nähe von Arita, einer Stadt in der Gegend von Hizen auf der Insel Kyushu niedergelassen hatte, soll er bis zu seinem Tode im Jahre 1550 Porzellan mit blauem Dekor unter der Glasur hergestellt haben. Hierbei handelt es sich im wesentlichen um eine Legende, denn das Dokument, das darüber Auskunft gibt, ist nicht sehr zuverlässig, und bis heute hat man kein Stück aus seiner Produktion gefunden. Jedenfalls konzentriert sich die Keramikherstellung seit den Nambokucho- und Muromachi-Perioden (1333–1572) auf die Gegend von Hizen, wo sie sich immer weiter entwickelt.

Die Momoyama-Periode (1573–1602)

Die Ashikagas erweisen sich als unfähig, dieses sich in dauerndem Kriegszustand befindende Land zu regieren. Sie werden von Oda Nobunaga verdrängt, einem unbedeutenden Daimyo, dem es gelungen war, einen großen Teil Mitteljapans zu erobern. Er ist ein selbst für die damaligen japanischen Verhältnisse sehr gewalttätiger und grausamer Mann, der seine Rivalen vernichtet. Dann macht er sich an die Unterwerfung der Militärgouverneure in den Provinzen, die sich zu Erbprinzen *(Daimyo)* aufgeworfen hatten, sowie der Mönchskrieger vom Berge Hiei und von anderen befestigten Klöstern. Als er im Jahre 1584 einer Verschwörung zum Opfer fällt, wird er durch einen seiner Generäle ersetzt. Toyotomi Hideyoshi (1536–1598) gelingt es schließlich, das seit Jahrhunderten zerrissene Land zu einigen und zu befrieden. Er gilt als eine der großen Gestalten der japanischen Geschichte und wird – vermutlich des großartigen Zuschnitts seiner Vorhaben wegen – oft mit Napoleon verglichen. Gestützt auf eine Armee von 250 000 Mann, faßt er die Eroberung Chinas ins Auge, wo sich die Ming-Herrschaft im Niedergang befindet. Zunächst greift er Korea an, aber seine beiden Feldzüge von 1592 und 1598 verlaufen katastrophal, und sein Tod beendet das Abenteuer.
Der Handel während der Muromachi-Periode war der Ent-

wicklung der städtischen Bevölkerung förderlich und ließ eine aufsteigende Klasse von Kaufleuten entstehen; aus den endlosen Kriegen aber ging schließlich eine Kriegerklasse hervor. Nachdem sich diese Männer von ursprünglich bescheidener Herkunft durch Mut und militärische Fähigkeiten ausgezeichnet hatten, erhielten sie Zugang zu den höchsten Stellungen. Hierbei handelt es sich um eine für die japanische Gesellschaft neuartige Erscheinung, da in ihr diese Ämter erblich waren. Die neue Verwaltung macht allerstrengste Ordnung und Disziplin zur Pflicht und bestraft unbarmherzig die geringste Aufsässigkeit. Die Würdenträger beeilen sich, den alten Familien hinsichtlich ihres verfeinerten Lebensstiles und ihrer Kunstkenntnisse gleichzukommen. Sie lassen sich gewaltige, mit großer Pracht ausgestattete Schlösser bauen, in denen sie Dichter und Künstler empfangen und beherbergen – und die sich so zu kulturellen Mittelpunkten entwickeln. Der dieser Epoche zugeordnete Name leitet sich übrigens vom Schloß Momoyama ab, das sich Hideyoshi bauen ließ, wo er gern Literaten und Weise um sich versammelte. Die künstlerische Tätigkeit verlagert sich aus dem sakralen in den weltlichen Bereich; sie wendet sich von Tempeln, Klöstern und Buddhas ab und den Wohnungen der Privatleute zu. Die besten Künstler sind aufgerufen, die Innenräume zu gestalten, die Reichtum und Macht der Schloßbesitzer widerspiegeln sollen. Wesentliche Dekorationselemente dieser prachtvollen Wohnungen sind bemalte Wände sowie bewegliche Wandschirme. Ein Hang zur Großartigkeit verdrängt die Nüchternheit; die Strenge der Tuschzeichnung wird zugunsten der Leuchtkraft der Farben, des verschwenderischen Goldglanzes und der Überfülle an Einzelheiten in der Zeichnung aufgegeben. Kunstgewerbe und dekorative Künste schwingen sich zu unvergleichlichen Höchstleistungen bei den Lackarbeiten und den für das No-Theater entworfenen Kostümen und den Textilien auf.

Die Textilkunst war in Japan hochentwickelt. In der Heian-Epoche (782-1184), der Zeit der feinsinnigen Ästheten, bestand die weibliche Hoftracht aus zwölf übereinandergelegten Kleidern; es war eine Kunst, sich anzukleiden.

Dieser ausgesuchte Geschmack in der Kleidung regte die Schöpferkraft an und führte schließlich zu bemalten, bestickten oder gewirkten Geweben oder auch zu solchen, in denen alle Techniken sich vereinigten und deren Muster oft von bekannten Künstlern entworfen wurden.

Wenn auch im Laufe der Jahrhunderte die Mode ein wenig schlichter wurde, so bewahrte sie nichtsdestoweniger ihr glanzvolles Gepräge. Der eigentlich ganz einfach geschnittene Kimono verdankt seine außerordentliche Wirkung den Webmustern, dem Talent, Farben miteinander zu verbinden und Kontrastwirkungen zu finden. Die Textilzeichner waren und sind immer noch sehr angesehene Künstler. Hideyoshi, der die Künste schützte und förderte, ließ die geflohenen Weber nach Kyoto zurückkehren und sich im Nishijin-Viertel niederlassen, das seitdem den ersten Rang in der Seidenweberei innehält. Für die Porzellanmalerei sind die japanischen Kimonos und Textilien eine unerschöpfliche Quelle an Ziermotiven.

Das Ende der Momoyama-Periode ist ein wichtiger Augenblick in der Geschichte der Keramik. Beim Rückzug von Hideyoshis Armeen wurden zahlreiche Töpfer als Gefangene aus Korea mitgebracht oder wanderten von dort ein. Dank ihrer regen Tätigkeit erlebte die Herstellung von traditionellen Töpferwaren und von Steinzeug einen neuen Aufschwung. Einige Keramiken – wie die von Karatsu – sind in einem solchen Maße von ihrem Einfluß geprägt, daß sie den Namen »koreanische Karatsu« erhalten haben. Tanaka Chojiro, der Sohn eines solchen Töpfers, soll als erster in seiner Werkstatt das *raku*-Porzellan hergestellt haben, das bis in unsere Tage produziert wird. Diese Keramik verdankt gleich derjenigen von Karatsu ihre Berühmtheit der von den Zen-Mönchen eingeführten Teezeremonie, einem in Japan sehr strengen Regeln unterworfenen Ritual. Sie fand in kleinen ländlichen, abseits in ebenso unauffälligen wie schmucklosen Gärten gelegenen Pavillons statt, damit die Meditation keinerlei Beeinträchtigung erfahre. Der Schlüssel zur Schönheit war für die Meister der Teezeremonie vor allem die Einfachheit; sowohl Dekor wie Gerätschaften mußten in diesem Geiste entworfen sein. Die Teeschalen sind Unikate, unebenmäßig und grob, zuweilen ohne Verwendung einer Töpferscheibe gefertigt. Das Dekor beschränkt sich auf eine gegossene Glasur, auf einen Materialeffekt, seltener auf ein kaum angedeutetes Motiv. Lee Champyong, ein anderer dieser Kunsthandwerker, der unter dem Namen Ri Sampei (Ree San-Pei) bekannt ist, wurde aus dem koreanischen Feldzug vom Daimyo Nabeshima Naoshige mit- und auf dessen Ländereien in der Gegend von Hizen untergebracht. Nach der Überlieferung soll Ri Sampei als erster in Japan Porzellan hergestellt haben. Ihm wird die Entdeckung des ansehnlichen Porzellanerde-Vorkommens unweit der Stadt Arita im Jahre 1616 zugeschrieben, das immer noch ausgebeutet wird. Ri Sampei hat wirklich gelebt; Ausgrabungen ergaben, daß er tatsächlich zu jener Zeit Porzellan hergestellt hat, und zwar »Blau und Weiß«-Gebrauchsware von im übrigen ziemlich mittelmäßiger Güte.

Die Tokugawa-Periode (1603–1867)

Tokugawa Ieyasu, ein Rivale Hideyoshis, reißt nach dessen Tode die Macht an sich und wird im Jahre 1603 Shogun. Er beschließt, die Regierungsgeschäfte von seinen Ländereien auszuführen, die auf der Insel Hondo (Honshu) liegen; der Name seiner Hauptstadt – Edo, das heutige Tokio –, die damals ein unbedeutender Marktflecken war, dient gleichfalls zur Benennung der Epoche. Zunächst kümmert sich Tokugawa Ieyasu darum, seine Macht unangreifbar zu machen. Er schaltet die Hideyoshi-Familie endgültig aus, indem er ihre Festung Osaka einnimmt. Um die Feudalherren zu schwächen, entkleidet er sie ihrer Besitztümer und schreitet dann zur Neuverteilung der Lehensgüter. Die Oberaufsicht über das Hoheitsgebiet wird von Beamten seines Vertrauens wahrgenommen. Auch diese neuen Daimyos unterliegen der Kontrolle und werden darüber hinaus verpflichtet, sich jedes Jahr auf eigene Kosten an den Hof der Tokugawa zu begeben oder Geiseln aus ihrer Familie dort zu hinterlassen. Die Bauern leben in größtem Elend, was ihnen gleichwohl eine solche Überwachung nicht erspart: Jeweils fünf Familien bil-

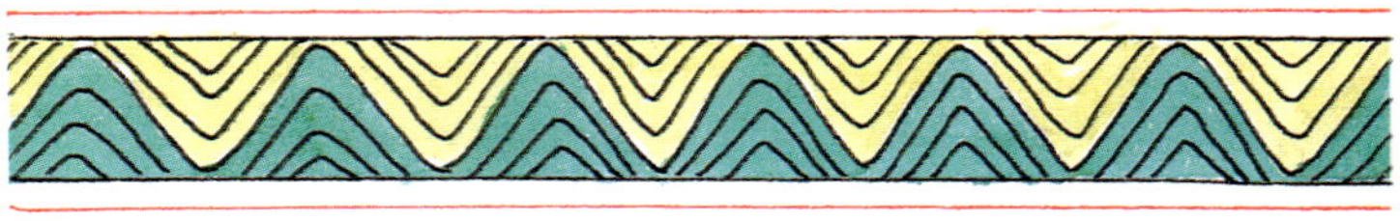

den eine Einheit, die der Verantwortlichkeit der Ältesten unterstellt ist. Der Kaiser schließlich wird ebenso wie sein Hof von allen Staatsangelegenheiten ferngehalten und hat keine Verbindung zur Außenwelt mehr.
Tokugawa fürchtete ebenfalls den Einfluß der fremden Missionare und der christlichen Lehre, die er im Jahre 1615 verbot. Die Missionare mußten das Land verlassen; die einheimischen Christen wurden grausam verfolgt, jede Regung eines Aufstandes wurde erbarmungslos niedergeschlagen. Die Bauernerhebung von Shimabara (1637/38), die sich teils an christliche Ideale anlehnte, vor allem aber an wirtschaftlichen Schwierigkeiten entzündete, endete in einem beispiellosen Blutbad. Im Jahre 1640 werden alle Fremden ausgewiesen; den Japanern ist es unter Todesstrafe verboten, das Land zu verlassen. Japan schließt sich für zwei Jahrhunderte vollkommen ab. Die die Fremden betreffenden Maßnahmen lassen jedoch Ausnahmen zugunsten der Chinesen und insbesondere der Holländer zu. Die holländische Ostindische Kompanie hatte in Asien zahlreiche Kontore gegründet, eines davon in Hirado (1609). Was sich zum Vorteil der Holländer auswirkte, war vor allem die Tatsache, daß sie sich mit Handelsbeziehungen zufrieden gaben und sich nicht in die inneren Angelegenheiten Japans einmischten. Nichtsdestoweniger wurden sie aufgefordert, Hirado zu verlassen und ihr Kontor auf der kleinen künstlichen Insel Deshima (oder Dejima) gegenüber von Nagasaki einzurichten. Da sie ohne Erlaubnis die Insel nicht verlassen durften, standen sie dort praktisch unter Hausarrest.
Bis dahin führten die Holländer kein japanisches Porzellan aus, sondern brachten allein die chinesische Produktion in den Handel. Unter dem Jahre 1644 ist der Ausbruch des Bürgerkrieges verzeichnet, der ganz China lähmte und zum Sturz der Ming-Dynastie führen sollte. Es wurden nicht nur die Betriebe zerstört und geplündert, sondern die Aufständischen verhängten auch eine Seeblockade über die Südküste Chinas, die jede Handelstätigkeit zum Erliegen brachte. Zwischen 1657 und 1681 exportierte die holländische Ostindische Kompanie fast kein chinesisches Porzellan mehr. Ihr Augenmerk richtete sich auf das junge japanische Porzel-

❑ Rechts: Alte, als »koreanisch« bezeichnete Kakiemon-Motive

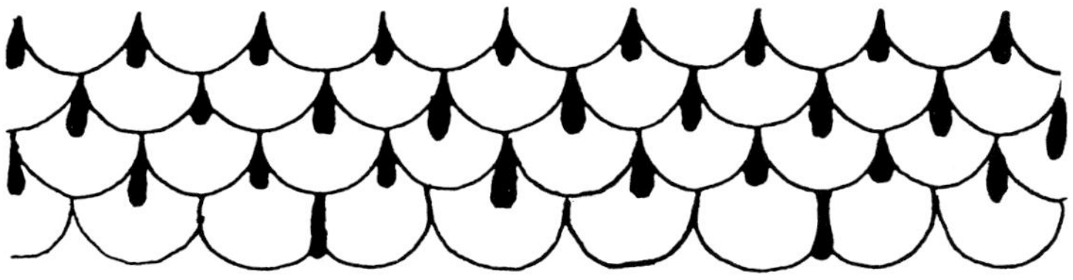

lan, das die chinesische »Blau und Weiß«-Ware nachahmte. Man bewog die Japaner, die Vorlagen so genau wie möglich zu kopieren und die Produktion zu erhöhen. Diese Konjunkturbelebung wurde für die Entwicklung der Porzellanherstellung in Japan entscheidend, und die Ausfuhr ging steil nach oben.

Nach einer schwierigen, der Festigung ihrer Macht dienenden Phase gelingt es den Tokugawa, Frieden zu schaffen und diesen bis zur Mitte des 19. Jahrhunderts aufrechtzuerhalten. Die Regierung fördert die Entwicklung der örtlichen Manufakturen und die Ansiedlung von Keramik-, Lack- und Textilwerkstätten in allen Gegenden, selbst in solchen, die bis dahin keinerlei Handwerkstradition besaßen. Die Städte wachsen an, der Binnenhandel wird festen Regeln unterworfen, und die Industrien nehmen einen Aufschwung. Die bereits in der Muromachi-Periode blühende Kaufmannsklasse befindet sich vollends auf dem Weg nach oben; sie wird zur wohlhabendsten sozialen Schicht Japans und spielt eine bedeutende Mäzenatenrolle im kulturellen Leben des Landes.

Die Atmosphäre der Isolation sowie der Polizei- und Militärherrschaft ließ es geboten erscheinen, dem das Land regierenden Militäradel einen gewissen Ausgleich zu verschaffen. Während ihrer Pflichtaufenthalte in Edo suchte man die

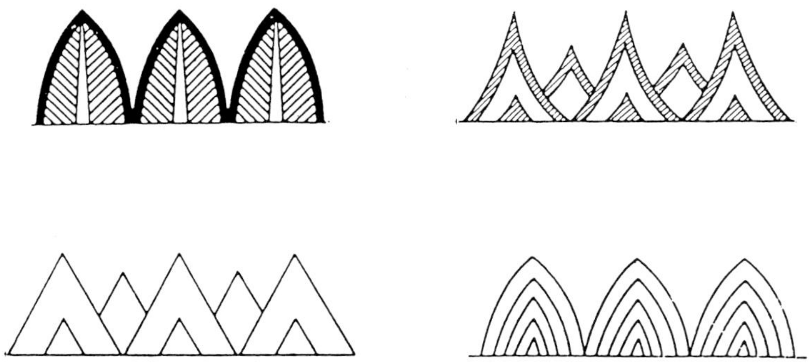

Daimyos für Luxus und Vergnügungen und die Künste ganz allgemein zu interessieren. Besonderer Beliebtheit erfreute sich alles Dekorative, und dieser Richtung folgten bis zu einem gewissen Grade auch die hohen Künste. Bemerkenswerte Ausweitung erfuhr in der Tokugawa-Zeit die Kunst des Holzschnitts. In der Absicht, die Malerei allen zugänglich zu machen, wird die Entwicklung dieses Verfahrens, das die Anfertigung einer Vielzahl von Abzügen jedes Werks gestattet, vorangetrieben. Der zunehmende Wohlstand läßt bei der Stadtbevölkerung das Verlangen nach Ausschmückung ihrer Wohnungen wachsen, und die Holzschnitte kommen diesem Wunsch entgegen. Große japanische Künstler arbeiten auf diesem Gebiet; man weiß, in welchem Maße sie die Impressionisten und die dekorativen Künste beeinflußt haben, als ihr Werk erst einmal in Europa bekannt war. Suzuki Harunobu, einer der ersten Meister des mehrfarbigen Holzschnitts, hat den Idealtypus weiblicher Schönheit festgelegt: schlanker, geschmeidiger Körper voller Anmut und Eleganz, winzige Hände und Füße, üppiges Haar. Die Gesichter hingegen bleiben genauso ausdruckslos wie in der »Geschichte des Prinzen Genji«. Die mit prachtvollen Kimonos bekleideten Schönheiten schmücken sich, gehen spazieren oder ruhen in einem von Architektur oder Natur geprägten Rahmen aus. Die Holzschnitte stellen eine unerschöpfliche Quelle der Sujets für das Porzellan dar, und man kann sich leicht einen Überblick verschaffen. Sehr dekorativ sind die Japanerinnen darstellenden Motive; man findet Vorlagen in den Werken der großen Künstler, etwa denen von Torii Kiyonaga und vor allem von Kitagawa Utamaro (Ende des 18. bis Beginn des 19. Jahrhunderts), die die japanischen Frauen ausgiebig gefeiert haben. Der Liebhaber von Natur und Landschaft schöpft aus den Holzschnitten von Hokusai und Hiroshige. Oft läßt sich nur ein Ausschnitt des Werkes umsetzen: man paßt es an, man vereinfacht, ändert die Farben – entscheidend ist die Harmonie des Ganzen im Geiste der japanischen Ästhetik. Das ist auch beim Dekor der auf der gegenüberliegenden Seite abgebildeten Vase der Fall, welches von einem Holzschnitt Nishikawa Sukenobus inspiriert ist, dessen Farben aber vollständig verändert wurden. Trotz seiner Isolation drängen weiterhin fremde Einflüsse auf Japan ein. In den zwei Hauptströmungen der japanischen Malerei finden sich Einwirkungen des individualistischen und impressionistischen Geschmacks wie auch des akademischen (»peinlich genauen«) Stils der nord- und südchinesischen Schulen. Außerdem macht die Anwesenheit der kleinen holländischen Kolonie eine – gewiß eingeschränkte – Fühlungnahme möglich, durch die aber sehr zahlreiche Auskünfte über das Abendland einlagen. In den Holzschnitten

❑ Rechte Seite: Vase mit der Darstellung dreier junger Frauen. Ausführung N. Caramanis

der wissenschaftlichen Werke entdecken die Japaner den Naturalismus der abendländischen Kunst, und sie sind von dieser ihnen fremden Naturtreue sehr gefesselt. Die japanische Malerei sucht nämlich eher den Geist und das Wesen der Gegenstände auszudrücken als getreulich ihr Aussehen darzustellen. Einge Maler erliegen dem Reiz dieser Gattung und bemühen sich vorübergehend in ihren Werken um mehr Realismus.
Von allen Künsten bewahrt die Keramik die meisten Verbindungen zur Außenwelt. Sie paßt sich dem Geschmack der südostasiatischen Kundschaft an und gibt sogar europäische Themen wieder. Indessen geht die ursprünglich japanische Inspiration nicht verloren und bringt Porzellane von unvergleichlicher Güte hervor. – Als diese dann Europa erreichten, wurden sie sofort in ihrem wahren Wert erkannt und dienten der entstehenden Porzellanindustrie als Vorlage. Leider jedoch war das japanische Porzellan, da es zu viele Zwischenhandelsstufen durchlief und seine Herstellung noch zu handwerklich geprägt war, zu teuer. Mit der chinesischen Porzellanindustrie konnte es nicht konkurrieren, und als diese ihre gewohnte Tätigkeit wieder aufnahm, ging die japanische Ausfuhr in erheblichem Umfang zurück. Dafür sahen sich die chinesischen Töpfer nun gezwungen, ihrerseits die japanischen Dekore und Farben nachzuahmen.
Die Tokugawa, die durchaus ihren Beitrag zur Entwicklung von Industrie und Handel leisteten, erwiesen sich als unfähig, wirtschaftliche Erscheinungen zu verstehen und zu beherrschen. Die von Mißernten und Elend betroffenen Bauern erhoben sich. Die örtlichen Grundbesitzer waren verschuldet, und an der Herrschaftsspitze ermangelte es dem obersten Feldherrn Tokugawa an den erforderlichen Fähigkeiten und der notwendigen Größe. Der letzte Shogun mußte im Jahre 1867 abdanken, der aus dem Schatten tretende Kaiser Meiji sammelte die Grundherren um sich. Die im Fernen Osten in voller Ausbreitung begriffenen abendländischen Mächte erreichten mittels Diplomatie und Einschüchterung die Öffnung des Landes. Die Hindernisse, die Japans politische, soziale und technologische Entwicklung verzögert hatten, wurden beseitigt. Während der symbolisch als Regierung der Aufklärung bezeichneten Meiji-Ära verwandelte sich der feudale in einen modernen Staat.
Die Vase Seite 117 wird in mehreren Arbeitsschritten bemalt:
1. Vergrößertes Motiv auf das Werkstück durchpausen.
2. Konturen sowie alle Einzelheiten in Umrißviolett ausführen; Fixieren durch Brennen.
3. Farbauftrag auf einen Teil des Motivs und Brennen.
4. Farbauftrag auf die verbleibenden Teile und Brennen.
5. Endbearbeitung mit Gold.

Ein Brennen der Umrißzeichnung ist nicht erforderlich, wenn diese »mit Zucker« ausgeführt wird (siehe Seite 182 f.). Bei der Arbeit auf großen, voluminösen Werkstücken wird aber doch gerne fixiert, um so jedes Verwischungsrisiko bei der Berührung mit feuchten Händen zu vermeiden.
Wenn Farben, die sich berühren, durch Stupfen aufgebracht werden, sollte der nicht so Geübte vielleicht zwei Brände einlegen. In diesem Fall trägt man für den ersten Brand die dunklen und für den zweiten die hellen auf und verstärkt sodann sorgfältig diejenigen der dunklen Farben (ohne sie über die Ränder treten zu lassen), bei denen dies erforderlich scheint. Es ist ohne Belang, ob man die Kimono-Motive vor oder nach dem Auftrag der Stoff-Grundfarbe koloriert. *Es besteht keinerlei Gefahr, daß sich die Farben vermischen, wenn eine von ihnen gebrannt ist.*
Die Felsen, denen ein blühender Stengel oder ein bizarrer Baum entspringen, sind von chinesischen Motiven inspiriert (rechte Seite). Der auf der Abbildung zu sehende Felsen ist phantastisch wie auf den Vorlagen vom Festland; realistischer jedoch sind die Felsen auf dem japanischen Porzellan im »Kakiemon«-Stil, was nicht nur an der von den Japanern gewohnten Genauigkeit und Vereinfachung liegt. Der Grund dafür ist vielmehr in der Liebe zu suchen, die sie der Natur entgegenbringen. Die Felsen stehen für die Berge einer natürlichen Landschaft, die die Japaner nachzubilden suchen, um sich den übervölkerten Städten zu entziehen. Sofern es nur gut ausgeführt ist, genügt selbst ein sehr schlichtes Dekor. Die Bäume in den vier Ecken können die Mitte eines Ablagetischchens oder den Deckel einer Schale zieren. Auf der ursprünglichen Vorlage sind sie blau; einige Teile könnte man aber auch in Gold malen. Dafür muß man auf die Komposition achtgeben und die Proportionen wahren.

❑ Rechte Seite: In der Mitte »Blau und Weiß«-Teller vom Beginn des 18. Jahrhunderts (Durchmesser 25 cm). Diese Abbildung vereint mehrere große »Klassiker« des fernöstlichen Porzellans, und zwar den Phönix, den Felsen und die Hecke. Der Phönix (*ho-o* auf japanisch), chinesischen Vorlagen entnommen, findet sich auf den *sometsuke*, den Imari- und den Kakiemon-Stücken. Er ist das Symbol der Weisheit und der Tatkraft.

Das Porzellan von Kyushu

❑ Nabeshima: »Hecken«-Dekor und Teller mit Reihern. Ausführung J. Fournier und T. de Ternoy

Das Porzellan wurde in Japan von koreanischen Töpfern eingeführt, die hauptsächlich Alltagsgeschirr herstellten: Schalen, Saketassen, kleine Platten und Räuchergefäße. Die ersten Dekore sind in koreanischem Stil und mit einem einzigen Brand ausgeführt, wobei das Blau vor dem Glasieren direkt auf das Werkstück aufgetragen wurde. Da diese Ware für den Binnenmarkt bestimmt war, ist sie kaum bekannt.

»Blau und Weiss«

Chinesisches Porzellan gab es in Japan schon lange, und es wurde hoch geschätzt. Die anfänglich koreanischen Motive verschwinden allmählich zugunsten chinesischer Vorlagen, deren Einfluß für die nun sehr schnell steigende japanische »Blau und Weiß«-Produktion bestimmend bleibt. Die Zeit ist reif für eine rasche Entwicklung dieser Industrie, denn die wachsende Nachfrage aus Europa nach chinesischem Porzellan kann wegen der infolge politischer Wirren in China verlangsamten, ja beinahe zum Stillstand gelangten Produktion nicht befriedigt werden. Das durch den Bürgerkrieg gelähmte Jingdezhen ist nicht mehr in der Lage, die Bestellungen auszuführen, und die Japaner sind aufgerufen, die Chinesen auf dem europäischen Markt abzulösen. Zu jener Zeit ist die Keramikproduktion in Japan handwerklich bestimmt, und es bedarf einer großen Anstrengung, um die Nachfrage zu befriedigen und den Ertrag zu steigern. Die Holländer wünschen Kopien der chinesischen Stücke; es gelingt den Japanern, diese in einer Weise nachzuahmen, daß einige Erzeugnisse mit der chinesischen »Blau und Weiß«-Ware verwechselt werden können. Was die originär japanische »Blau und Weiß«-Ware betrifft, so hebt sie sich durch die Dekorgestaltung ab. Die Landschaften sind mit ihren Wasserfällen und kleinen Brücken typisch japanisch, die Dekore nicht um eine Mittelachse geordnet, sondern unsymmetrisch, die Motive von geometrischer Regelmäßigkeit sowie ganz und gar japanischer Genauigkeit. Es ist unbekannt, ob die Chrysantheme schon in Japan wuchs oder ob sie zu Beginn unserer Zeitrechnung aus Korea oder China eingeführt wurde. Auf jeden Fall ist sie gemeinsam mit dem Pflaumenbaum zu Japans Wahrzeichen geworden und gelangt seit der Kamakura-Periode in allen dekorativen Künsten zur Anwendung.

Teller in Blau und Gold (rechte Seite)

Die Realisation erfolgt in drei Arbeitsschritten:

1. Die Zeichnung des Pfingstrosenzweiges sowie die Lage der Chrysanthemen werden genau festgelegt:
– Das Pfingstrosenmotiv wird mit der Feder »mit Zucker« gezeichnet und darauf koloriert;
– Die Chrysanthemen werden in Hellblau koloriert (gestupft);
– Brennen.

2. Die großen Chrysanthemenblätter werden mit dem Stift gezeichnet und dann in Dunkelblau koloriert (gestupft);
– Die langen Gräser hinter den Pfingstrosen werden mit einem Dekorpinsel gezeichnet;
– Der Pfingstrosenzweig wird nachgebessert;
– Alle den Raum zwischen den Chrysanthemen füllenden kleinen Blätter werden mit Hilfe eines mittleren Malpinsels in Dunkelblau ausgeführt;
– Brennen.

3. Die Chrysanthemenzeichnung geschieht mittels Feder und mit Gold;
– Die Umrisse und Adern der großen Blätter sowie die Pinselstriche, die die kleinen Blätter vom Fond hervortreten lassen, werden mit Dekorpinseln ausgeführt;
– Goldbrand.

Imari

Die Keramikindustrie konzentrierte sich auf die Insel Kyushu, um Arita in der Provinz Hizen, wo die aus den Feldzügen mitgebrachten koreanischen Töpfer zahlreiche Werkstätten gegründet hatten. In dieser Gegend gab es zwei Häfen. Die Produktion aus der Umgebung wurde in Imari gesammelt und sodann nach Nagasaki gebracht; dort befand sich das Kontor der holländischen Ostindischen Kompanie. Mit der Zeit bezeichnete der Name Imari die gesamte Produktion aus Arita und Umgebung. Sie umfaßt folgende drei Gruppen:

1. Blau unter Glasur dekoriertes Porzellan, das *sometsuke* (altes Arita) genannt wird;

2. Nach chinesischen Vorlagen kopiertes Porzellan aus Swatow *(gosu-aka-e),* dekoriert mit Blau unter Glasur, Eisenrot sowie mit grünen »Emaillen«;

3. Mehrfarbiges Porzellan, das wir als Imari bezeichnen.

In Japan bezieht sich der Name Imari demnach auf alle diese Porzellane mit Ausnahme der in Hirado hergestellten Kakiemon- und Nabeshima-Ware. Dagegen wird in Europa als Imari allein die Gruppe von Porzellanen bezeichnet, die ein typisches, in Blau unter Glasur ausgeführtes Dekor tragen, das nach dem ersten Brand hauptsächlich durch eisenrote und goldene Motive ergänzt wird. Man unterscheidet drei Arten von Imari:

a. Dreifarbig dekoriert *(sansai)*: mit Blau unter Glasur, Eisenrot und Gold. Dieser bei den europäischen Kaufleuten sehr gefragte Imari-Typus wurde vielfach von den Chinesen nachgemacht, deren Produktion deshalb chinesisches Imari genannt wird.

b. Fünffarbig dekoriert *(gosai)*: mit Blau unter Glasur, Eisenrot, violetten oder gelben oder beiden »Emaillen«, mit Grün und Gold. Das Dekor dieser Porzellane ist üppig, ohne jedoch die gesamte Oberfläche zu bedecken. Der Grund in Blau unter Glasur wird durch große, weiße Zwischenräume aufgelockert, die mit anmutigen, von chinesischen Vorlagen kopierten, aber in japanischer Art wiedergegebenen Motiven besetzt sind. In Japan wird diese Imari-Gruppe sehr geschätzt.

c. Im »Brokatstil« dekoriert *(nishiki-de)*: die Farbpalette ist die gleiche wie bei den fünffarbigen Imari; der Unterschied liegt im Dekor, das die Oberfläche der Stücke vollständig bedeckt. Flächen in Blau unter Glasur dienen einer verschwenderischen Gold-Verzierung als Fond, was eine prachtvolle Gesamtwirkung ergibt. Zur Zeit des Barock ist dieser Stil in Europa sehr beliebt. Er findet Verwendung beim Dekor von Prunkstücken auf Kaminsimsen, Gruppen aus drei bauchigen Deckel-Vasen und aus zwei sogenannten Horn-Vasen (gerade Vasen mit nach oben breiter werdendem Rand ohne Deckel). Zur Befriedigung der Nachfrage produzieren die

❑ Diesem Stück liegt als Original ein kleiner Teller in Blau unter Glasur *(sometsuke)* und Gold aus Arita vom Beginn des 18. Jahrhunderts zugrunde. Die unsymmetrische Komposition stellt einen Pfingstrosenzweig sowie Gräser innerhalb eines Chrysanthemenbeets dar. Durchmesser 18,5 cm.
Ausführung A. Cassagne

Japaner große Stückzahlen im Brokatstil, obgleich er ihnen selbst nicht als der in künstlerischer Hinsicht anspruchsvollste gilt. In der zweiten Hälfte des 18. Jahrhunderts ergänzen sie die ursprüngliche Palette durch Schwarz unter Glasur und suchen sich ständig selbst durch Herstellung von Monumental- oder Miniaturstücken und mit immer überladeneren Dekoren zu übertreffen.
Unterdessen macht sich China, wo gegen Ende des 17. Jahrhunderts die Ordnung wiederhergestellt und die Industrie wiederbelebt worden sind, den Erfolg der Imari-Ware zunutze. In Jingdezhen werden die »Blau, Rot und Gold«-Ware sowie der »Brokatstil« massenhaft kopiert. Zudem tritt jetzt in Europa das Porzellan in Erscheinung, und die Manufakturen beginnen mit Erfolg, das japanische Porzellan nachzumachen. Diese beiden Faktoren führen zur Sättigung des europäischen Marktes; darüber hinaus will es der Zufall, daß sich in dieser Zeit Geschmack und Mode wandeln. Im Jahre 1828 wird Arita durch Feuer verwüstet; die Produktion dieses Porzellantyps kommt praktisch zum Erliegen. Sie wird erst wieder aufgenommen, als gegen 1860 in Europa das Interesse an der Imari-Ware erneut aufflammt. Zu dieser Zeit nehmen die moderne Technologie und Industrialisierung auch in Japan bereits Gestalt an. Vereinfachte Dekore nur in Rot und Gold datieren aus dieser Epoche. Ganz allgemein wird man Zeuge eines Verfalls der Qualität zugunsten der Quantität. Billiges japanisches Porzellan überschwemmt Europa und gefährdet die Produktion der einzelnen Länder.

Die große Schale links wurde wie folgt hergestellt:

1. Photokopie der Vorlage und Vergrößerung auf Schalenmaß;
- Übertragung auf die Schale mittels Durchpausen;
- Umrißzeichnung mit der Feder;
- Brennen.

2. Kolorieren der Blumen in sehr hellem Eisenrot; der Zweige und Blätter mittels Pinsel in Dunkelblau;
- Die Vase auf dem Tellerspiegel sowie die großen Blätter und Zwiebeln sind dunkelblau koloriert (gestupft);
- Die Fäden sind blau gemalt;
- Sämtliche Motive in Gold ausführen, die auf dem weißen Porzellan stehen;
- Brennen.

3. Alle Goldarbeit an den Motivdetails: Vase, Mittelstamm und Zweige, Blätter der Blumenkomposition, große Blätter und Zwiebeln auf dem Schalenrand;
- Goldbrand.

❑ Chinesische Imari-Schale aus der K'ang-hsi-Periode Ende des 17. Jahrhunderts.
Ausführung M.-F. Hendrix

Die Blumenvase auf der folgenden Seite ist das Kennzeichen von Lan Ts'ai, Patronin der Blumenbinder und eine der acht Unsterblichen des Taoismus. Er ist das Symbol der Harmonie und gibt dem Verlangen nach Eintracht und guten Beziehungen Ausdruck. Das ursprünglich chinesische Motiv stellt zumeist einen Bambuskorb dar, in dem Blumen ohne große Kunstfertigkeit angeordnet sind. Hinsichtlich des Behälters handelt es sich in Japan um eine freie Übernahme; die Blumenzusammenstellungen hingegen sind sehr delikat und haben oft symbolische Bedeutung. Einige dieser nach Geschmack und Bedarf der europäischen Kundschaft gearbeiteten Motive zeichnen sich durch Symmetrie in der Blumenanordnung aus. Vorschläge für die Anwendung der auf Seite 126 gezeigten Motive:

1. Die blumengeschmückten Vasen könnten als Dekor hoher Stücke (Lampenfuß, Vase…) dienen. Um mehr Höhe zu gewinnen, genügt es, den Strauß zu vergrößern oder die Zweige durch Hinzufügen von ein oder zwei Blüten zu strecken. Angeordnet wird das Motiv:
a) auf der Bauchmitte, sofern die Vase oval ist;
b) auf einer Facette, im Wechsel mit einer gestupften und zusätzlich mit Gold bearbeiteten (Brokatstil)Facette, sofern es sich um eine Facetten-Vase handelt.

2. Die verschiedenen mittigen Dekorelemente auf dem Tellerrand lassen sich einzeln auf Schachteln, Ablagetischchen und anderen kleinen Gegenständen anbringen.

3. Durch Vergrößern der Friese unten und auf Seite 126 erhält man ein deckendes Motiv für die Tee- oder Kaffeetasse, für Schüsseln und sogar ein breites Band für ein größeres Stück.

Kakiemon

Das Kakiemon-Porzellan steht für einen Bruch mit dem chinesischen Einfluß sowie der deckenden und überladenen Verzierung und zeichnet sich durch sein mehrfarbiges Dekor in ganz und gar japanischem Geschmack aus. Es handelt sich um die Produktion der Sakaida, einer Familie von Keramikern, die ihre Erfahrung bis in unsere Tage vom Vater auf den Sohn weitergeben. Das Oberhaupt der Familie hatte seinen Ofen unweit von Arita und stellte *sometsuke*-Ware her. Dokumente belegen, daß sein Sohn, Sakaida Kizaemon, zunächst Samurai des Daimyo von Nabeshima war. Doch stand er gegen 1625 in Geschäftsbeziehungen zu Higashijima Tokuzaemon, einem einflußreichen Händler in Imari, dem zugleich die Aufsicht über die gesamte Porzellanproduktion von Arita oblag. Dieser soll von einem in Nagasaki ansässigen chinesischen Töpfer Rezepte für das Glasieren gekauft und sie an Sakaida Kizaemon weitergegeben haben, damit er sich in der Familienwerkstatt an der Herstellung eines neuen Dekortyps versuche. Diesen beiden ist es zu verdanken, wenn nun auch in Japan das mit bunten »Email«-Farben auf Glasur verzierte Porzellan *(aka-e nishiki-de)* in Erscheinung tritt. Die Entwicklung dieser neuen Technik gestaltete sich nicht einfach, denn zu Beginn verfügte man nur über unbestimmte Informationen. Darüber hinaus mußten passende Farben auf der Grundlage von am Ort verfügbaren Materialien gefunden werden. Sakaida benötigte zwanzig Jahre zur Beherrschung dieser Technik. Nach der Überlieferung soll Kizaemon dem Daimyo von Nabeshima ein zwei Khakis darstellendes Dekorationsstück *(okimono)* überreicht haben. Dieser schätzte das mit Hilfe der neuen Technik verzierte Geschenk so sehr, daß er Sakaida einen neuen Namen – Kakiemon – verlieh. Von nun an führen die jeweils ältesten

❑ Die Abbildung auf der linken Seite zeigt ein häufig auf dem Imari-Porzellan zu sehendes Motiv – eine Vase voller Blumen –, das allein für sich schon sehr dekorativ ist. Ergänzt wird es durch zwei Friese von Imari-Tellern.
Oben rechts: Imari-Vase. Ausführung N. Caramanis

Söhne der Familie die Werkstatt unter diesem Namen weiter. Nach einer anderen Darstellung soll dieser Name wegen der Ähnlichkeit des für das Dekor charakteristischen Rotorange mit der Khakifarbe gewählt worden sein. Kakiemon I. bestimmte, daß die Geheimnisse dieser Spezialfarben nur an den jeweiligen Namensträger weitergegeben werden dürften. Tatsächlich blieben sie während der ersten drei Generationen mehr oder weniger gewahrt. Später war man weniger diskret, und das »Emaillendekor« verbreitete sich; gleichwohl verfügte das Kakiemon-Porzellan immer über einen eigenständigen, unverwechselbaren Stil. Zeitweise wurde die Werkstatt von weniger begabten Mitgliedern der Familie geleitet, die aber doch den Fortgang der Arbeit sichern konnten; unter anderen kam die Produktion wieder zu großem Aufschwung. Heute, unter Kakiemon XIV., erfreut sich das Porzellan weltweiten Ansehens: es zeichnet sich nicht nur durch seinen Dekorstil, sondern auch durch die Güte der Porzellanmasse sowie durch formale Eleganz aus. Sein weißer Glanz wird mit dem Begriff *nigoshide* bezeichnet, der Reiswein bedeutet, oder auch als *milky white* – milchweiß. Auf diesem Untergrund von höchstem Weiß gewinnen die mit leuchtenden »Emaillen« ausgeführten Motive eine unvergleichliche Tiefenwirkung. Kakiemon XIV. kreiert neue, bis zum äußersten stilisierte Dekore – und bleibt doch ganz der Tradition verhaftet. Er entlehnt seine Motive der Pflanzenwelt, die er nach der Natur studiert, und gestaltet damit vorzügliche, der Gestalt und Größe der Werkstücke angepaßte Kompositionen. Diese sehr reizvollen Motive sind viel weniger leicht zu malen, als es den Anschein hat. Ihre scheinbare Schlichtheit erfordert große Genauigkeit und tadelloses Arbeiten. Im übrigen verfügen unsere Aufglasurfarben weder über die Durchsichtigkeit noch die Verläßlichkeit derer, die wir auf dem Kakiemon-Porzellan bewundern.

Ratschläge

1. Die Motive auf der gegenüberliegenden Abbildung wurden mit der Feder ausgeführt; es empfiehlt sich aber, auf Porzellan den Dekorpinsel zu benutzen. Man betrachte aufmerksam das nebenstehende schwarz-weiße Blatt und versuche, den mit dem Pinsel gemalten Umriß zu »lesen«.

2. Die Blätter und Stengel sind schwarz umrissen; die Konturen der beigen und eisenroten Himbeeren sind aber dunkelrot oder purpur.

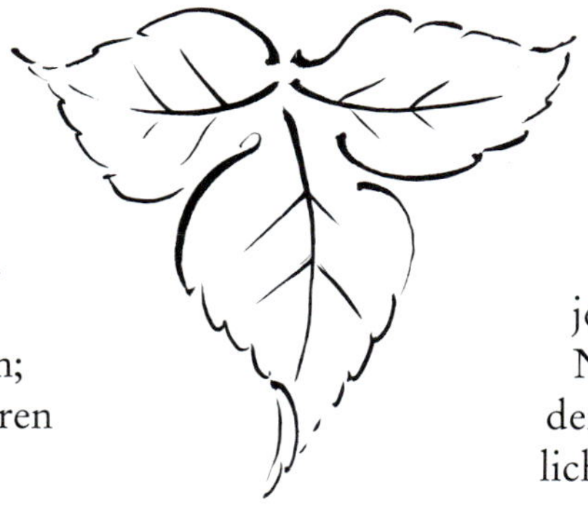

Nabeshima

Der Name Nabeshima wurde bereits mehrfach erwähnt, und in der Tat ist er eng mit dem japanischen Porzellan verbunden. Der Daimyo von Nabeshima hatte von seinem koreanischen Feldzug Töpfer in der Absicht mitgebracht, die Entwicklung der Keramikkunst in seinen Ländereien voranzutreiben. Der Nabeshima-Klan beherrschte damals Arita und Umgebung. Im Jahre 1628 führte der Wunsch des Daimyo nach einer eigenen Brennstätte zur Gründung einer Werkstatt südlich von Arita, die in der Folge zweimal verlegt wurde, um fern von der Stadt das Geheimnis der verwendeten Techniken zu bewahren. Die dort arbeitenden Handwerker durften einen bestimmten Umkreis nicht verlassen; eingestellt werden konnte nur, wer diese Bedingung akzeptierte. Werkstatt sowie Dorf wurden bewacht; kein Besucher oder Kaufmann erhielt Zutritt. Alle fehlerhaften Stücke wurden zerstört und nicht etwa ausgegeben, damit die Muster nicht bekannt und nachgeahmt würden.

Sakaido Kizaemon leistete einen erheblichen Beitrag zur Organisation und Entwicklung der Werkstatt. Er wurde zu ihrem Leiter ernannt, und es gelang ihm hier die Herstellung von Qualitätsseladon. Einige Quellen besagen, daß es dieser Umstand war, der ihm den Titel Kakiemon I. eintrug.

Anfangs bestand die Produktion aus »Blau und Weiß«-Ware; sehr bald aber wurden die mehrfarbigen Dekore eingeführt. Die Motive werden in Blau unter Glasur gezeichnet, die Zeichnung ist außerordentlich sorgfältig und genau. Darauf werden sie mit »Emaillen« in Grün, Gelb und mit einem eigenen, typischen Rot gemalt, das dunkler ist als das Orangerot der Kakiemon-Ware. Dafür ist ihr Gelb klarer und ihr Grün bläulicher.

Im Streben nach Qualität gelangten die Nabeshima zu einer außergewöhnlichen und hervorragenden Produktion. Sie blieb dem familiären Gebrauch des Daimyo sowie den Geschenken vorbehalten, die dieser dem Shogun machte, weshalb sie in Europa erst spät bekannt wurden. Diese wenig einträgliche Geschäftspolitik konnte so jedoch nicht unbegrenzt weitergehen, zumal der Nabeshima-Klan sich während des 19. Jahrhunderts in einer zunehmend schwierigen wirtschaftlichen Lage befand.

❑ Der Hortensienzweig ist ein Kakiemon-Sujet. Die kleinen Motive unten zeigen, wie man hieraus vereinfachte Varianten ableitet.

Die Qualität ließ nun nach, und als die Meiji-Regierung das Lehenssystem durch eine Präfektenverwaltung ersetzte, bedeutete dies das Ende der Werkstatt der Nabeshima. Die für das mehrfarbige Porzellandekor zuständigen Dekormaler gehörten alle der Imaizumi-Familie an; sie beschlossen, den Betrieb wieder aufzunehmen und widmeten zunächst einige Zeit dem Erwerb der für die Fabrikation notwendigen Kenntnisse. Die Werkstatt begann damit, Porzellan für den Verkauf herzustellen und blieb auf diese Weise zumindest tätig.

Die Technik der farbigen Nabeshima-Ware *(iro-nabeshima)* wurde also innerhalb der Imaizumi Imaemon-Familie weitergegeben, die die überlieferten Formen und Dekore bis in unsere Tage pflegt. Diese Produktion – wie im übrigen auch die Kakiemon-Ware – wird in Japan als »bedeutendes, unantastbares Kulturgut« eingestuft.

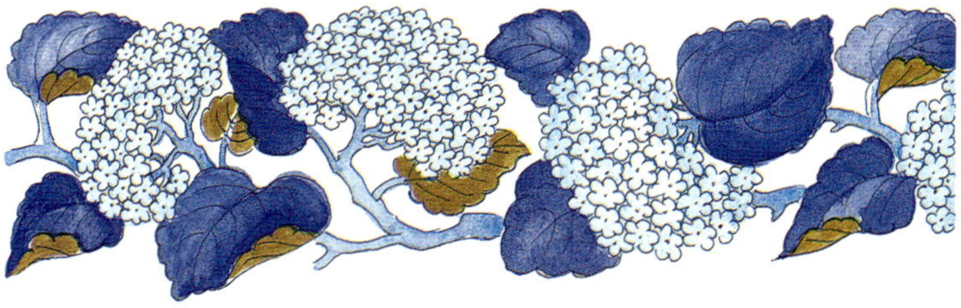

❑ Rechte Seite: Diese Vase wurde von einer Vorlage Kakiemons XIV. inspiriert.
Ausführung M. Teillout

Der Einfluss des Fernen Ostens auf Europa

Überblick

❑ Vorhergehende Doppelseite: Links eine dem Meißner Repertoire entnommene chinesische Szene. Rechts ein »koreanisches« Dekor von Puiforcat. Das »Hecken«motiv zieht sich durch die Jahrhunderte; von Kakiemon erdacht und aufgenommen von zahlreichen Manufakturen, hat es seine Frische und seinen Reiz bewahrt.

❑ Gegenüber: Die blumengeschmückten Körbe bezeugen den durch die Delfter Fayencen vermittelten chinesischen Einfluß. Die Fahnen der Platten zieren Phantasiemuster im Geiste der Rouenneser Dekore.
Ausführung: Blaue Platte A. Novikoff; mehrfarbige Platte D. Alexiev

Von China geht im 17. und 18. Jahrhundert eine außerordentliche Faszination auf Europa aus; die Vorliebe für »Chinoiserien« greift innerhalb weniger Jahrzehnte auf alle westlichen Höfe über. Durch diese Begeisterung erfährt zudem das Forschen nach der Zusammensetzung des Porzellans einen Schub; seine Bedeutung für das 18. Jahrhundert ist mit derjenigen der Kernkraft in unserer Zeit vergleichbar. Um seinem Geheimnis auf die Spur zu kommen, entspann sich zwischen den Herrschern ein verbissener Wettstreit. Als es schließlich entdeckt war, trachtete ein jeder, unter Einsatz von Industriespionage und Abwerbung guter Fachkräfte in den Besitz einer eigenen Fabrikation zu gelangen. Es handelte sich um eine Frage des Prestiges, aber auch und vor allem um einen Wettlauf bezüglich der finanziellen Vorteile, die diese Industrie in Aussicht stellte.

Im Zeitalter der Luftfahrt fragt man sich, wie die Menschen von damals mit ihren primitiven Fortbewegungsmitteln die weiten Räume, die vielen tausend Kilometer, die sich zwischen Abendland und Fernem Osten erstrecken, durchmessen konnten. Diesen Entfernungen, Schwierigkeiten und Gefahren zum Trotz hat es Handels- und Kulturaustausch gegeben, die die großen Zivilisationen Europas und Asiens miteinander in Berührung brachten. Schon in vorgeschichtlicher Zeit verbanden Karawanenstraßen China mit Europa: Die nördliche verlief über das Kaspische und das Schwarze Meer, während die andere im Süden die Bergketten und Hochplateaus Persiens und Syriens überquerte. Zur Zeit des Römischen Reiches wurde über die Südstrecke die Seideneinfuhr abgewickelt.
Im Laufe der Jahrhunderte gab es Phasen, während derer diese Straßen praktisch geschlossen, und andere, in denen die Verbindungen im Gegenteil zuverlässig waren, ja sogar erleichtert wurden, wie zu der Zeit, da die *pax mongolica* sich über den größten Teil des Landes erstreckte. Im Jahre 1497 eröffnete Vasco da Gama einen Seeweg nach Indien, der über das Kap der Guten Hoffnung verlief; siebzehn Jahre später erreichten die Portugiesen China und leiteten damit die Epoche direkter und intensiver Beziehungen mit allen Weltgegenden ein. Zahlreiche Reiseberichte vermitteln wertvolle Auskünfte und wecken das Verlangen nach weiteren Erkundungen.
Die Herrscher und Fürsten Europas tragen in ihren Kuriositätenkabinetten verschiedenartigste Schätze zusammen. Sie sammeln natürliche oder künstliche »Merkwürdigkeiten«, Muscheln, ausgestopfte Tiere, »indianische« Federn, Porzellane aus China und Lackarbeiten aus Japan. Zur Zeit Ludwigs XIV. von Frankreich war für diese fernen Länder allgemein der Name »Indien« gebräuchlich; im engeren Sinn umfaßte Westindien die brasilianische und afrikanische Atlantikküste sowie die Antillen, Ostindien die im Indischen Ozean und im Pazifik gelegenen Territorien. Anfangs besaßen die Portugiesen und die Spanier das Monopol auf den Seehandel mit dem Orient; am Ende des 17. Jahrhunderts wurde jedoch den Holländern, Engländern, Franzosen und den anderen Europäern die Niederlassung in Kanton sowie einigen weiteren Häfen zugebilligt. Fünf englische, drei französische und zwei holländische Schiffe sowie je ein dänisches und ein schwedisches liefen im Jahre 1736 in den Hafen von Kanton ein; zwanzig Jahre später sind es zehn englische, fünf französische, sechs holländische, zwei dänische, drei schwedische und ein preußisches Schiff. Im Handel mit China nimmt England bald eine vorherrschende Stellung ein und in seiner Sprache vollziehen sich fortan die Geschäftsverhandlungen.
Ehemals seltene und außerordentlich teure Waren strömen nun auf die Märkte des Abendlandes, und gemeinsam mit Gewürzen, Seide, den Damaststoffen, Perlen, Edelsteinen, Elefantenstoßzähnen, Porzellanen und Lackarbeiten finden Techniken, Ideen und Begriffe Eingang. Konfuzius, mit dem Europa im 17. und 18. Jahrhundert durch die Jesuiten bekannt gemacht worden war, die seinen chinesischen Namen Kongzi oder Kung-fu-tse (wörtlich: Meister Kong) klanggleich ins Lateinische übertrugen, gewinnt Einfluß auf die Denker der Aufklärung, die seine auf Vernunft und Toleranz gegründete Philosophie schätzen und sich aneignen.
Dies ist der Beginn einer unaufhaltsamen Bewegung, denn der Orient übt wahrhafte Faszination auf die Vorstellungswelt des Abendlandes aus. Die Verbreitung der fernöstlichen Künste – sonderlich der aus China kommenden – beeinflußt die europäische Kunst nicht nur hinsichtlich der Verfahrensweisen (Erforschung der Porzellan- und Lackherstellung), sondern ebenso im Bereich der Dekoration. Die Kunstanschauung dieser Epoche erfährt ihre Prägung durch den wunderbar dekorativen Sinn der Chinesen; Europa wird buchstäblich von der Sinophilie erfaßt.
Die Jesuitenpater und Missionare veröffentlichen Mitteilungen über die Geographie, die Zoologie, Geologie, Botanik und die Ethnologie. Einige dieser Werke wie »China illustrata« von Athanasius Kircher, das die Chinesen in ihrer Art zu leben und sich zu kleiden sowie ihren Landschaften vorführt, fördern das Aufkommen dessen, was »Chinoiserie« genannt wurde und sich in Europa zu außerordentlicher Beliebtheit entwickelte. Weniger spiegelt sich diese in der Architektur wider; dafür ist sie in allen Bereichen der dekorativen Kunst anzutreffen: in Möbeln, Teppichen, Stoffen, Tapeten und Keramiken.
Dienten anfangs die Originalstücke als Vorlage, so wurden sie sehr bald durch Darstellungen aus der Hand europäischer Künstler ersetzt. Die Maler und Ornamententwerfer nehmen die orientalischen Motive auf und wandeln sie ab. In England, Holland, Frankreich und Deutschland werden zahlreiche Sammlungen von Landschaften und Szenen des chinesischen Lebens darstellenden Zeichnungen, Malereien und Stichen veröffentlicht, an denen man sich fortan orientiert.
Der aus religiösen und politischen Gründen hauptsächlich in Holland und London wirkende Hugenotte Daniel Marot (1661–1752) schafft Entwürfe – von denen einige durch die fernöstliche Kunst inspiriert sind – für Innenausstattung und Gärten, die Stickerei, die Teppichweberei und für Vasen. Seine von Delfter Fayencefabrikanten zusammengetragenen und direkt von der chinesischen Keramik beeinflußten Komposition sehen sehr unterschiedlich aus und lassen – indem sie sich über ganz Europa verbreiten – zahllose Ziermotive entstehen.

Fernöstliche Elemente und typisch europäische Motive finden sich oft vereint. Hier beginnt sich ein neuer Stil zu entwickeln, dessen Erfolg bis gegen 1760 anhält. Die »chinesischen« und »indischen« Darstellungen ändern sich allmählich, entfernen sich von der Wirklichkeit und werden phantastischer. Sofern von Antoine Watteau ersonnen, erhalten sie die Bezeichnung »Chinoiserien«; der große Meister dieser exotischen Sujets aber wird François Boucher, und seine »Chinesen« schlagen dermaßen ein, daß die gesamte europäische Keramik sie sich zu eigen macht. Das Thema wird von Architekten, Stechern und Zeichnern aufgenommen und weiterentwickelt, so daß die Chinoiserie in alle Bereiche der Dekoration eindringt. Sie bleibt eine unerschöpfliche Inspirationsquelle selbst für Jean Pillement in der zweiten Hälfte des 18. Jahrhunderts, wo die Chinoiserien-Mode bereits im Abklingen begriffen ist. Seine Stiche und zahlreichen Zeichnungen zeigen Chinesen, die sich verschiedenen Beschäftigungen und Spielen inmitten imaginierter Landschaften mit anmutigen Pavillons und Rocaillen hingeben. Sofort werden sie kopiert und bearbeitet, sodann fallengelassen, um im 19. Jahrhundert erneut Keramiken, Stoffe und Wandbehänge zu schmücken.
Sehr viele Maler, Stecher und Ornamentzeichner in Deutschland lassen sich von Dekoren des Fernen Ostens und Chinoiserien bei der Ausgestaltung von Schlössern inspirieren, so bei denen in Berlin, im Falle von Sanssouci und Monbijou. Motive für das Porzellan liefern die Entwürfe des Architekten Paul Decker. In Meißen werden die Chinesen häufig in einem sehr eigenen, beinah karikaturistischen Stil gemalt.
Auch nach England schwappt dieser auf dem Kontinent tobende Stil über. Die Architekten William und John Halfpenny spezialisieren sich auf »chinesische Bauten«, Grotten, Brücken und Pagoden, von denen die Tradition der anglochinesischen Gärten und Parks ihren Ausgang nimmt. Thomas Chippendale entwickelt einen seinen Namen tragenden Möbelstil, in dem sich chinesische sowie Elemente des Rokoko und der Gotik vereinen.
Der fernöstliche Einfluß macht sich in ganz Europa bemerkbar, am deutlichsten natürlich in der Keramikkunst. Diese Leidenschaft setzt überall eine hektische Forschungstätigkeit mit dem Ziel in Gang, ein Porzellan zu entwickeln, das in der Zusammensetzung dem chinesischen ganz gleich ist. In Meißen schließlich gelingt die Entdeckung, und rasch breitet sich »das Geheimnis« der Porzellanherstellung aus; in ganz Europa lassen sich Manufakturen nieder.
In dieser Zeit erblüht unter Ludwig XV. ein neuer Stil, dem der Barock weicht, und der erfüllt ist von Phantasie, Freiheit und Eleganz. Die von Meissonnier erfundene Rocaille verträgt sich vollkommen mit der Chinoiserie; gegen 1750 jedoch kommt es zu einer Bewegung, die neuartige Bestrebungen im Gefolge hat. Die allgemeine Linie wird nüchterner, die Formen vereinfachen sich zu viereckigen, geraden und ruhigen Gebilden, die nach und nach die Schnörkel und Rocaillen verdrängen. Nach einer Übergangsphase wandelt sich der Louis XV- zum Louis XVI-Stil, der Anleihen bei der Architektur und bei »griechischen« Ornamenten macht; die Chinoiserien-Mode scheint endgültig überwunden zu sein. Man hätte meinen können, daß der Einfluß des Fernen Ostens nur einer vorübergehenden Schwärmerei zuzuschreiben sei; dennoch wird die Vorliebe für das Exotische im 19. Jahrhundert wieder mächtig und bleibt es bis zu des-

❑ Zwei Motive aus Bayeux, einer stark vom fernöstlichen Einfluß geprägten Produktion von zweitrangiger Bedeutung.

❑ Chinoiserien in Gold. Dieser Dekortypus ist von chinesischen und japanischen Lackarbeiten inspiriert, und die häufig auf farbigem Untergrund ausgeführten Motive werden ebenso auf weißem Porzellangrund angewandt. Dagegen entstammen die Figuren, die kleinen Brücken sowie die Gartenhäuschen den Sammlungen abendländischer Zeichner. Diese Sujets kann man auch auf Stücken von europäischem Charakter verwenden. Nach dem Aufzeichnen des Motivs (s. Abb. unten) wird dieses mit einer gleichmäßigen Goldschicht überlegt (Abb. oben). Nach dem Brennen sind keine Umrisse mehr zu erkennen. Diese beiden Schritte erscheinen oben links, wobei Schwarz für ungebranntes und Gelb für gebranntes Gold stehen soll. Mit Farbe läßt sich die Wirkung verstärken; je nach Größe des Motivs bedient man sich dabei der Feder oder des Pinsels. Zeichnung und Details werden zumeist in Braun ausgeführt. Ein anderes Verfahren zur Verstärkung der Wirkung besteht darin, mit Achat oder – wie im Falle der roten Vase – mit einer harten Spitze zu polieren. Ist der Dekoruntergrund farbig, muß man das Werkstück vor dem Goldauftrag stupfen und brennen. Die gezeigten Motive können vergrößert werden und als Vorlagen für entsprechende Stücke dienen. Wenn die Höhe der Vase 20 cm überschreitet, ist die den Sujets zu gebende Größe neu abzuwägen.

sen Ende. Tatsächlich ist die von ihm ausgehende Faszination niemals gänzlich erloschen und lebt in Abständen immer wieder auf.

Das 19. Jahrhundert beschert Europa Umwälzungen auf allen Gebieten. Was das Porzellan angeht, so gestalten sich die Zeiten schwierig. Nach dem Scheitern der Kontinentalsperre im Jahre 1812 sieht sich Europa einer Konkurrenz feiner englischer, die Märkte überschwemmender Fayencen ausgesetzt. Diese Lage macht eine Neuordnung der Manufakturen erforderlich, die dazu führt, daß in der zweiten Jahrhunderthälfte die Porzellanherstellung eine industrielle Grundlage erhält. Große Veränderungen vollziehen sich auch in den Formen und Dekoren. In einer Phase unbestimmten Suchens verschwindet seit 1820 allmählich der Neoklassizismus, dessen letzte Ausprägung der Empire-Stil ist. Gegen 1830 wird ihm durch eine Rückwendung zur Rocaille das Ende bereitet; jedoch verfällt man der Übertreibung und Überladung. Diese in Frankreich geborene Mode ist in England sehr erfolgreich, wird in anderen Ländern aber mit großer Zurückhaltung aufgenommen. Die Künstler ahmen die alten Vorlagen im Rocaille-Stil nach, und man sieht unter den Sujets die von chinesischem und japanischem Porzellan inspirierten Motive wie auch Chinoiserien wieder auftauchen. Sie lassen sich verhältnismäßig leicht ausführen, und vermutlich gab dieser Umstand den Ausschlag; ungeachtet dieses Vorzugs aber fällt die Rückwendung sehr bescheiden aus. Allein, die Kunst des Fernen Ostens gewinnt wieder Macht und übt größten Einfluß auf die künstlerische Entwicklung aus. Die Amerikaner erreichen im Jahre 1854, daß Japan sich dem Handel mit den europäischen Nationen öffnet. Während sich die Japaner in direkte Tuchfühlung mit den abendländischen technischen Entwicklungen begeben, macht sich ihre Kunst in Europa einen Namen. Das Abendland, besonders Frankreich und hier in erster Linie die impressionistischen Maler, lassen sich sehr bald von dieser japanischen Kunst bezwingen, die auf die Natur bedacht ist und ihre Inspiration direkt aus ihr bezieht. Aus der Beobachtung heraus bringt sie Darstellungen von Pflanzen und Tieren hervor, die poetisch und zugleich äußerst realistisch, dabei zuweilen ganz auf ihre Grundlinien zurückgenommen sind. Die oft unsymmetrische Komposition ist schmucklos und luftig, was einerseits das Sujet zur Geltung bringt und andererseits das malerische Talent in seinem ganzen Umfang erfahrbar macht. Voller Begeisterung studieren die europäischen Künstler die neuen Ideen, die sie sich schließlich zu eigen machen. Von dem Augenblick ihrer Begegnung mit der japanischen Kunst bis zur Inbesitznahme und Angleichung vollzieht sich eine Bewegung, an deren Ende ihre Vorstellungswelt verwandelt und das unter der Bezeichnung »japonisme« bekannte Phänomen geboren ist. Samuel Bing schrieb am 1. Mai 1888 in der ersten Nummer seiner Zeitschrift »Le Japon artistique«: »Diese Kunst [die fernöstliche Kunst] hat sich allmählich mit der unsrigen vermischt. Es ist wie mit einem Blutstropfen, der sich unserem Blute beigemengt hat und den keine Macht der Welt wieder auszusondern vermöchte.«

❑ Motive der Produktion von Bayeux aus dem 19. Jahrhundert. Ausführung D. Alexiev

❑ Japanische Glyzinen-Vase. Dieser Dekortypus und besonders die Pflanzen- und Tierdarstellungen sind ausschlaggebend bei der Entstehung des Japonisme.
Ausführung M. Castel

Der Einfluss des Orients

❑ Übertopf in »Delfter Gold«-Dekor. Ausführung A. Cassagne

Ist China die Geburtsstätte des Porzellans, so nimmt die Fayence ihren Ausgang von den islamischen Ländern des Mittleren Ostens. Ihre Einführung in Europa ermöglicht die Nachahmung chinesischen ebenso wie die Entdeckung des Weichporzellans. Seit dem 17. Jahrhundert sind die fernöstlichen Künste in Europa hoch angesehen, und ihr Einfluß wirkt in der abendländischen künstlerischen Produktion nach.

Holland (Delft)

Holland war im 17. Jahrhundert nach Portugal der Hauptimporteur fernöstlicher Keramik; die holländischen Fayencefabrikanten gehörten mithin zu den ersten, die sie kennen- und schätzenlernten. Der Zuspruch für »Blau und Weiß«-Porzellane veranlaßte sie zur Anfertigung von Nachahmungen, um die wachsende Zahl an Liebhabern zufriedenzustellen. – In Delft schießen die Werkstätten aus dem Boden; selbst in den Räumlichkeiten von alten, aufgelassenen Brauereien richten sie sich ein und übernehmen deren für Fayenceproduktionsbetriebe ungewöhnliche Namen: Drei Glocken, Rose, Pfau, Alpha.

Der Augenblick ist günstig, da in China Unruhen ausbrechen und die Einfuhren stark zurückgehen. Ermuntert durch diese vorteilhaften Umstände, gelingt den holländischen Töpfern im zweiten Viertel des 17. Jahrhunderts eine sehr gute Nachahmung des chinesischen Porzellans. Die Delfter Fayence ist fein und mit zinnhaltiger Glasur bedeckt; die Nachahmungen sind von solcher Güte, daß die Töpfer sich selber die Bezeichnung »Porzellanfabrikanten« zuerkennen. Jedenfalls erfreut sich ihre Produktion einer immer größeren Beliebtheit und erfährt eine weite Verbreitung, sogar im Ausland. Neben Tafelgeschirr stellen die Delfter Betriebe eine große Vielfalt von Gegenständen her: charakteristische Vasen, Perückenständer und Tiernachbildungen, die vom großen Talent ihrer Schöpfer zeugen. Die Dekore sind in blauem Camaieu gehalten und geben Blumen, Vögel, Landschaften, Genreszenen sowie die symbolischen Zeichen des chinesischen Porzellans der Wan-li- und K'ang-chi-Periode wieder. Die Nachahmung des mehrfarbigen Porzellans gestaltet sich äußerst schwierig, weil nicht alle Pigmente das Scharffeuer vertragen. Diesen Mißstand umgehen die Delfter Töpfer schließlich, indem sie das Unterglasurdekor in Blau durch »Emaillen« auf Glasur und Vergoldung ergänzen, die im Verlaufe eines zweiten Brandes bei Temperaturen fixiert werden, die ihnen zuträglich sind. Dieses Verfahren erlaubt die Herstellung wundervoller Wandtafeln mit Vasen voller Blumen und der berühmten Delfter Goldarbeiten, die vom japanischen Imari-Porzellan inspiriert sind. Es gelingen ihnen ebenso Dekore aus der »Grünen« wie der »Rosa Familie«. Beim Versuch, die »Schwarze Familie« und Lackarbeiten nachzuahmen, kommt es zu Stücken mit schwarzem Grund, die zu dieser Zeit einzigartig sind.

Frankreich

Die Keramik erfreut sich in Frankreich Ende des 17. Jahrhunderts großer Beliebtheit und blüht gewaltig auf, wozu verschiedene Faktoren beitragen. Die Folgen der unglückseligen Kriege, die die Staatskassen aufgezehrt hatten, veranlassen Ludwig XIV., durch Edikte (in den Jahren 1699 und 1709) das Einschmelzen des wertvollen Tafelgeschirrs anzuordnen. Der König selbst geht mit gutem Beispiel voran, indem er sein Silbergeschirr dem Schmelzofen übergibt und beschließt, »auf Fayence zu setzen«. Dem König folgend wollen auch die Adelsfamilien ihr Fayencegeschirr haben, und so gibt es bald eine rege Nachfrage. Die Manufakturen von Rouen, Moustiers, Marseille und Saint-Cloud entwickeln sich auf unerwartete Weise, und zahlreiche Werkstätten entstehen in Straßburg, Niderviller, Lille, Sinceny, Sceaux, Chantilly, Vincennes und Sèvres. Die Fayence im Stil Ludwigs XIV. ist von schlichter Form: rund, oval oder geradlinig sind Platten, Übertöpfe und Becken. Manche Stücke sind durch das Silbergeschirr geprägt, andere, größere wie Springbrunnen oder Humpen sind ein wenig massig und architektonisch. Zu diesen Formen treten diejenigen des Fernen Ostens, die übernommen und genau kopiert werden und ihren Einfluß weiter ausüben, selbst als sie den Stücken in französischem Stil weichen müssen. Dank den holländischen und englischen Indischen Kompanien kommt es zu erhöhten Einfuhren chinesischen »Blau und Weiß«-Porzellans, und seine Beliebtheit veranlaßt die französischen Fayencefabrikanten zur Nachahmung der chinesischen Dekore. Neben diesem direkten Einfluß bleibt die Delfter Produktion ein Vorbild zum Nacheifern. Einige Sonderbestellungen fordern übrigens ausdrücklich die Anfertigung von Fayencen »nach holländischer Art«. Diese Einflüsse werden im 18. Jahrhundert nach und nach zugunsten von Chinoiserien und neuen, von französischen Dekormalern entworfenen Ziermotiven preisgegeben. Als erstes französisches Keramikzentrum führt Nevers in seine Produktion das »chinesische Dekor« ein, das von den meisten anderen Fabriken aufgenommen wird, zunächst von der in Rouen.

– Rouen

Der Name der Familie Poterat ist eng mit der Rouenneser Fayence des 17. Jahrhunderts verbunden. Louis Poterat erhält im Jahre 1673 – erstmalig in Frankreich – ein neues Privileg für dreißig Jahre zur Porzellanfabrikation, »um hier alle Arten von Geschirr, Töpfen und Vasen aus Porzellan herzustellen, die denen aus China ähnlich sind, sowie violette Fayence, weiß, blau und mit anderen Farben bemalt, in der Form derjenigen aus Holland...« Er läßt Handwerker aus Nevers kommen, die Dekore in holländisch-chinesischem Stil einführen und diese recht frei mit sehr französischen Formen und Motiven verbinden. Sie werden auch häufig mit den üppigen Lambrequin-Bordüren verknüpft, die Rouen berühmt gemacht haben. Das Dekor »à lambrequins« erinnert an die Betthimmel (Baldachine) und Fensteroberteile schmückenden Stoffgirlanden. Es handelt sich um

❑ Schale, die einer Wandtafel vom Beginn des 18. Jahrhunderts, dem Goldenen Zeitalter der Delfter Fayence, nachempfunden ist. Diese paarweise angefertigten Wandtafeln wurden zu beiden Seiten eines Kamins oder einer Tür angebracht. Ganz bezeichnend sind die großen, dünnen weiblichen Figuren, *mei-jên* oder »langen Damen«, die die Grenzen überschreiten und in der Produktion der Nachbarländer wiederzufinden sind.
Die Gesichter der Frauen sind in rotem Umriß, das des Knaben nach chinesischer Art in Blau gezeichnet. Die in den Originalen manganpurpurnen Konturen wurden in Konturviolett und die dort roten Konturen mit einem Rotbraun ausgeführt.
Ausführung D. Alexiev

ein sehr fein ausgearbeitetes Motiv, das ganz zu Recht mit der Stickerei verglichen wird. Der Beitrag chinesischer Dekorationsformen zum Lambrequin-Muster ist offensichtlich; im übrigen gehörte dieses bereits zum dekorativen Repertoire von Delft. Die Rouenneser Fayencefabrikanten wußten ihren Entwurf indessen unendlich zu variieren, ihn zur Vollkommenheit zu entwickeln und zu einer Originalschöpfung zu machen. Anfänglich in blauem Camaieu, wurden die Lambrequins mit Scharffeuerfarben plus einem Eisenrot hervorgehoben. Der Umgang mit dem Rot ist schwierig und sein Gelingen bei hoher Temperatur problematisch, weshalb es statt als Fläche in kleinen Strichen aufgetragen wurde. Die Vielfarbigkeit verdrängt nach und nach die Dekore in Blau.

Zu Beginn des 18. Jahrhunderts werden in Rouen neue Fabrikationsstätten eröffnet. Die gegen den Luxus gerichteten und das Einschmelzen des Edelmetallgeschirrs fordernden Edikte ziehen Bestellungen großer Wappenservice aus Fayence nach sich. Gleichwohl inspiriert man sich weiterhin am Fernen Osten, wobei einige Dekore der »Grünen Familie« entlehnt sind. Andere führen zum »Füllhorn«-Motiv, das in der Jahrhundertmitte ausgiebig produziert wurde. Ihnen folgen die Stücke mit den »Levantinischen Händlern«, die weniger Zuspruch finden, da die Kundschaft das Porzellan der Fayence vorzieht.

– Sinceny

Im Jahre 1737 beschloß Jean-Baptiste de Fayard, Herr von Sinceny, Gewinn aus dem Ton zu ziehen und zu diesem Behuf eine Manufaktur einzurichten. Er berief Fayencehersteller aus Rouen, so daß von Beginn an die Qualität sichergestellt war. Verbürgt wurde der Erfolg seiner Ware durch die chinesischen Dekore, die damals groß in Mode waren. Die vom zeitgenössischen chinesischen Porzellan inspirierten Dekore werden auf oft typisch europäischen Stücken angewandt. Die Farbpalette der »Grünen« oder »Rosa Familie« wird durch die von einem intensiven und prachtvollen Gelb beherrschte der Scharffeuerfarben ersetzt. Die berühmte »Tartarenreiter«-Platte wurde gegen 1750 angefertigt; sie hat einen Durchmesser von 55 cm und zeigt säbel- sowie bannerschwingende Krieger. Die Kopie im Bild gegenüber wurde mit zwei Brennvorgängen gemalt. Das Sujet – »mit Zucker« in Braunrot und Schwarz umrissen – wurde ausgemalt und gebrannt; durch einen zweiten Brand konnten einige Farben verstärkt werden. Bei dieser Gelegenheit sei angemerkt, daß Eisenrot von intensivem Gelb nicht absorbiert wird; es wird aber schnell zu dunkel.

– Saint-Cloud

Forschungen und Versuche seitens der französischen Fayencefabrikanten führen gegen 1670 zur Entdeckung des Weichporzellans. Louis Poterat scheint der erste gewesen zu sein, der es hergestellt hat; aber nur wenige Stücke, die Rouen zugeschrieben werden, sind erhalten geblieben. Unabhängig von ihm gelingt es bald darauf Pierre Chicaneau,

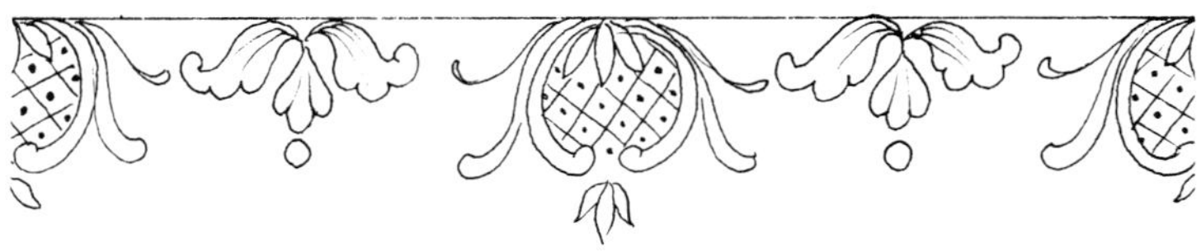

❑ Das Dekor kopiert eine Schale aus Sinceny. Ausführung D. Alexiev

der sich in Saint-Cloud niedergelassen hatte, »ein Porzellan« zu verfertigen, »das beinahe so vollkommen wie dasjenige aus China und Indien ist«. Diese beiden Manufakturen ziehen eine große Anzahl weiterer in Frankreich nach sich, zu denen noch die Überläufer und ihren Standort wechselnde Handwerker kommen. In Saint-Cloud entfaltet sich eine überreiche Produktion. Anfangs nimmt sie Motive auf, die Rouen zum Erfolg geführt hat: Strahlen- und Lambrequin-Dekore. Bald aber gerät sie unter den Einfluß des fernöstlichen Porzellans, im besonderen des japanischen. Saint-Cloud stellt praktisch die gleichen Dekore – sogenannte koreanische Motive – her wie die Manufakturen von Chantilly und Meißen.

– Chantilly

Der Fürst von Condé war einer der größten Sammler fernöstlichen Porzellans seiner Zeit, vor allem von solchem aus Japan. Er war selber Chemiker und daher stark an der Porzellanherstellung interessiert. Seinen Rückzug aus dem poli-

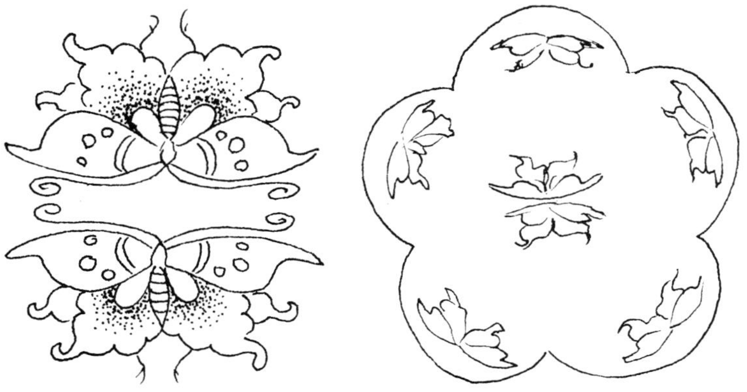

❑ Schmetterlinge. Chantilly schuf Form und Dekor der japanischen Vorlagen mit vollkommener Genauigkeit nach.

tischen Leben nutzte er zur Gründung einer Manufaktur in seinem Schloß von Chantilly, die ein Überläufer aus Saint-Cloud, Sicaire Cirou, bis zu seinem Tode organisierte und leitete. Die anfangs hergestellte Weichporzellanmasse war von gelblicher Farbe und mußte deshalb – wie die Fayence – mit einer weißen, zinnhaltigen Glasur abgedeckt werden. In den Dekoren und Formen macht sich nachdrücklich der Einfluß des japanischen Porzellans, namentlich der Kakiemon-Ware, bemerkbar. Dieses Chantilly-Dekor wird oft als »koreanisch« bezeichnet. Die Vorlagen lieferte die berühmte Porzellansammlung des Fürsten von Condé. Nachbildungen gerieten so vollkommen, daß der Fürst sich einen Spaß daraus machte, sie mit den Originalen zu vermengen. Einige Vorlagen entstammten auch der Sammlung von Stichen und Zeichnungen, die der Ornamentzeichner Fraisse nach Ziermotiven von Porzellan und Stoffen aus Persien und Indien sowie von Lackarbeiten angelegt hatte.
Chantilly produzierte ebenso wie Saint-Cloud und Meißen auch kleine, chinesisch inspirierte Statuen; zu den bekanntesten gehören die Affen oder *Poussah,* eine Umbildung von »Pou-t'ai«, dem fettleibig dargestellten Gott der Zufriedenheit, der den Sack der irdischen Freuden trägt oder sich auf diesen stützt.

– Vincennes

Das Geheimnis der Herstellung von Weichporzellan verbreitete sich rasch in Frankreich. Im Jahre 1738 unternahm es der Marquis Orry de Fulvy, in einem aufgelassenen Flügel des Schlosses von Vincennes gemeinsam mit den Gebrüdern Dubois, zwei Arkanisten aus Chantilly, eine Manufaktur einzurichten. Da nach drei Jahren immer noch kein brauchbares Ergebnis vorlag, wurden diese wieder zurückgeschickt, die Versuche jedoch von François Gravant fortgesetzt, dem im Jahre 1745 die Herstellung einer weichen Masse gelang, aus der sich Porzellan fabrizieren ließ. So entstand die Manufaktur von Vincennes, die einige Jahre später nach Sèvres verlegt wurde und sich des persönlichen Schutzes Ludwigs XV. erfreute, der ihr im Jahre 1752 den Titel Königliche Porzellanmanufaktur verlieh. Von diesem Zeitpunkt an wird das königliche Namenszeichen – zwei ineinandergeschlungene »L« – das offizielle Warenzeichen. Durch die Entdeckung von Kaolin-Vorkommen im Limousin in den Jahren 1768 bis 69 wird die Herstellung von Hartporzellan möglich. Die Manufaktur genießt bedeutende Privilegien; dank einer fähigen Leitung und der Zusammenarbeit mit den besten Künstlern gewinnt sie weltweites Ansehen. Der jungen Manufaktur von Vincennes wird das Vorrecht zuerkannt, Porzellan nach »chinesischer« und »sächsischer Art« herzustellen. In ihren Anfängen ahmt sie – wie so viele andere Manufakturen auch – die Dekore im chinesischen und Kakiemon-Stil nach, wie dies im übrigen auch in Meißen der Fall war. Sehr bald aber befreit sich Vincennes von diesem Einfluß und findet zu eigenem Stil und selbständiger Entwicklung.
Die Zeit nach dem Tode Ludwigs XIV. erlebt allgemein einen raschen Stilwandel. Die Formen ändern sich, die Linien werden weicher und fließender. Meissonnier, der Bérain im Jahre 1726 in der Stellung des Architekten und Entwerfers »de la Chambre et du Cabinet du roi« nachfolgt, entwickelt den Rocaille-Stil, der ein Epochenstil wird, und vom Wasser mit seinen Wellen und seiner Gischt inspiriert ist. Diese Neu- und Originalschöpfungen übernimmt der Goldschmied des Königs, Duplessis, dessen Modelle im Rocaille-Stil auf vollkommene Weise in Porzellan wiedergegeben werden.
Sèvres verfügt über ein außerordentlich reiches und vielfältiges Repertoire. Zuweilen tauchen in seiner Produktion exotische Sujets auf: es handelt sich jedoch nicht mehr um Nachbildungen chinesischer, japanischer oder sächsischer Porzellanmotive, sondern um ganz aus der Phantasie geschaffene Chinoiserien, auf die sich einige Maler in Sèvres spezialisiert haben; indessen sind sie nicht zu den wirklich großen Sujets der Manufaktur zu rechnen. In Sèvres und folglich auch in anderen Manufakturen werden die Chinoiserien auf Stücken im Rocaille-Stil wiedergegeben; daher sollte man diese Motive auch auf solchem Porzellan malen. Die Karomuster, Punktierungen, Schlangenlinien, die Gold-Cailloutés auf lapislazuliblauem, grünem und rosa Grund gehören zu den prächtigsten Dekoren, die die Künstler von Sèvres geschaffen haben. Wenn man sie voller Bewunderung ansieht und gewisse Kartu-

❑ Kaffeetassen mit Chinoiserien sowie Porzellanei. Ausführung D. Alexiev und A. Cassagne

❑ Chinesen-Teller. Links Straßburg, Chatironné-Technik (Ausführung T. de Ternoy); rechts Les Islettes. Daß dieser Chinese den Backenbart eines Marschalls des Kaiserreiches trägt, macht deutlich, in welchem Maße er französisiert ist.
Ausführung J. Fournier

schen-Umrandungen und Vergoldungen betrachtet, stößt man auf Elemente, die einem bekannt vorkommen. Ist man nicht an die von den Chinesen für die »Grüne« und »Rosa Familie« benutzten Ziermotive erinnert? In der Bearbeitung von Sèvres sind sie so weit von den Ursprüngen entfernt, daß man sie als eine Neuschöpfung ansehen muß. Der Straßburger Chinese ist dagegen nicht von fernöstlichen Vorlagen, sondern von den exotischen Gemälden Bouchers und Pillements inspiriert. Er ist eine etwas schwerfällige, ruhige und schlichte Person, die sich dem Fischfang und der Schmetterlingsjagd hingibt, Seifenblasen schweben läßt oder friedlich raucht.

❑ Blaues Chinesen-Service nach Vorlagen ostfranzösischer Manufakturen. Dieses vor ungefähr dreißig Jahren hergestellte Fayenceservice legt Zeugnis vom dauerhaften Erfolg der Chinoiserien ab.

Sind mehrere Personen dargestellt, so sieht man sie häufig im Kampf. All diese Handlungen spielen sich auf Grasterrassen oder braunen und gelben Felsen ab. 1766 wurde Joseph Hannong die Porzellanfabrikation gestattet; er fertigte chinesische Dekore, die den auf Fayence ausgeführten ähnlich waren.

– Straßburg

In Straßburg gründet die aus Holland zugewanderte Familie Hannong gemeinsam mit dem deutschen Maler Wechenfeld im Jahre 1710 die einzige Manufaktur der Stadt, die sie bis zu ihrer Schließung 1781 leitet. Anfangs richtet sie die Produktion nach den Rouenneser Dekoren aus, die sich in Frankreich durchgesetzt hatten. Indessen sieht sich die Manufaktur – bedingt durch Straßburgs geographische Lage – zwei sich überschneidenden Einflüssen ausgesetzt: auf der einen Seite Chantilly, auf der anderen Meißen, und so werden diese Dekore von Motiven im fernöstlichen Stil nach Art des Weichporzellans von Chantilly und des Meißner Hartporzellans verdrängt.

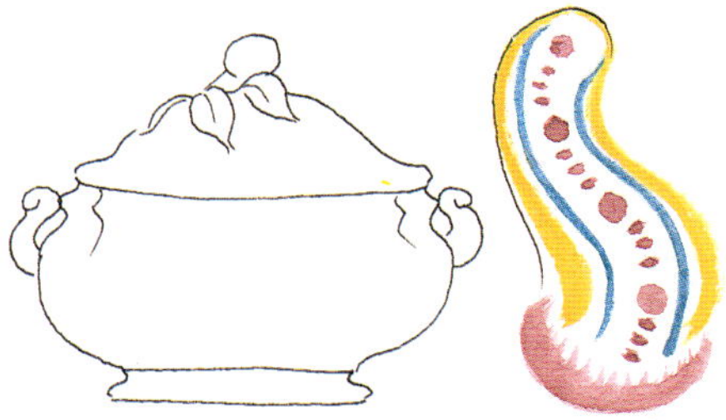

❑ Suppenterrine (1755). Bouquets in Chatironné-Technik: Die Blüten sind wie die »indianischen Blumen« konturiert, haben aber ein wenig von ihrem orientalischen Charakter eingebüßt. Dieser Dekortypus wird mehrfarbig, in rosa Camaieu und zuweilen auch in blauem ausgeführt. Das Arrangement ist recht dicht, gewinnt aber durch liebliche, blühende Zweige Leichtigkeit. Man beachte die harmonische Komposition sowie die ausgesuchte Anordnung eines jeden Zweiges und der Stengel. Solche Einzelheiten dürfen nicht vernachlässigt werden, weil an ihnen sofort eine Ungeschicklichkeit sichtbar wird. Blumen in Chatironné-Technik ergeben sehr frische, angenehme und dabei leicht herzustellende Dekore; sie eignen sich daher bestens für Anfänger und sind auch all denen anzuraten, die noch niemals Blumen gemalt haben. Die Schwarzweißzeichnung auf Seite 154 zeigt eines der Deckelmotive. Um ein vollständiges Dekor zu schaffen, stelle man – ausgehend von diesen Vorgaben – zwei geringfügig unterschiedliche Motive zusammen.

Gegen 1740 macht Paul Hannong Versuche mit dem Ziel, Glühbrand-Dekore zu entwickeln. Er führt »indianische Blumen«, Zweige mit stilisierten exotischen Blüten und chinesische Figuren auf gebrannter Zinnglasur aus. Mit der Beherrschung dieses Verfahrens erweitert sich das dekorative Repertoire um sehr verschiedenartige Sujets, die stark vom Porzellan beeinflußt sind, welches diese Fayence nachzuahmen sucht. Nun lassen sich tatsächlich Dekore mit Chinesen, Blumen und Landschaften herstellen, die in »feiner Manier« – d.h. in Malerei – ausgeführt sind. Bis dahin wurde mit den Motiven in der gebräuchlichen, einfachen Technik – *chatironné* genannt – und unter Verwendung der begrenzten Scharffeuerpalette verfahren. Die Vorliebe für den Fernen Osten ist nicht mehr ganz so ausgeprägt. Dieser Umstand, aber auch die Ankunft der Gebrüder Löwenfinck – aus Meißen übergelaufene Porzellanmaler – in den Jahren 1748 und 1749 führen zu einer Neuausrichtung der Dekore dieser Manufaktur. Die »deutschen Blumen« haben ihren Auftritt, entwickeln und wandeln sich zu bewundernswerten Blütendekoren von rein europäischem Stil. Aus Gründen der Rentabilität werden chinesische Motive und Sträuße jedoch weiterhin in weniger anspruchsvoller und billigerer konturierter Flächigkeit ausgeführt. Eine gewaltige Wirkung geht von der Straßburger Fayence aus; ihre Dekore werden von den anderen Manufakturen in Ostfrankreich aufgenommen und überschreiten sodann die Grenze. Dank ihrer künstlerischen Qualität hat sie überwältigenden Erfolg in Europa, wo sie rasch sich verbreitet und nachgeahmt wird.

Deutschland
– Meißen

Kurfürst Friedrich August von Sachsen mit dem Beinamen der Starke war auch König von Polen. Der Prunk an seinem Hof sowie seine Liebe zum Luxus und zu den Künsten waren sprichwörtlich; er wetteiferte darin selbst mit dem Sonnenkönig. Begeisterter Liebhaber des fernöstlichen Porzellans, der er war, stellte er Millionen aus seiner Privatschatulle bereit, um seine Sammlung zu bereichern und schickte seine Agenten überall dorthin, wo es chinesisches oder japanisches Porzellan zu erwerben gab. Selbstverständlich interessierten ihn die allenthalben in Europa zur Aufdeckung des Geheimnisses der Porzellanfabrikation unternommenen Forschungen außerordentlich. In seinen Diensten standen der berühmte Naturwissenschaftler Walter Ehrenfried von Tschirnhaus und der Alchimist Johann Friedrich Böttger, die allerlei Materialien (Metalle, Gesteine, Erden) sowie deren Verhalten im Feuer untersuchten. Es gelang zunächst die Herstellung eines roten Steinzeugs ähnlich dem bereits um 1680 in Delft entwickelten, das fein und hart war und geschnitten, geritzt oder mit dem Mahlwerk poliert werden konnte, was die Anwendung von Reliefmotiven möglich machte. Es wurde sogleich in seinem Wert erkannt und in die Fertigung übernommen. Die mit Gold, Glasuren oder Schwarzlack – die auch kalt aufgetragen wurden – verzierten Stücke haben später auch europäische Formen und von der chinesischen Kunst inspirierte Dekore.

Tschirnhaus starb, während die Versuche, weißes Porzellan herzustellen, voll im Gange waren und kurz darauf – im Jahre 1709 – zum Erfolg führten: Böttger setzt eine weiße Erde, die sich als Kaolin erweist, dem Feuer aus, versucht sie mit Alabaster, sodann mit Feldspat zu verbinden und gelangt schließlich zu Mischungsverhältnissen, die einen neuartigen, dem chinesischen Porzellan ähnlichen Stoff ergeben; dazu entwickelt er eine passende Glasur. Es ist das erste europäische Hartporzellan. Am 23. Januar 1710 verkündet ein sehr zufriedener August der Starke die Neuigkeit dieser bedeutsamen Entdeckung.

Dresden war unter der Herrschaft des Kurfürsten eines der großen Kunstzentren Europas. Unverzüglich wurde im Meißner Schloß ein Fabrikationsbetrieb eingerichtet. Nun man das Porzellan entdeckt hatte, sah man sich auf die Nachahmung der blauen Unterglasurdekore des chinesischen Porzellans und der Delfter Fayence verwiesen. Tausend Taler Belohnung wurden dem geboten, der dieses Geheimnis zu lüften vermöchte. Allen Forschungen und Anstrengungen zum Trotz gelangte man erst nach dem Tode Böttgers zu einem – wenn auch nicht ganz zufriedenstellenden – Ergebnis; noch galt es viele Schwierigkeiten zu überwinden. Die ersten Farben waren matt und trübe, so daß Böttger sie selten verwendete. Übrigens gab es bis 1720 keine eigentlichen Maler in der Fabrik. Während dieser schwierigen Anfänge wurden die besten Dekore außerhalb des Betriebes ausge-

❑ Motive, die dem dekorativen Repertoire der Du Paquier-Periode entnommen und gegenwärtig bei der Wiener Manufaktur in Gebrauch sind. Die indischen Blumen finden bei Servicedekoren Anwendung.

führt. Böttger sandte das weiße Porzellan nach Augsburg, wo es in Gold und Silber gefaßt wurde. Die zu Recht berühmten Goldschmiede dieser Stadt vermochten die Stücke gleichermaßen mit Gold und Silber zu bemalen. Danach wurden die Dekore eingraviert und traten in zartem Licht- und Schattenspiel hervor. Es handelte sich um chinesische Sujets, in Verbindung mit Barockornamenten, Lambrequins und Gitterwerk.

Viele dieser Chinoiserien wie auch später die mehrfarbigen Dekore wurden von Hausmalern ausgeführt, denen die Fabrik ihr weißes Porzellan schickte. Die Hausmalerei war in Meißen und Wien weit verbreitet, und es fanden sich beachtliche Künstler unter den Dekormalern. Da die Farben trübe und glanzlos waren, blieb das gemalte Porzellandekor sehr dürftig – bis zum Jahre 1720, da Johann Gregorius Höroldt in Meißen eintraf. Er kam von der Wiener Manufaktur und entwickelte dank seiner Erfahrung und Begabung im Zeitraum von wenigen Jahren eine Palette von außerordentlicher Strahlkraft. Die für das Meißner Porzellan der ersten Periode charakteristischen hellen Farben sind Himmelblau, Zart- und Meergrün, Rostrot, Zitronengelb, Purpur und Braun.

Zu diesem Zeitpunkt tauchen die schönen »chinesischen« Dekore auf. Wie der Fürst von Condé stellte auch August der Starke den Meißner Malern Vorlagen aus seiner Sammlung zur Verfügung. Es wurden viele japanische Motive im Kakiemon-Stil kopiert, und diese so feinen wie genauen, auf echtem Porzellan ausgeführten Nachahmungen sind die besten und den Originalen am nächsten kommenden. Man begegnet Dekoren aus dem Repertoire der Manufakturen von Saint-Cloud und Chantilly, etwa dem »Hecken«dekor, wieder, mit denen Höroldt indessen in Konkurrenz tritt, indem er seine eigenen Chinoiserien einführt. Er veröffentlicht nämlich im Jahre 1726 eine Sammlung von Stichen, die ganz aus der Phantasie geschaffene Chinesen in sehr eigenem und wiedererkennbarem Stil darstellen. Seine schlanken, langgliedrigen und prächtig gekleideten Personen werden beim Rauchen, Teetrinken, Fischen, Diskutieren, kurz bei jeder erdenklichen Verrichtung in einem Dekor von exotischen Bäumen, riesigen Blumen und seltsamen Vögeln gezeigt. Dieses ganze chinesische Völkchen dringt nach und nach in die Dekore ein, nicht allein in die Meißner, sondern ebenso in die der anderen Manufakturen, die in rascher Folge in Deutschland entstehen. Maler spezialisieren sich auf dieses Gebiet; ein jeder bringt seinen eigenen Stil ein und trägt so seinen Teil zum Erfolg der Chinoiserien bei. Nach 1740 schwindet die Vorliebe fürs chinesische Dekor jedoch, und Meißen gerät unter den Einfluß der europäischen, namentlich der französischen Produktion.

Trotz aller strengen Sicherheitsvorkehrungen, die man in Meißen getroffen hatte, um das Geheimnis der Porzellanfabrikation zu wahren, verbreitete sich das Arkanum schnell über ganz Europa, und man kann sagen, daß dieses reif dafür war, denn jahrelang hatten die Keramiker ihre Forschungen betrieben. Die Vervielfachung der Produktionsstätten nimmt Meißen nichts von seiner Bedeutung für die Entwicklung der Porzellankunst; sie sind ohnehin alle von ihm beeinflußt. Jahrhundertelang hat Meißen die geschichtlichen Umwälzungen überstanden und ist bis heute eine der hervorragendsten Manufakturen der Welt geblieben.

In kurzem zeitlichen Abstand nach Meißen tritt in Wien eine Manufaktur in Erscheinung, der es gelingt, ein dem sächsischen genau gleiches Hartporzellan herzustellen und zwar mit Hilfe zweier Überläufer aus Meißen. Sie unterstützen nicht nur Claude Innocent Du Paquier bei der Gründung einer Manufaktur im Jahre 1718, sondern besorgen ihm auch noch das notwendige Kaolin aus Sachsen. Die Produktion der Du Paquier-Periode (1718–1744) ist vom Barockstil, dem Einfluß von Daniel Marot und Jean Bérain sowie von den großen österreichischen Architekten geprägt. Die Dekore stammen im wesentlichen aus dem orientalischen Repertoire, aber schon tauchen die Blumensträuße auf, die zur europäischen Thematik überleiten. »Chinoiserie in Grün« und »Chinoiserie« sind die Namen dieses Dekors aus der Wiener Manufaktur. Sie werden für Service benutzt, bei denen das Motiv in der Tellermitte angeordnet ist und nicht mehr als die Hälfte der Spiegelfläche in Anspruch nimmt. Der Rand ist mit einem breiten Faden (5 mm) versehen, der durch einen weiteren, sehr feinen (Haarfaden) betont wird.

England

Der Einfluß von Delft macht sich in allen Nachbarländern bemerkbar. Die englischen Fayencefabrikanten kopieren oder ahmen die Delfter »Blau und Weiß«-Ware in einem Umfang nach, daß ihre Produktion schließlich als »delftware« (Fayence) bezeichnet wird. Die Motive der Schwarzweißabbildung (gegenüber) sind Stücken in Blau unter Glasur aus englischer Fabrikation entnommen. »Blau und Weiß«-Ware dieses Typs wurde im achtzehnten Jahrhundert in großem Umfang auch in Liverpool, Lowesoft und Caughley hergestellt; einige dieser Dekore wurden auch mehrfarbig wiedergegeben. Das erste Motiv, »die Pfingstrose«, gelangte in Plymouth zur Anwendung, und später, in den Jahren 1775 bis 1780, wurde es in einem Farbdruckverfahren nach der Originalversion produziert, die sich in Worcester befand. In England taucht das Porzellan gegen 1740 auf. Die dortigen Verhältnisse unterscheiden sich sehr von denen auf dem Kontinent. Die Manufakturen werden privat betrieben und genießen weder Schutz noch finanzielle Unterstützung seitens des Königs oder adliger Mäzene, wie es ansonsten in ganz Europa und zumal in Frankreich,

❑ Viele Dekore dieses Typs wurden in großer Anzahl durch Druckverfahren hergestellt. Bestimmende Farbe ist immer ein sehr schönes, für das Minton-Porzellan typisches Rosa. Dieses zu den schlichtesten der Gattung zählende Motiv ist ganz in Purpur gezeichnet. Der Dekorstreifen am Tassenrand, der sich auch auf der Untertasse wiederfindet, ist in Karminrot gestupft, die Rocaillen sind gelb. Der Innenrand der Tasse ist mit einer kleinen »Mücken«borte und Blumenmotiven verziert.

Deutschland und Italien der Fall ist. Daher stellen die Suche nach der Zusammensetzung des Porzellans und der passenden Glasur ebenso wie die Planung einer rentablen Produktion erhebliche Schwierigkeiten für diese Fabriken dar, von denen einige der wirtschaftlichen Belastung nur ein oder zwei Jahre standhalten. Es gibt zahlreiche Rückschläge, und von fünfzehn bis zum Jahre 1780 in England gegründeten Fabriken erreichen nur zwei die Schwelle des 19. Jahrhunderts. Angesichts dieser Gegebenheiten verfügen nur wenige englische Manufakturen in ihren Anfängen über eine Produktion, die der auf dem Kontinent sich rasch entwickelnden vergleichbar wäre. Einige behalten die einfachen Formen, den schlichten dekorativen Stil der Fayence bei, ihre Ware bleibt so für die Bevölkerung erschwinglich: andere wie Chelsea, Derby und Worcester stellen ein sehr schönes, dem Einfluß zunächst Meißens, später Sèvres', verpflichtetes Porzellan her.

Vor ungefähr zweihundert Jahren faßte Europa eine Vorliebe für den Tee. Diese Pflanze wurde ursprünglich nur in China und erst sehr viel später anderswo angebaut. Um den in China seit unvordenklichen Zeiten im Rahmen einer Zeremonie getrunkenen Tee ranken sich viele Legenden. Diese Teezeremonie erreicht während der T'ang-Zeit künstlerischen Rang, bedeutet aber auch Vergnügen und Entspan-

❑ Teekanne, nach einer in Worcester zwischen 1765 und 1775 hergestellten Vorlage. Man erkennt die Kakiemon-Motive sowie den »Brokatstil«.
Ausführung A. Cassagne

nung, während sie in Japan, wohin sie durch die Zen-Sekte gelangt, sehr strengen protokollarischen Regeln unterworfen wird. Die Kunst des Tees hat zur Entwicklung der Keramik im Orient, später auch im Abendland insofern beigetragen, als sie die Entwicklung von Gefäßen und besonderen Formen notwendig machte. Wie überall sind auch hier die chinesischen und japanischen Dekore in Mode. Kakiemon-Motive, die den Meißner und gewissen französischen Manufakturen so teuer sind, finden sich in der englischen Produktion wieder, wie die Hecke, die exotischen Vögel und die orientalischen Blumen und Bäume. Unter dem Einfluß französischer Künstler kommen Chinoiserien auf, insbesondere die von Sèvres geschaffenen in Gold auf farbigem Grund. Nach schwierigen Anfängen entwickelt sich das englische Porzellan prächtig und zu außerordentlicher Vielfalt. Wie im 19. Jahrhundert auf dem Kontinent kommt es zu einer Wiederkehr der Exotik und einer neuen Welle von Motiven im chinesischen und Imari-Stil.

Italien

Das chinesische Porzellan übt außergewöhnliche Faszination auf Europa aus. Das Geheimnis dieses neuartigen Stoffes zu erkunden und ihn nachzumachen, waren erklärte Ziele fast aller Länder. Die ersten Forschungen werden unter der Schirmherrschaft von Francesco di Medici in Florenz unternommen, die auch schließlich zu einem greifbaren Ergebnis führten, nämlich einer elfenbeinfarbenen oder grauen Weichmasse. Sehr wenige Stücke aus dieser Produktion sind noch erhalten, ihre Dekore einfarbig blau (Kobaltoxid) oder braun (Manganoxid) unter Bleiglasur aufgetragen; die Motive sind orientalisch, osmanisch und persisch inspiriert oder nehmen einfach modische Themen wie die Grotesken oder Waffenkompositionen auf. Die Tätigkeit der Florentiner Fabrik war nur von kurzer Dauer: von 1575 bis 1611.

Das erste in Italien hergestellte Hartporzellan tritt im Jahre 1720 in der venezianischen Manufaktur von Vezzi in Erscheinung; es war verfertigt aus Kaolin, das man aus Aue bezog, wo sich auch Meißen versorgte. Die Ware hatte eine schöne Qualität: unglücklicherweise jedoch mußte die Fabrik wirtschaftlicher Schwierigkeiten halber wenige Jahre

❑ Von einer Ginori-Schale inspiriertes Motiv. Ausführung M. Lombardo

❑ Zeichnung des zentralen Motivs einer Vorlage von Ginori. Es kann zur Verzierung eines Übertopfes oder einer Vase dienen.

später schließen. In den Fayencefabriken wurden die Forschungen weitergetrieben, ebenso in neuen Gründungen wie Nove di Bassano, Cozzi und anderen. Sie mündeten schließlich im Laufe des 18. Jahrhunderts in eine Porzellanfabrikation. Nach den chinesisch und japanisch inspirierten Motiven erreicht auch die Chinoiserie-Mode Italien, wo man ihr aber in geringerem Maße verfällt. Im Jahre 1737 gründet der Marchese Carlo Ginori eine Manufaktur in Doccia nahe Florenz, wo er die Forschungen weiterführt, ohne allerdings zu überzeugenden Ergebnissen zu gelangen. Er nutzt eine Reise nach Wien, um sich der Mitarbeit des Malers Anreiter sowie von Georg delle Torris, eines Brennofen- und Mischwerkarbeiters bei Du Paquier, zu versichern. Die Produktion setzt kurz darauf ein, und von 1745 an wird das Porzellan von Ginori in ganz Europa verkauft. Die Manufaktur bleibt bis 1876 in Familienbesitz und wird mit dem Mailänder Haus Richard zur Manufaktur Richard-Ginori vereinigt, die immer noch tätig ist und hohes Ansehen genießt.

Der Japonisme

Das 19. Jahrhundert hatte eine – kaum als glücklich zu bezeichnende – Rückkehr zu den Rocaillen gebracht; die Formen und Dekore waren zumeist schwerfällig und überladen. Das Porzellan machte eine trübe Phase durch, in der es praktisch keine neuen Richtungen gab.

Um 1870 kam es zu einer Bewegung gegen diesen Mangel an schöpferischem Geist. Ohne in irgendeiner Weise mit den Chinoiserien in Verbindung zu sehen, gewann die japanische Blumen- und Tierdarstellung eine entscheidende Bedeutung in Europa. Die Maler und Illustratoren waren voller Bewunderung für die Genauigkeit und Kraft der auf die wesentlichen Linien beschränkten Zeichnung und im besonderen beeindruckt von der Entdeckung der Natur als einer unerschöpflichen Quelle von Vorlagen. Die japanische Kunst wurde zu einer Offenbarung, und zahlreich waren jene, die die Überlegenheit der japanischen dekorativen Kunst predigten. Japan verfügte – wie China übrigens lange zuvor – über eine Vielzahl von Malerei-Lehrbüchern, deren Bildillustrationen weite Verbreitung fanden und zur Entwicklung einer neuen künstlerischen Sehweise beitrugen. Viel leisten für die Verbreitung der japanischen Kunst die Weltausstellungen in Europa und Amerika, wo die alten japanischen Werke regelmäßig gezeigt werden. Außerdem stellen Sammler wie Jules Jacquemard oder Émile Guimet ihre Meisterstücke systematisch aus. Der mit dem Handel befaßte Siegfried Bing begeistert sich für die orientalischen Künste und gibt eine Zeitschrift, »Le Japon artistique«, heraus, in welcher zahlreiche Holzschnitte von Hokusai und Utamaro wiedergegeben werden. Für die Künstler handelt

❑ Lüstervase mit Iris, einer bei japanischen Malern sehr beliebten und als Grundlage vieler Zeichnungen und Kompositionen dienenden Blume. Auch die abendländische Kunst ist tief von der Iris geprägt: sie wird zu einer der bevorzugten Blumen und für die englischen Maler und Illustratoren am Ende des 19. Jahrhunderts geradezu ein Symbol. Die Schönheit ihrer zarten Blüten, ihre schlanken Stiele und lanzenförmigen Blätter inspirieren die Künstler, die mit der Iris die verschiedenartigsten Unterlagen und Gegenstände dekorieren.
Ausführung D. Alexiev

❑ Modelle von Gien in Unterglasurblau, hier mehrfarbig dargestellt. Der den Rand zierende Bambus ist nicht das einzige fernöstliche Element. Das Blumensujet, die naturalistische Zeichnung sowie die Flächenaufteilung sind ganz von japanischen Motiven inspiriert.
Ausführung T. de Ternoy

es sich um Entdeckungen, die eine wahrhafte Strömung, den Japonisme, nach sich ziehen, der seinen Einfluß nicht nur auf die Malerei, sondern auch auf die dekorativen Künste ausübt. Der Stecher Félix Bracquemond nimmt sich der Thematik und Kunstauffassung der Japaner an und überträgt deren Tendenzen auf das Gebiet der Keramik. Nach seinen Stichen in japanischem Geschmack wird das »Rousseau«-Service angefertigt; neuen Anregungen ist damit der Weg bereitet.
Der japanische Zeichner geht immer von einer genauen, ausdrucksvollen Umrißlinie aus, die alle charakteristischen Einzelheiten wiedergibt. Dieses Vorgehen vermittelt der Zeichnung große Klarheit und gestattet auch, sie auf sehr dekorative, der Inspiration des Künstlers folgende Weise anzulegen. Diese Darstellungsweise wurde in Europa auf das Glas, insbesondere auf die Ziervase angewandt: Émile Gallé eben-

so wie die Daum-Brüder ließen sich stark von einigen Bildern japanischer Pflanzenmaler inspirieren und kopierten diese zuweilen.
Die aus aufmerksamer Betrachtung geborene Stilisierung sowie die Strenge der Komposition sind bezeichnend für den Art nouveau-Stil, dessen triumphaler Siegeszug im Jahre 1900 bei der Weltausstellung in Paris anhebt und bis zum Ersten Weltkrieg fortdauert. Da diese Epoche der unsrigen noch sehr nahe ist, sind wir mit ihrem Stil gut vertraut, der im übrigen unverwechselbar ist und immer seine Liebhaber finden wird. Es versteht sich von selbst, daß es für die Kunst keine Grenzen gibt. Wir haben Europa vom Orient bezwungen und die Auswirkungen dieses Einflusses auf allen Gebieten gesehen. Im 18. Jahrhundert erreicht die Exotik gar die Literatur und die Musik. Im 19. Jahrhundert gibt der kulturelle Beitrag Japans den Künstlern wie der malerischen und handwerklichen Produktion in Europa einen neuen Impuls. Wenn auch diese Einflüsse nicht mehr die Rolle einer treibenden Kraft spielen, so bleiben die Kunstschätze dieser Kulturen für uns doch immerzu eine Quelle der Inspiration.

❑ Vase mit wildem Wein, inspiriert von einer durch die technische Schule in Steinschönau hergestellten Glasvase. Die naturalistischen Elemente sind nach Art der Jahrhundertwende äußerst stilisiert; sie schmiegen sich den zu schmückenden Formen geradezu an.
Ausführung D. Alexiev

LARGE ENAMELED DISHES
Succefs to the Fleet

Technisches Verzeichnis

Farben

Die auf die Glasur des Porzellans oder der Fayence gemalten Dekore werden bei einer verhältnismäßig niedrigen Temperatur von 800 bis 850 °C einem Aufglasurbrand unterzogen. Dieser Temperaturbereich wird von einer Vielzahl von Oxiden gut vertragen und erschließt eine sehr reiche Farbpalette. Die Farben setzen sich aus einem Pigment- und einem Flußanteil zusammen, die zu außerordentlich feinen Pulvern zerstoßen und sodann vollständig miteinander vermengt werden. Beim Brennen bildet der Fluß eine Einheit mit der Glasur und fixiert das Oxid endgültig. Bleiflüsse verbinden sich besser mit der Glasur, machen die Farben glänzender und öliger. Man ist dabei, den nicht unbedenklichen Bleigehalt weiter zu senken oder in den meisten Farben fast ganz zu beseitigen. Dies ist einer der Gründe für die Unterschiede, die man zwischen heutigen Stücken und früheren im Hinblick auf den Farbglanz feststellt.

Die Farben – ob diese nun Blei enthalten oder nicht – ergeben nur dann gute Resultate, wenn sie richtig angewendet werden. Es gibt gewisse Regeln, die zu beachten sind:

– Jede Farbe ist in der Intensität zu verwenden, die sie in der Palette (verschiedener Töne) aufweist, an der man sich beim Kauf orientiert. Beispiel: Ein leuchtend dunkles Blau darf nicht zum Malen eines Vergißmeinnichts, eines hellblauen Himmels oder zum hellen Stupfen herangezogen werden. Das Ergebnis wäre eine spröde, matte, im günstigsten Fall seidig glänzende Oberfläche.

❑ Nabeshima-Teller im Endstadium der Ausführung. Realisation J. Fournier

– Zur Sicherstellung des optimalen Ergebnisses müssen alle Farben in der richtigen Dicke aufgetragen werden.
– Eine zu dicke Farbschicht blättert ab oder brennt schlecht.
– Eine zu dünne Schicht bleibt matt und hält nicht: beim Gebrauch wird sie abgegriffen und verblaßt.
– Man muß sich mit den Besonderheiten gewisser Farben vertraut machen.

Merkmale, die man sich einprägen sollte:
Die Goldgruppe umfaßt all die Farben, die in größerer oder kleinerer Menge Purpur enthalten, der auf der Grundlage von Gold gewonnen wird. Ihre Eigenschaften sind die folgenden:
– Karmesin und Rosa sind oft körnig und folglich ein wenig heikel in der Anwendung. Zu dick aufgetragen, werden sie bei zuwenig Temperatur beim Brennen braun oder blättern ab.
– Purpur wechselt beim Brennen die Farbe: Das Ergebnis unterscheidet sich manchmal sehr vom Farbton des Pulvers. Man muß sich gut mit ihm auskennen oder Probestücke anfertigen, um vor Überraschungen sicher zu sein. Auch ist er zuweilen körnig.
Karmesin und Purpur, gemischt mit Blau, ergeben Töne, die von hellem Mauve bis zu Lila und Dunkelviolett reichen:
– Mauve erhält man durch Mischen von hellem Karmesin und Hellblau.
– Lila erhält man aus Karmesin und intensivem, leuchtenden Blau.
– Violett aus Purpur und intensivem, dunklem Blau.
Für den Fall, daß man über diese Farben selbst nicht verfügt, ist es nützlich, die Mischungen zu kennen. Die Abstufungen ergeben sich in Abhängigkeit vom Mischungsverhältnis. Die beste Vorgehensweise besteht darin, zunächst die helle Farbe herzustellen oder – falls beide Farben gleich stark sind – eine von beiden und sodann ein ganz klein wenig von der zweiten zuzugeben.
Eisenrot läßt sich sehr leicht auftragen und – richtige Dicke vorausgesetzt – gelingt beim Brennen immer. Allerdings ist es sehr wichtig, sich folgende Regeln einzuprägen:
– Hellrot wird von Hellgelb absorbiert (entfärbt); daher Mischungen lieber erst ausprobieren.
– Grau hat genau die gleiche Wirkung.
Beispiel: Wenn man eine rote Blume mit Grau »schattiert«, wird das Rot gerade an der Stelle absorbiert, wo man Grau aufgetragen hat.

– Weiß (Mischweiß, Aufsetzweiß, transparenter Fluß...) absorbiert auch Rot.
– Fertigen Sie keine Mischungen oder Übereinanderlegungen mit der Goldgruppe.
Abgesehen von diesen Fällen kann man mischen, und es vertragen sich sogar Dunkelrot und Dunkelgelb. Durch Ausprobieren schützt man sich am besten vor unangenehmen Überraschungen und lernt die Farben, die man benutzt, in ihren Grenzen kennen.
– Eisenpurpur ist ein so dunkles Braunrot, daß es ins Violett zu spielen scheint. Keinesfalls aber darf man es mit Goldviolett verwechseln und muß ein jedes dort anwenden, wo es hingehört.
– Selenrot und Cadmiumgelb können miteinander gemischt werden. Es handelt sich um »echtes« Rot, und die durch Mischen gewonnene Farbe Orange ist leuchtend und verlockend. Um so größer ist die Enttäuschung, wenn der Brand zu einem schlechten Ergebnis führt.
Ratschläge: Vorzugsweise verwendet man sie für das Stupfen oder den gleichmäßigen Auftrag, immer aber in einer gewissen Dicke. Abstufungen sind zu vermeiden: Ist die Schicht zu fein, nimmt die Farbe ein körniges Aussehen an, und das Rot erscheint gräulich. Mit derselben Farbe wieder aufarbeiten, niemals jedoch mit Eisenrot. Brennen bei 750 °C.
Der Generalfluß. Die Farben werden gebrauchsfertig verkauft und enthalten bereits den für sie notwendigen Fluß. Eine Zugabe ist in den folgenden Fällen möglich:
– Wenn die richtig angewandte und bei 800 bis 850 °C gebrannte Farbe trübe bleibt.
– Wenn man einer gestupften Arbeit mehr Glanz mitgeben will, als sie üblicherweise hat.
– Wenn Nachbesserungen mit einer dunklen und schwer zu brennenden Farbe geboten sind und die Brenntemperatur wegen des Vorhandenseins von Gold auf farbigen Oberflächen auf 700 °C beschränkt ist.
Man darf nicht vergessen, daß das Zufügen von Fluß das Risiko des Abblätterns erhöht. Als Vorsichtsmaßnahme sei deshalb angeraten, den Fluß beim letzten oder – falls unvermeidlich – beim vorletzten Brand zu verwenden. Einige geben in das Präparat eine Flußmenge, die einem Viertel der Farbmenge entspricht, andere ein Achtel. Tatsächlich aber muß die Menge des zugefügten Flusses je nach Anwendungsfall und vorliegender Farbe jedesmal neu bestimmt werden.
– Der opake (matte) Fluß nimmt den Glanz fort. Er wird angewendet, um zum Beispiel einen Kontrast zwischen den Motiven und dem Untergrund zu schaffen. Es gibt auch fertige matte Farben.
– Der transparente Fluß, auch Chinaweiß genannt, macht es möglich, dem Dekor (Blumen, Blättern...) ein leichtes Relief zu geben (zur Anwendung siehe »Emaillen«, Seite 172).
– Mischweiß ist Bestandteil der hellen Farben und dient dazu, Farben aufzuhellen. Jegliches Übermaß kann jedoch Abblättern zur Folge haben, und es ist sehr viel klüger, den gewünschten Farbton in Form eines geprüften Industrieprodukts zu kaufen, um so wenig Risiken wie möglich einzugehen.
– Das Malweiß dient zur Hervorhebung oder dazu, Sujets in Weiß zu malen. Man wendet es in leicht dicker Form an.
– Das Aufsetzweiß dient dazu, Motive (Rocaillen, Girlanden) als Relief zu gestalten, vorzugsweise auf Ziergegenständen. Um es zu färben, genügt die Beigabe von wenig Farbe, sobald das Aufsetzweiß zubereitet, d. h. mit dem Bindemittel versetzt ist. Diese Mischung darf nicht zu fett sein, damit die Reliefmotive nicht verlaufen. Reliefs neigen zum Abblättern; 1,5 mm Dicke sollten nicht überschritten werden.
– Schwarz gibt es in mehreren Tönen. Beim Stupfen gebraucht man oft intensives und glänzendes Schwarz, das allerdings abblättern kann. In diesem Fall muß das Stupfen beim letzten oder vorletzten Brand erfolgen, falls Endbearbeitungen mit Gold vorgesehen sind. Hinsichtlich der anderen Farben erübrigen sich besondere Hinweise. Gelb, Grau, Blau, Grün und Braun sind untereinander und mit den oben aufgeführten Farben mischbar mit Ausnahme der im einzelnen erwähnten Fälle.
– Die Malpalette soll sichtbar machen, welche Dicke der Farbschicht zur Erzielung des besten Resultats zu geben ist. Das Probestück soll in Abstufungen, die von einer gewissen Dicke bis zu einer sehr feinen Schicht reichen, belegt werden. So werden die Schwellen sichtbar, die nicht überschritten werden dürfen, sowie die jeder Farbe zu gebende Dicke, damit sie Glanz entfaltet.
– Die metallisierten Farben (Gold, Silber, Bronze...) bilden eine Gruppe für sich. Keineswegs treten sie als Edelmetalle in Erscheinung; es sind Pulver, die man wie gewöhnliche Farben anmachen, in einer festen Schicht auftragen und bei Temperaturen, die auch den Farben angemessen sind, brennen muß.

Das Brennen

Der Ofen

Um die Brennvorgänge gut steuern zu können, ist die Kenntnis der Möglichkeiten des eigenen Ofens unerläßlich. In einem kleinen oder mittleren Ofen herrscht – zumal, wenn er nicht sehr voll ist – im gesamten Muffelbereich fast die gleiche Temperatur. Hingegen treten in einem großen, sehr gut beschickten Ofen Temperaturunterschiede auf, die berücksichtigt sein wollen. Die folgenden Hinweise mögen zur ersten Orientierung dienen:
– Ein voll beschickter, durch Wendeln in der Sohle, der Tür und den Wänden beheizter Ofen entwickelt die höchste Tem-

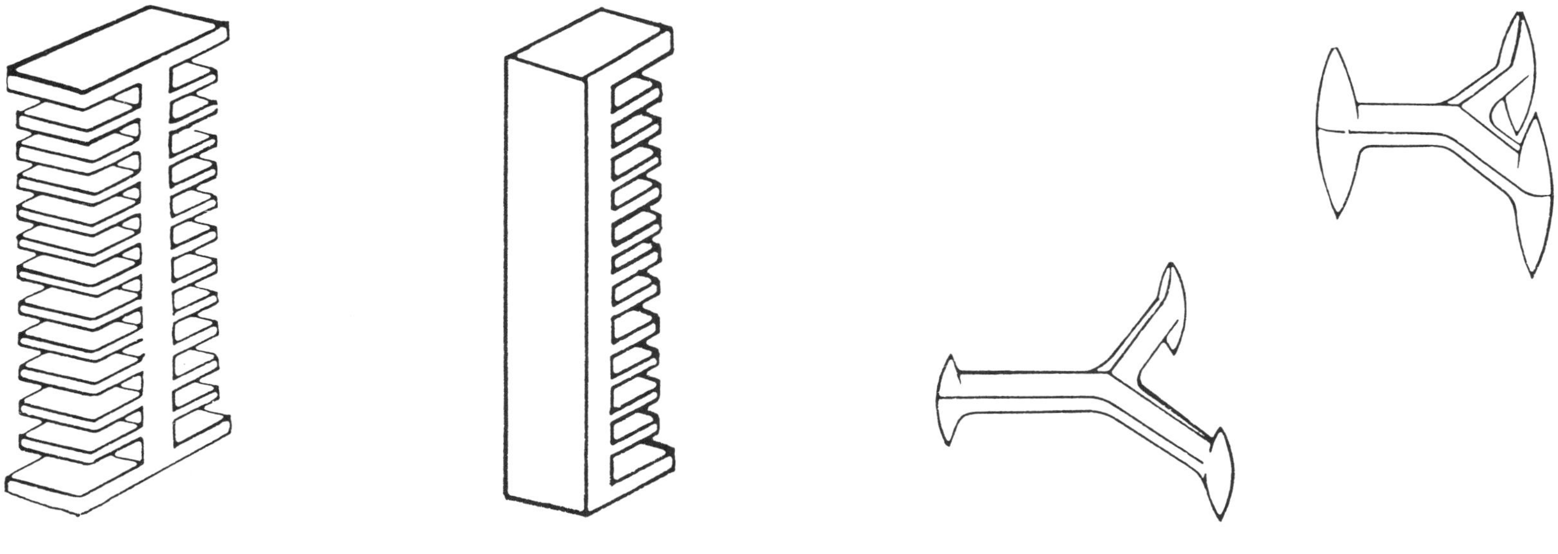

❑ »Leitern« und Sättel

peratur unten an der Sohle. Hierhin sind die mit Karmesin, Purpur und Blau bemalten Stücke zu stellen. Zwischen den Etagen zirkuliert die Luft nicht so gut: Füllen Sie den Ofen zunächst weiter mit den dunkelfarbigen Stücken auf und schließen mit den hellen ab; unter dem Kamin fällt nämlich die Temperatur ab, weshalb dieser Platz sich auf vollkommene Weise für das Brennen von roten, gelben und hellgrünen Stücken eignet.

– In einem nur an den drei Wänden mit Widerständen ausgerüsteten und vollen Ofen wird die vorprogrammierte Temperatur in der oberen Hälfte erreicht. Er ist also in der Weise zu beschicken, daß die roten, gelben und hellgrünen Stücke nach unten und die mit kräftigen Farben nach oben kommen. Da die Sohle Wärme nur von den Seiten her erhält und deshalb weniger heiß ist, muß das erste Stück immer mit Hilfe eines Sattels (kleiner Dreifuß aus feuerfestem Ton) angehoben werden. Beispiel: Ein unmittelbar auf die Sohle gestellter Teller kann brechen – allein wegen des Temperaturunterschiedes zwischen seinem erwärmten Rand und der kalten Luft, die zwischen Boden und Unterrand eingeschlossen ist. Es gilt also, die farbigen Stücke der ihnen jeweils am besten zuträglichen Temperatur auszusetzen und die gemäßigten Zonen für das Brennen von Nachbesserungen zu nutzen.

Brennen der Farben

Die Träger

Entwicklung und Fixierung der Farben vollziehen sich zwischen 750 und 850 °C. Wenn Sie nicht schon Erfahrungen gesammelt haben, versuchen Sie es bei 800 bis 830 °C oder halten sich an die Angaben der Hersteller. Einige Länder (wie etwa die USA) schreiben das Brennen bei 860 °C vor, um die schädliche Wirkung des in den Farben enthaltenen Bleis so weit wie möglich einzuschränken. Ebenso ist den Eigenheiten der Trägermaterialien Rechnung zu tragen.

Wenn keine Spezialbrände vorgesehen sind, sollten gewisse Vorsichtsmaßregeln getroffen werden.

1. Die Fayence ist mit einer schmelzbaren, weichen Glasur überzogen. Ratschläge:

a. Die Stücke nicht übereinandersetzen, weder direkt noch unter Verwendung von Sätteln, da diese sich eindrücken.

b. Die Stücke mit glasiertem Fuß auf Sättel setzen; er klebt sonst an den Platten des Ofens fest.

c. Die durch Tauchen glasierten, oft vollständig überzogenen Stücke können bei späterem Brand verschiedene Fehler aufweisen. Abkratzen der Glasur am Absatz mit Hilfe eines Schleifsteins verhilft dem Scherben zum »Atmen« und kann Beschädigungen abwenden.

d. Um nicht aneinanderzukleben, dürfen die Stücke sich nicht berühren.

e. Auf einen Wärmeschock reagiert Fayence empfindlich; vorzugsweise wird deshalb der Brand in zwei Stufen durchgeführt: ein langsames Hochfahren der Temperatur bis auf 300 °C und nach dem Schließen des Kamins Brand in voller Stärke. Den Ofen nie zum Abkühlen öffnen und die Stücke erst herausnehmen, wenn sie lauwarm sind.

2. Porzellan ist aus einer harten Masse gefertigt, mit harter Glasur überzogen und erfordert nicht alle Vorsichtsmaßnahmen, die die Fayence verlangt.

a. Teller mit dekoriertem Spiegel können unter Verwendung von Sätteln aufeinandergestellt werden, deren Spitzen vorzugsweise unter nicht bemalte Stellen zu setzen sind. Vermeiden Sie es, zu viele Teller – zumal große – aufeinanderzu-

stellen. Je schwerer sie sind, desto größer das Risiko, daß sie Spuren davontragen. Das Tellergewicht lastet auf den Spitzen der Sättel, die sich deutlich abzeichnen, besonders wenn die Temperatur auf über 800 °C erhöht wird. Es ist daher zu vermeiden, mehr als vier Dessertteller, drei mittlere oder mehr als zwei Präsentationsteller übereinanderzusetzen. Das im Handel angebotene Einsatzmaterial bietet verschiedene Möglichkeiten, den Gebrauch von Sätteln zu umgehen; alle haben sie aber ihre Nachteile.
b. Die Stücke müssen so im Ofen angeordnet werden, daß sie sich nicht berühren: Die bemalten Stellen würden aneinanderkleben. Ihr Stand ist nach den im Dekor enthaltenen Farben auszuwählen.
c. Das Brennen des Porzellans kann oft stufenlos vonstatten gehen: Ein langsames Hochfahren der Temperatur kann bei hochwertigen Dekoren sowie Durchbruchporzellan nötig werden.
3. Zunehmend werden Tafeln oder Wände mit Fayence- oder Steinzeugkacheln dekoriert. Sie sind nach Maßgabe gewisser Eigenheiten zu brennen.
– Die industriell hergestellten und haltbaren Fayencekacheln können ohne weiteres zusammen mit Porzellan gebrannt werden. Man darf sie weder übereinanderlegen noch Sättel verwenden.
– Die Steinzeugkacheln erfordern einen stärkeren Brand und Farben, die diese Temperaturen aushalten. Daher das matte Aussehen der wie Porzellan bemalten und gebrannten Steinzeugkacheln. Doch selbst unter solchen Bedingungen können die Farben strahlender sein, wenn sie nur in einer gewissen Dicke aufgetragen werden. Machen Sie zuvor Versuche. Zur Erleichterung des Kachelbrennens – zumal, wenn es sich um eine beträchtliche Menge handelt – empfiehlt sich der Kauf von leiterartigen Gestellen, die auch für flache Teller benutzt werden können.
4. Bone china ist ein sehr weiches Porzellan und beim Brennen wie Fayence zu behandeln.

Brennen von Gold

Das auf die weiße oder farbige (blaue im Falle von »Ofenblau«) Porzellanglasur aufgetragene Gold brennt ohne Schwierigkeiten bei derselben Temperatur wie die Farben. Farbe mit Goldauftrag kommt häufig vor: es dient zur Hervorhebung der Sujets und zur Verdeutlichung von Einzelheiten, zur Ausführung von Fäden sowie verschiedenster Motive auf gestupften Oberflächen. Bei normaler Brenntemperatur würde das Gold trübe und könnte sogar Risse bekommen. Es muß daher bei 700 °C gebrannt werden; zu vermeiden sind Ofenbereiche, in denen die Gefahr besteht, daß 650 °C unterschritten werden. Diese Regeln gelten für alle Edelmetalle: Glanzgold, Silber und Platin.

❑ Auf einigen Farben fällt das Gold trüber aus als auf anderen, wenn der Brand zu stark ist: so zum Beispiel auf Blau. Das Motiv »Blumengeschmückter Korb« ist durch eine Vorlage von Heinrich aus den Jahren um 1970 inspiriert.

Brennen der Lüster

Die flüssigen Lüster werden auf Fayence und Porzellan – und zwar immer auf die gebrannte Glasur – sowie auf Glas aufgetragen. Mit den Anforderungen, die das Brennen jedes dieser Trägermaterialien stellt, sollte man wohlvertraut sein, damit sich zufriedenstellende Ergebnisse erzielen lassen.
Die Fayence. Die die Fayence überziehende Glasur ist je nach Herkunft unterschiedlich und die Brenntemperatur nicht immer die gleiche. Wenn die angemessene Temperatur überschritten wird, beginnt die Glasur zu schmelzen, kann die Lüster vollständig absorbieren, und sogar Fehler können die Folge sein. Im Zweifelsfall ist es besser, 720 bis 730 °C nicht zu überschreiten. Eine solide Arbeit setzt vorhergehende Versuche voraus.
Das Porzellan, dessen Glasur im Augenblick, da die Lüster fixiert werden, hart bleibt, stellt keinerlei Problem dar; es genügt, die Temperaturempfehlungen zu beachten, die im allgemeinen bei 780 bis 800 °C liegen. Die hellen (gelben, grünen...) Lüster hingegen sind früher gar, zwischen 680 und 720 °C, und werden durch eine unnötig höhere Temperatur nur schlechter. Es empfiehlt sich daher, zwei Brände durchzuführen: einen ersten mit den starke Hitze erfordernden Lüstern (rosa, violette...), einen zweiten mit den lichten

Tönen. Eine gebrannte Farbe ist selbst ein Trägermaterial. Auf eine Farbe aufgetragen, verhilft der Lüster (Iris, Perlmutt) dieser zu hübschen, schillernden Reflexen. Heikel ist das Brennen, denn es besteht die Gefahr, daß er absorbiert wird und sich eintrübt. Empfohlene Brenntemperatur: 650 bis 700 °C. Das oft zur Hervorhebung von Motiven und zur Endbearbeitung eingesetzte Gold wird auf die bereits fixierten Lüster aufgetragen. Brennen Sie bei 700 °C. Man beginne den Brand bei geöffnetem Kamin und vergewissere sich, daß vor dem Schließen (250–300 °C) keine Emanationen mehr stattfinden, oder lasse ihn offen.

Durchpausen

Pausen dient dazu, zum Zweck der Zeitersparnis eine Zeichnung einmal, mehrmals oder beliebig oft genau zu übertragen. Mehrere Vorgehensweisen bieten sich dazu an:

a. Mit Pauspapier und Fettstift

Das Pauspapier auf die Vorlage legen und mittels eines Farbstifts die Umrisse und wesentlichen Einzelheiten kopieren. Das Blatt umdrehen und mit dem Allstabilo-Stift (einem Porzellan-Fettstift) über die durchscheinende Zeichnung fahren. Die Pause auf dem Träger mit Hilfe eines Klebebandes befestigen. Mit gewöhnlichem, schwarzem Bleistift den Umriß nachziehen. Der sichtbar bleibende Teil des Farbumrisses zeigt an, daß man an dieser Stelle nicht mit dem schwarzen Bleistift entlanggefahren ist.
Man kann das Motiv gleich mit dem Porzellanstift kopieren und die Pause verwenden; das Bild ist aber seitenverkehrt, was sich beim Malen häufig als störend erweist. Um solches zu vermeiden, gibt es andere Mittel.

b. Mit Paus- und Kohlepapier

Die Vorlage auf Pauspapier mittels eines gewöhnlichen schwarzen Bleistifts der Bezeichnung H kopieren. Die Pause am vorgesehenen Ort befestigen, Kohlepapier zwischen Träger und Pause schieben. Bevor mit dem Durchpausen begonnen wird, ist zu ermitteln, welchen Druck es auszuüben gilt: Dazu macht man in einer Ecke einen kleinen Strich und hebt die Blätter an, um seine Stärke zu prüfen. Der Umriß soll sichtbar sein, mehr aber auch nicht.
Systematisch mit einer feinen, keine Spuren hinterlassenden Spitze (einer leeren Kugelschreibermine oder einem Buchsbaumstäbchen) über den gesamten Umriß fahren; auf diese Weise bleibt die Pause in ihrer Deutlichkeit erhalten und kann beliebig oft wiederverwendet werden.
Bemerkung: Ein zu stark gezeichneter Umriß stört den Arbeitsfortgang ungemein.
Es wird empfohlen, Kohlepapier in Graphit oder gewöhnlichem Schwarz zu verwenden; blaues ist zu vermeiden: Für Kennzeichnungen zu einer Goldarbeit angewandt, hinterläßt es nach dem Brand nahezu immer sichtbare Spuren.

❑ Wiedergabe einer alten, viel gebrauchten Schablone: Chinese mit Vogel auf einer Terrasse. Höhe 11,4 cm. Schablonensammlung von Verdun, Seite 72, eingeordnet unter »les Islettes«.

c. Mit Schablone

Das Motiv auf Pergamentpapier kopieren. Mit einer sehr feinen Nadel in den gesamten Umriß winzige, eng beieinanderliegende Einstiche machen. Die so gewonnene Schablone am vorgesehenen Ort befestigen. Eine leicht mit Zeichenkohlestaub benetzte, aus dicht gewickeltem Stoffband gefertigte Rolle oder ein ebenso versehenes Samtsäckchen über die Schablone streichen: Das Motiv wird in punktierter Form auf den Träger übertragen.
Die Schablone erfährt durch den Gebrauch keinerlei Beeinträchtigungen; in den Malateliers dient sie zur genauen und uneingeschränkt häufigen Wiedergabe einer Vorlage.

»Emaillen« (spezielle Aufglasurfarben)

Einige chinesische oder japanische Motive lassen bei Berührung ein leichtes Relief spüren. Sie sind mit Emaillen – leuchtenden, durchscheinenden Substanzen – gemalt. Diese Emaillen werden durch Verschmelzen eines Farbbestandteils (Metalloxid) mit einem Glasbestandteil (Fluß) – einer Zusammensetzung ähnlich der von Glasur – gewonnen.
Dieser Dekortypus läßt sich nachahmen durch Verwendung von:

1. Einem transparenten Spezialfluß, den man den Malfarben beimischt. Gebrauchsanweisung: Eine Farbe und Spezialfluß zu gleichen Teilen nehmen, gut mit Terpentin mischen, ein wenig Ölzucht zugeben. Mit einem Dekorpinsel auftragen und schnell gleichmäßig in geringer Dicke flach verstreichen. Diese Regel gilt für alle Farben mit Ausnahme von Rot (wegen Unverträglichkeit).
2. Gebrauchsfertigen, farbigen Emaillen. Gebrauchsanweisung: wie oben (ohne Flußzugabe). Diese Imitations-Emaillen springen leicht. Darauf achten, daß die Reliefs nicht zu gewaltig ausfallen und das Verfahren nur auf Ziergegenständen anwenden.

Öle und andere Produkte

Ständig verwendete Produkte sind:
– Die Ölzucht. Beim Anmachen der Farbe dient sie als Bindemittel. Man kann sie durch Verdunsten von Terpentinöl (beste Apothekenqualität) an der Luft ohne Hitzezufuhr gewinnen.
– Die Malmittel werden ebenfalls beim Farbenaufbereiten verwendet. Erkundigen Sie sich beim Kauf, welches Verdünnungsmittel zu benutzen ist.
– Das Terpentinöl verleiht den angemischten Farben die fürs Malen erforderliche Fließfähigkeit. Für Allergiker gibt es als Ersatz inzwischen wasserlösliches RCP-Malmedium, das auch mit nichtätherischen Ölen (Zitronenöl) mischbar ist. Hier muß man aber nach dem ersten Arbeitsgang zwischenbrennen.
– Öle wie das der Gewürznelke oder vom Lavendel (ätherisch) dienen dazu, die Fließfähigkeit der Präparate zu erhalten, sowie zum Malen und Reinigen.
– Die gebrauchsfertigen Produkte zum Konturieren bieten gewisse Vorteile. Einige müssen vor dem Farbauftrag erst einem Brand unterzogen werden, dafür ist ihre Fließfähigkeit gründlich erprobt und beständig. Bei anderen können sofort Farben angelegt werden; damit der Strich erhalten bleibt, ist ein wenig Zucker zuzufügen (siehe Seite 182 f.).
– Abdecklack wird verwendet, um die Oberfläche eines zu stupfenden Werkstücks teilweise abzudecken. Man legt ihn:
a. *Auf* die Fläche, die innerhalb eines farbigen Untergrundes weiß bleiben soll;
b. *Um* eine innerhalb eines weißen Feldes liegende Form, die gestupft werden soll.
Beispiel: Bevor man einen großen Elephanten in Grau stupft, umgibt man die Zeichnung mit reichlich einem Zentimeter Lack. So gelingen die Umrisse sauber, und Reinigungsarbeit entfällt. Solange der Lack beim Test noch an den Fingern klebt, darf nicht gestupft werden. Den roten Film abziehen, bevor die Stupfarbeit ganz trocken ist. Reinigen ist wichtig, damit keinerlei Spuren zurückbleiben.
– Brennspiritus dient zur Entfettung der Werkstücke. Es wird empfohlen, einen guten, spitzen Pinsel einzig zum Gebrauch mit Alkohol bereitzuhalten.

Fäden (Randdekor)

Die einfachste Art, die Bemalung eines Stücks wirkungsvoll abzuschließen, besteht darin, seinen Rand durch eine mehr oder weniger breite Linie in Farbe oder Gold zu betonen. Eine solche Linie wird Faden genannt. Oft werden mehrere gemalt, denn sie eignen sich ebenso, die verschiedenen Teile des Objekts oder Dekors voneinander abzusetzen wie zu deren Betonung. Fäden zu ziehen gehört zu den Pflichtübungen des Malers.
Fäden auf kreisförmigen Gegenständen. Um runde Gegenstände mit Fäden zu versehen, bedient man sich einer Ränderscheibe. Dabei handelt es sich um ein Präzisionsinstrument, bestehend aus einer runden, um eine Achse beweglichen Stahlscheibe. Die Achse der Tisch-Ränderscheibe ist kurz, die der Ränderscheibe auf Füßen hingegen lang und erlaubt eine unterschiedliche Höheneinstellung.
Fäden auf hohen Gegenständen. Damit diese ausgeführt werden können, muß man die Scheibe herauf- und herunterfahren. Die für den Faden vorgesehene Stelle muß sich in der richtigen Höhe, d. h. in Reichweite des Pinsels befinden, wenn die Hand auf der Arbeitsfläche aufliegt.
Fäden auf Tellern. Hier erweist sich als praktisch, daß die Scheibe in der Höhe verändert werden kann. So richtet man für die Ausführung von innerhalb eines Tellers liegenden Fäden die Scheibe unterhalb der Tischhöhe so ein, daß die Spitze des senkrecht gehaltenen Pinsels die Oberfläche berührt. Für die Fäden auf dem Tellerrand die Scheibe auf Tischhöhe bringen und den Pinsel waagrecht halten, so daß der Pinselkörper in gesamter Länge ausgenutzt wird.
Die erste Bedingung für ein erfolgreiches Fädenziehen ist, daß das Objekt genau in der Mitte der Ränderscheibe steht. Die auf der Scheibe angebrachten konzentrischen Kreise helfen beim richtigen Aufsetzen. Falls jedoch das Werkstück die gesamte Scheibe bedeckt, wie es bei einer großen Platte der Fall ist, geht man auf folgende Weise vor: Die Scheibe in Gang setzen, die Fingerspitze bei unbewegter, auf den Arbeitstisch gestützter Hand auf dem Rand der Platte gleiten lassen. Deren Position durch leichtes Drücken berichtigen, wenn sie zu weit hervorragt. Sobald der Rand nicht mehr vor der Fingerspitze zurückweicht, ist die richtige Position erreicht. Da die Teller nicht immer perfekt gearbeitet sind, sind winzig kleine Abweichungen zu dulden.
Die zweite Bedingung ist, daß man über einen festen Stand verfügt. Die Hand muß fortdauernd einen bestimmten Druck auf den Pinsel ausüben. Stärke und Regelmäßigkeit des Fadens hängen davon ab. Um die erforderliche Sicherheit

zu gewinnen, genügt es, Vorderarm und Hand auf dem Tisch aufliegen zu lassen. Für das Ziehen des Fadens setze man die Spitze - oder im Einzelfall – den Körper des Pinsels an die gewünschte Stelle und versetze mit der linken Hand der Scheibe leichten Schub entgegen dem Uhrzeigersinn; Linkshänder drehen die Scheibe von rechts nach links. Nach einer vollen Umdrehung der Scheibe muß sich das Ende des Fadens mit seinem Anfang verbinden und seine Stärke gleichmäßig sein. Spezialpinsel sind unerläßlich. Sie sind lang, spitz oder abgeschrägt. Im letzteren Fall setzt man die abgeschrägte Seite auf die Oberfläche des Werkstücks. Man findet sie heraus, indem man den getränkten Pinsel auf der Palette ausdrückt. Fäden kann man farbig oder mit Edelmetallfarben ausführen. Ihr Gelingen wie ihre Qualität hängen gleichermaßen von der Farbanmischung wie von der richtigen Goldkonsistenz ab.

Es gilt einige Regeln festzuhalten:

Die Farbe soll weniger ölig sein, dafür genügend Malmittel enthalten, um hinreichend flüssig zu sein. Der Faden muß den Pinsel als deutliche und ununterbrochene Linie verlassen und in einem Zug vollendet werden. Er soll matt werden und schnell trocknen. Falls er verläuft oder glänzend bleibt, wegwischen und das Präparat durch Zugabe von Farbpulver verbessern. Auch Farben »mit Zucker« können beigegeben werden. Zuweilen wird die Farbe gegen Ende des Fadens blasser. Zur Vereinheitlichung des Farbtons beschreibe man einen Halb- oder auch ganzen Kreis, ohne den Pinsel abzuheben und ohne ihn erneut mit Farbe zu tränken. Ist der Faden zu dick, hilft alles nichts: er blättert ab. Bevor man einen neuen machen kann, muß der alte gründlich mit Spiritus entfernt werden.

Die Edelmetallfarben (Gold, Platin) sind flüssig und deshalb leichter anzuwenden. Vor Arbeitsbeginn muß das Produkt gut geschüttelt werden. Wie Farbe kann auch Gold gegen Fadenende an Intensität verlieren, was manchmal schwierig festzustellen ist. Beim geringsten Zweifel den Pinsel neu tränken und noch einmal über den Abschnitt streichen. Hat das Gold nicht genügend Stärke auf dem Scherben, verblaßt es nach dem Brand. Um einen Faden generell nicht nachziehen zu müssen – was Nachteile mit sich bringt –, ist stets ein Pinsel zu verwenden, dessen Stärke der des auszuführenden Fadens entspricht. Manchmal weist selbst Markenporzellan Mängel auf, die die Qualität des Fadens beeinträchtigen können. Beispiele:

a. Ein hoher Gegenstand (Lampe, Vase), der schief ist oder Unregelmäßigkeiten zeigt: Erst richtig zentrieren, dann Faden ziehen: Dabei den kleinen Finger leicht auf die Oberfläche des Werkstücks setzen und so der Bewegung des Porzellans folgen. Damit sind die Pinsel-Abweichungen besser zu kontrollieren und man kann entsprechend gegensteuern.

b. Auf einem nicht vollkommen ebenen Teller wird der Faden ungleichmäßig: dünn oder dicker, je nachdem, ob die Fahne ansteigt oder abfällt. Um diesem Mißstand abzuhelfen, muß man vor Arbeitsbeginn die Lage des Fadens auf dem Rand mit einem Zeichenstift festlegen. Diese Kennlinie darf nicht überschritten werden. Die Ausführung aufmerksam beobachten und je nach Bedarf den Druck auf den Pinsel vermindern oder verstärken.

Fäden auf ungleichförmig gestalteten Gegenständen müssen mit der Hand ausgeführt werden. Mittels Zeichenstift die Kennlinie vorgeben und – mit gutem Halt auf Tisch und Werkstück – den Faden ziehen. Um so wenig wie möglich nachziehen zu müssen, verwende man einen Fadenpinsel oder einen, der für den vorliegenden Fall am besten geeignet ist. Klebeband erleichtert die Aufgabe. Man bringt es längs der den Faden vorgebenden Linie zum Schutz der weißen Fläche an. Dieser Malvorgang erfordert Genauigkeit und Zeit.

Kreisförmige Fäden auf Gegenständen von ungleichförmiger Gestalt. Ein Objekt, das nicht rund ist, läßt sich auf einer Ränderscheibe nicht zentrieren. In diesem Fall hilft der Einsatz eines Zirkels. Die Diagonalen festlegen: Ihr Schnittpunkt bezeichnet das Zentrum des Werkstücks. Mehrere Stückchen transparentes Klebeband daraufkleben, um die genaue Stelle im Auge behalten und den Zirkel richtig einstechen zu können. Nachdem man die Reißfeder mit Farbe gefüllt hat, zieht man Kreise in der gewünschten Anzahl.

Steht keine Ränderscheibe zur Verfügung, kann man für Fäden im Inneren von Tellern den Zirkel verwenden. Mit Hilfe von Lineal und Zeichenstift den Durchmesser kennzeichnen: er verläuft zwischen den beiden mit dem weitesten Abstand sich gegenüberliegenden Punkten. Einen zweiten Durchmesser zeichnen. Der Schnittpunkt ist der Mittelpunkt des Tellers. Darauf wie oben beschrieben vorgehen. Damit ein leichtes Arbeiten mit dem Zirkel gewährleistet ist, müssen die Farben ziemlich dünnflüssig sein. Es ist daher eine Aufbereitung zu verwenden, die wenig ölige Materie oder solche enthält, die für Zeichnungen »mit Zucker« verwendet wird. Man lernt das Fädenmalen mit ein wenig Übung und Geduld und erlebt mit Befriedigung, daß es von Mal zu Mal besser geht.

LÜSTER

Die Lüster wurden in Ägypten entdeckt und waren dort schon vor unserer Zeitrechnung für die Verzierung von Glas in Gebrauch. Islamische Töpfer entwickelten dieses Verfahren weiter und machten es auf die Keramik anwendbar, die dabei in reduzierender Atmosphäre gebrannt wurde. Dank den Lüstern läßt sich dieser Dekortypus auch in elektrischen Öfen ausführen. Die Lüster sind Flüssigkeiten, die sich aus einem Flußmittel (Wismut- und Bleisalz, Harz, Lavendelöl), das den damit behandelten Oberflächen den Metallglanz verleiht, sowie einem Farbpigment zusammensetzen: Metallsalze und -oxide von Platin, Silber, Gold, Zinn, Uran, Kupfer, Antimon, Kobalt ... Die Palette ist sehr umfangreich, die Bestimmung der Farben vor dem Brand aber sehr schwierig, weil die meisten ungefähr den gleichen braunen Ton haben. Es bedarf einer Versuchspalette, auch um die durch Übereinanderlegen von Lüstern gegebenen Möglichkeiten zu studieren. Es handelt sich um sehr giftige Substanzen, und beim Umgang mit ihnen müssen mit Rücksicht auf die Gesundheit gewisse Regeln beachtet werden. Direkte Berührung ist so weit wie möglich zu vermeiden: oft Hände waschen, an gut durchlüfteten Örtlichkeiten arbeiten und nicht die Ofenausdünstungen einatmen.

Gebrauchsanweisung: Die Lüster werden gebrauchsfertig verkauft. In frischem Zustand sind sie dünnflüssig und leicht anwendbar. Das Fläschchen vor Arbeitsbeginn ein wenig schütteln. Den Pinsel nach Maßgabe der gewünschten Wirkung auswählen: die Fehhaarpinsel auf Gänsekielen, die Pinsel aus sehr weichem und biegsamem Kunsthaar für glatte Oberflächen; die harten, steifen Pinsel für Streifendekore. Mit Hilfe der Feder lassen sich Motive in Glanz- oder Mattgold oder -platin nachziehen.

– Die Lüster verdunsten und trocknen schnell. Man muß rasch arbeiten, das Fläschchen nach Möglichkeit zugedeckt halten und Lüster nur in ganz kleinen Mengen auf die Arbeitskachel geben.

– Kleine Flächen malen, indem man den Lüster verteilt, ohne hin und herzustreichen: in dünner, gleichmäßiger Schicht auftragen. Eine Fläche, die mit farbigem Lüster behandelt werden soll und an eine bereits mit andersfarbigem Lüster bearbeitete stößt, darf erst dann in Angriff genommen werden, wenn erstere vollkommen trocken ist (darf bei Berührung nicht kleben).

– Große Flächen mittels Schaumstoffschwämmchen stupfen, das entweder sehr fein oder in Naturseide eingewickelt ist.

– Überschuß mit Alkohol reinigen, der aber nicht eindringen soll.

– Wenn mehrere Schichten übereinandergelegt oder Nachbesserungen (Verstärken eines Farbtons) ausgeführt werden sollen, ist nach jedem Lüsterauftrag ein Brand erforderlich.

– Verdünnungsmittel. Da die Lüster sehr flüchtig sind, sollten sie fern von jeder Heizquelle und möglichst vor Licht geschützt in sorgfältig verschlossenen Fläschchen aufbewahrt werden. Allen Vorsichtsmaßnahmen zum Trotz behalten nur wenige ihre Fließfähigkeit lang. Die Lüster werden dickflüssig und erstarren bald: am besten ist es, sie im auf den Kauf folgenden Jahr aufzubrauchen.

Auch beim Hantieren mit kleinen Mengen auf der Arbeitskachel (aus Glas) verändert sich ihre Dichte auf eine Weise, die unangenehm sein kann. In beiden Fällen läßt sich der Lüster mit einem Speziallösungsmittel – oder, falls solches nicht zur Verfügung steht, mit ein wenig Lavendelöl – verdünnen. Man tue dies in so geringem Umfang wie möglich und prüfe die Homogenität der Mischung aus Lüster und Verdünner.

– Sauberkeit. Die Lüster reagieren sehr empfindlich auf Fettfinger, Staub und Pinselhaar. Vor Arbeitsbeginn die Werkstücke vollständig mit Alkohol reinigen.

Auf farbigen Umrissen und Flächen, die zuvor gebrannt wurden, lassen sich Lüster auftragen. Die Farben des Umrisses werden dadurch verändert. Auf farbigen Flächen benutzt man grundsätzlich farblose Lüster (Iris, Perlmutter) in sehr feiner Schicht. Zur Verstärkung eines Farbtons ist zweimaliger Lüsterauftrag in dünnen Lagen mit jeweils folgendem Brand einem einmaligen in dicker Schicht vorzuziehen, weil die Lüster sonst abblättern.

Materialien allgemein

– Kacheln. Fayence- und Glaskacheln dienen zur Farbanmischung und als Arbeitspalette. Auf Kacheln kann man auch die Farben »mit Zucker« trocknen lassen, um sie gebrauchsfertig zu haben.

– Fettstifte. Stabilo 8008 oder beliebiger schwarzer oder nicht zu fetter Buntstift, der nach dem Brand keine Spuren hinterläßt.

– Fusselfreie Tücher oder Küchenpapier, Wattestäbchen zum Reinigen.

– Feder und Federhalter. Verwenden Sie feine Zeichenfedern, halten Sie sie sauber und wechseln Sie, sobald sie Gebrauchsspuren zeigen.

– Spachtel. Nehmen Sie einen – oder besser noch zwei – gerade mit gerader Klinge wie bei einem Tafelmesser, die weder zu hart noch zu weich sind und gut in der Hand liegen.

– Radierer. Aus Glasfasern gefertigter Stift, der zum Polieren von Gold dient.

– Radiermesser. Kleines, zum feinen Ausarbeiten und Nachbessern sehr gut geeignetes Gerät.

– Schaumstoffschwämmchen zum Stupfen.

a) Um richtig stupfen zu können, wähle man sehr feinporige, sauber zurechtgeschnittene Stücke. Nach jeder Benutzung mit Terpentin, dann mit Wasser und Seife waschen, an der Luft trocknen und vor Staub schützen. Bei den geringsten Anzeichen von Verschleiß sofort wegwerfen.

b) Für Stupfarbeiten, die als Marmoriergrundlage dienen, verwende man Naturschwamm, Schaumstoffetzen und all das, was für diese Arbeitsweise brauchbar erscheinen könnte. Unabdingbar sind Sauberkeit und gute Pflege.

– Pinsel. An der Qualität, Leichtigkeit und am Gelingen der Arbeit haben die Pinsel einen wesentlichen Anteil. Man verwendet:

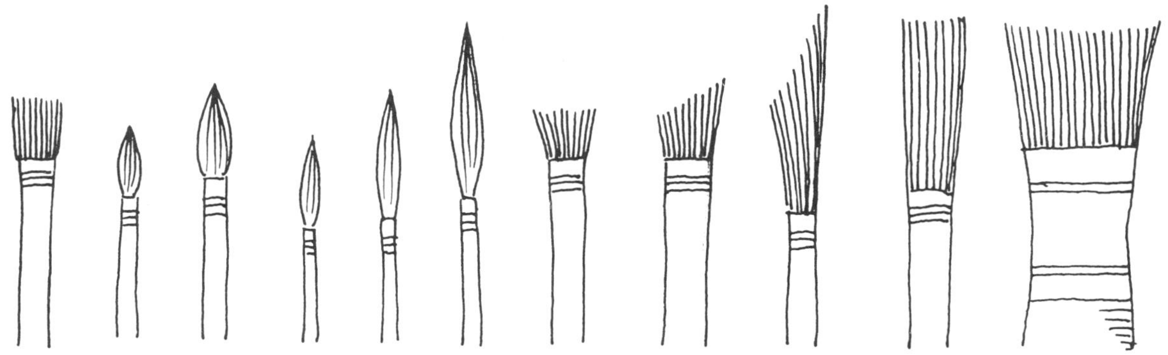

❑ Die Pinsel: 1, 2 und 3 dienen zum Malen; 4, 5 und 6 zum Nachbessern, Ausführen von Ziermotiven wie auch von Fäden; 7 und 8 zum Stupfen; 9 zum Fädenziehen: 9 zum Ziehen von Streifen und 11 zum Verstreichen von Farbe auf großen Flächen.

1. Malpinsel in unterschiedlichen Größen. Im nassen Zustand müssen sie eine Spitze zeigen.
2. Pinsel zum Retuschieren und fürs »Dekor«, weich und sehr spitz; sie dienen zum Feinzeichnen (Umrisse, Äderung) und auch zur Ausführung von Ziermotiven (Arabesken, Girlanden, Rocaillen).
3. Fehhaarpinsel, gerade oder in Geißfußform geschnitten, die zum Stupfen dienen, das heißt, zum leichten Klopfen auf eine Farbfläche, was dieser zu einem glatten und gleichförmigen Aussehen verhelfen soll. Die guten Fehhaarpinsel sind dicht und fest und meist auf einen Gänsekiel montiert. Ein oder zwei kleine Fehhaarpinsel reichen für kleine Flächen aus; für die großen nimmt man feinen Synthetik-Schaumstoff.
4. Ein großer, breiter und flacher Pinsel dient zum raschen Verstreichen von Farbe auf großen Flächen, die gestupft werden sollen. Er soll weich und biegsam sein und darf keine Haare verlieren. Gewisse Pinsel aus Synthetik oder Mischungen, die sowohl seidig wie haltbar sind, sind billiger und befriedigen doch alle Ansprüche.
5. Abgeschrägte Pinsel (»Ränderer«) benötigt man zur Gestaltung von Fäden und Linien in Gold oder Farbe bei der Endbearbeitung.
Für die Arbeit mit Gold oder Farben braucht man verschiedene Pinsel. Es gibt eine große Anzahl unterschiedlicher und nützlicher Pinsel. Kaufen Sie nur wenige, aber von guter Qualität und ergänzen Sie das Arsenal je nach Bedarf. Es gibt auf Federkiele montierte Fehhaarpinsel für Porzellanmalerei und -dekore, die man an Holzschäften befestigt. Vom Marder stammt die bessere Qualität mit Pinseln, die sich wie die vorige Serie darstellen oder mit einer Metallzwinge am lakkierten Holzstift befestigt sind. Kolinsky ist nicht der Name einer Pinselmarke, sondern der eines kleinen sibirischen Tieres, das den Typ »Rotmarderhaar« liefert. Der Kolinsky-Pinsel ist spitz, biegsam und haltbar; mit dem Fehhaarpinsel ist er die beste Qualität. Der Preis der Pinsel entspricht ihrer Qualität; im Budget schlägt sich aber vor allem nieder, wie man sie pflegt.

Gold

Anwendungsbeispiel: Abbildung auf der gegenüberliegenden Seite.

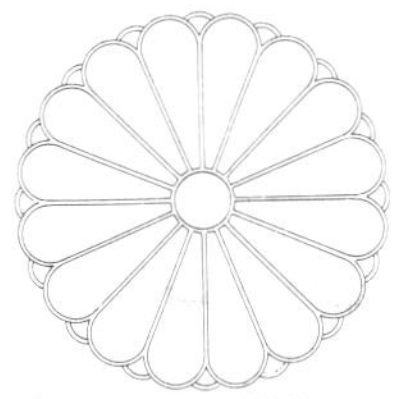

Das japanische *mon* (»Wappen«, »Sinnbild«), eine stilisierte Dar-

❑ Große Imari-Schale. Typisch für diesen Stil ist das reichlich verwendete Gold. Durchmesser 35 cm.

stellung der Chrysantheme, ziert die Schalenmitte. Das Zentralmotiv ist durch zwei blaue Fäden begrenzt und füllt einen Kreis aus, dessen Durchmesser etwa ein Drittel des Schalendurchmessers ausmacht. Die auf der Abbildung dargestellten Elemente wechseln einander ab. Die Bäume gehen aus dem blauen, das *mon* umgebenden Faden hervor und werden vom Goldfaden am Schalenrand begrenzt. Man findet die Bäume am äußeren Teil der Schale wieder: siehe auch die chinesischen Tuschzeichnungen. Dieses Schalendekor ist eine Fundgrube an Vorlagen: Jeder Bestandteil kann einzeln verwendet werden. Die Arbeitsschritte:

1. Das Motiv auf dem Werkstück festlegen. Alle roten Bestandteile konturieren. Die blauen ausmalen und die hellblauen blau konturieren. Brennen.

2. Die roten Teile malen, falls noch nicht geschehen; das Dunkelblau – wenn nötig – verstärken; die Goldelemente mit Gold ausfüllen. Brennen.

3. Blattänderung und Endbearbeitung in Gold auf Blättern und blauen Stämmen. Nachbessern der roten Teile. Das Gold brennen (700 °C). Gold dient zur Ergänzung des Dekors. Es hellt auf und vermittelt metallische Schwere und Wert, betont die Formen und Reliefs.

Die Vergoldung tritt gegen 1660 in China auf, wo sie lediglich auf den Rändern der Teller aus der »Grünen Familie« Anwendung findet. Aus diesem bescheidenen Anfang erobert sich das Gold sehr schnell einen bedeutenden Platz in der Porzellandekoration. In Europa, wo viele mit dem Porzellan in Zusammenhang stehende Techniken neu erfunden werden mußten, gestaltet sich die Suche nach Produkten auf der Grundlage von Gold und deren Verwendung sehr mühselig. Zu Anfang des 18. Jahrhunderts zum Beispiel begann man in Sachsen, ein Amalgam aus Gold und Quecksilber in Gebrauch zu nehmen, das dem von Bronzevergoldern benutzten verwandt war, sich in der Praxis aber als heikel erwies. Deshalb versuchte man es mit einem anderen Präparat, das Knallgold genannt wurde und eine explosive Mischung darstellte, die beim geringsten Stoß hochgehen konnte und immer im feuchten Zustand aufbewahrt werden mußte. Auf diesen tastenden Versuch folgten »Muschelgold«, »Goldvitriol« und flüssiges Quecksilbergold. Bis in die jüngste Zeit (1950 ungefähr) war die Herstellung gewisser Erzeugnisse (so des Quecksilbergoldes) das Geheimnis einiger Entwerfer oder Werkstattleiter. Heute liefert die Industrie Gold in reicher Sortimentierung, und wenn man im Einzelhandel auch nicht immer alles findet, hält er doch ein ausreichendes großes Angebot zur Verfügung. Man kann das Gold in zwei Kategorien einteilen:

Glanzgold. Das Glanzgold wurde im Jahre 1828 in Meißen erfunden und war anfangs von sehr schöner Beschaffenheit. Der Handel mit minderwertigen Artikeln hat aber zu einer Verschlechterung der Qualität bis zum Flittergold geführt, das nicht den allerbesten Eindruck macht. Heutzutage gibt es unterschiedliche Qualitäten von Glanzgold und auch Dekore, zu denen mehr als eine oder auch Mattgold paßt. Das Glanzgold ist eine durchsichtige Flüssigkeit von braungelber Farbe, die den Vorzug hat, ihre Fließfähigkeit lange zu behalten und glänzend aus dem Ofen zu kommen.

Mattgold. Bei dem von uns verwendeten Mattgold handelt es sich um eine Aufschwemmung von Quecksilbergold in einer sehr dichten Lösung von Kolophonium, Nitrobenzol oder Terpentinölzucht. Die gängigen Qualitäten haben einen Goldfeingehalt zwischen 18% und 35%, wobei die darüberliegenden schöner und haltbarer sind. Im Jahre 1977 wurde ein Flüssiggold mit 50% Feingehalt entwickelt. Es hält die 1250 °C (halbes Scharffeuer) der Industrie-Tunnelöfen aus, und die mit seiner Hilfe verfertigten Dekore sind unverwüstlich.

Gebrauchsanleitung

1. Bei nicht regelmäßigem Gebrauch neigt das Mattgold zur Bildung eines Bodensatzes. Bei jeder Anwendung muß seine Homogenität gewährleistet sein, das Fläschchen also kräftig und ziemlich lang auf und ab geschüttelt werden. Das Produkt kann mit der Zeit eindicken; in diesem Fall ist der Boden durch Rühren mit einem Stäbchen von jedem Niederschlag freizumachen. Diese Vorbereitungsmaßnahmen sollten keinesfalls unterbleiben, will man sich Enttäuschungen wie die Wiederholung einer Arbeit ersparen.

Man denke daran, daß:

– Gold, das nicht die erforderliche Konsistenz besitzt, schon beim ersten Polieren weggewischt wird.

– Gut geschütteltes Gold flüssiger und daher leichter aufzutragen ist. Auch durch Anwärmen im Handteller kann man es flüssiger machen.

2. Die einfachste Weise der Endbearbeitung mit Gold besteht darin, einen Faden zu ziehen. Benutzen Sie ausschließlich einen dem Gold vorbehaltenen Fadenpinsel, den Sie direkt in das Fläschchen tauchen, solange das Produkt frisch ist. Für die Ziermotive wie Girlanden und Rocaillen sollte man das Gold in Reichweite haben. Man verwende die sehr praktischen Glas- und Porzellannäpfchen mit abgerundetem Boden oder – falls nicht greifbar – eine Glasplatte. Sie müssen diese Geräte nach dem Arbeiten nicht reinigen, sie aber vor jeder Benutzung anfeuchten: Ihre Oberfläche ist mit einem oder zwei Tropfen Lösemittel (für Gold vorgesehenes Öl) zu benetzen und mit dem Stäbchen an den Wänden des Näpfchens zu verreiben (oder das Gold mit einem Spachtel auf der Platte bearbeiten). Falls nach dem Arbeitsende nichts oder fast nichts übrigbleibt, gründlich reinigen.

3. Das Gold sowie das Näpfchen (oder die Platte) bereitstellen, mit dem Stäbchen eine kleine Menge (ein oder zwei

Tropfen) herausnehmen, auch auf die Gefahr hin, noch einmal nachnehmen zu müssen.

4. Mit dem Pinsel auftragen. Die Pinselstriche müssen eine sichtbare Konsistenz haben. Auf weißes Porzellan aufgebracht, ist das Mattgold im allgemeinen von einem intensiven, glänzenden Schwarz. Diese Farbe bereitet Schwierigkeiten beim Goldauftrag auf dunklem Grund, und man muß ganz besonders aufpassen, daß es nicht »verkümmert«. Vergessen Sie niemals, daß bei einer zu dünnen Goldschicht immer die Gefahr besteht, daß sie nicht hält. Kurz, Gold, das nicht über die erforderliche Konsistenz verfügt – sei es, weil die Lösung nicht homogen oder weil die Schicht zu dünn ist –, liefert nicht das erwartete Ergebnis. Das Gold muß so, wie es verkauft wird, angewendet und richtig aufgetragen werden. Das Gold-Lösemittel soll folglich sparsam und nur wenn unbedingt nötig zum Einsatz kommen, wenn das Gold dick und zähflüssig geworden ist. Gebrauchsanleitung:

a. Eingedicktes Gold in das Näpfchen geben, einen Tropfen Lösemittel zufügen und eine oder zwei Minuten mit dem Stäbchen verrühren, um eine gute Fließfähigkeit zu erhalten. Falls erforderlich, noch Lösemittel zugeben, doch so wenig wie möglich.

b. Das eingedickte Gold auf die Glasplatte geben und mit Hilfe des Spachtels sowie wenig Lösemittel bearbeiten, um es geschmeidig zu machen. In gleicher Weise vorgehen, falls beim Arbeiten das Gold zu schwer wird, was sich vermeiden läßt, indem man nur wenig Gold auf einmal herausnimmt. Niemals Lösemittel direkt ins Goldfläschchen geben – außer man sei bereits am Boden angelangt –, denn sonderbarerweise fördert dies die Verdickung.

Vor dem Brennen muß man sich vergewissern, daß das Werkstück vollkommen sauber ist; der geringste, durch einen schlecht gereinigten Fleck verbliebene Schatten hinterläßt eine Spur. Zum Wegwischen erweist sich bei Gelegenheit ein Goldgummi als sehr nützlich. Ist das Gold nach dem Brand matt, so muß es poliert werden. Durch Abreiben mit dem Achatstift, Schmirgelpapier oder feinem Sand (scheuert recht stark) wird es sehr glänzend; mit feuchtem, doppeltkohlesaurem Natrium wird der Glanz stumpfer.

Sujets in Gold. Wenn Gold teilweise oder in vollem Umfang zur Gestaltung von Sujets herangezogen wird, so tritt es an die Stelle der Farbe. In diesem Falle trägt man es gleichmäßig auf und versucht, so wenig Pinselspuren wie möglich zu hinterlassen. Eine große Fläche wird vorzugsweise mit Hilfe eines kleinen Schwamms gestupft[1], was einen chinesischen Schattenriß ergibt. Der Umrißzeichnung wie den Flächen wird nach dem Brennen mittels Polieren oder Farbe zur Geltung verholfen.

1. Während des Brennvorgangs hat sich der chinesische Schattenriß in eine ebene vergoldete, leicht matte Fläche verwandelt. Zur Herausarbeitung der einzelnen Elemente des Sujets bedient man sich eines Achatstifts. Die Arbeit besteht nun darin, die Umrisse zu markieren, hier mehr und dort weniger zu polieren, um die Schatten hervortreten – die polierten, glänzenden Partien sind dunkler als das matte Gold – und so den Eindruck von Fülle entstehen zu lassen. Bei den kleinen Sujets ist die Arbeit leicht; je größer sie sind, um so feiner die Abstufungen und um so mehr Aufmerksamkeit und Erfahrung sind vonnöten. Zum Goldpolieren dienen gleichermaßen der Achatstein, Seesand oder die Glasfaserbürste.

2. Die einzelnen Bestandteile des Sujets können mit Hilfe von Farbe lebendiger gestaltet werden. Für die kleinen Motive bedient man sich der Feder, für die großen nimmt man Pinsel. Die Farbe neigt manchmal dazu, das Gold »anzusaugen«; um diese Neigung zu unterbinden, gibt man Reliefweiß (sehr wenig) zur Farbe zu. (Niemals aber solches in eine rote Farbe geben!)

Ein Goldrelief entsteht in zwei Arbeitsschritten. Man macht zunächst das Motiv (Girlanden, Rocaillen usw.) in Reliefweiß oder mit einer Goldbasis, einem eigens für diese Arbeit geschaffenen Produkt. Nach dem Brennen trägt man das Gold auf. Leider läßt sich schwerlich die Wirkung der großartigen Reliefs von alten Stücken noch deren Haltbarkeit erreichen. Die Reliefs sind zerbrechlich: Zuweilen blättern sie und – nicht minder unangenehm – das Gold nutzt sich an den vorspringenden Partien ab, wo dann offensichtlich wird, daß es sich lediglich um Reliefweiß handelt.

Anmachen der Farben

Die Farben werden in Pulverform angeboten; um sie gebrauchsfähig zu machen, verwendet man Bindemittel, Ölzucht (angedickes Terpentin) und Malmedien als gängigste Produkte. Da man sich je nach vorgesehener Verwendung der Farbe für ein Produkt anstelle eines anderen entscheidet, ändert sich auch jeweils die Art der Anmischung. Genaue Verhältnisse anzugeben, ist unmöglich, man muß die Grundrezepte durch eigene Versuche ergänzen.

1 Um nicht nutzlos Gold zu verlieren, verwahrt man Schwamm und Goldpinsel – ohne sie zu waschen – auf einem mit Lösemittel getränkten Stück Stoff in einem stets gut verschlossenen Gefäß aus Glas oder nicht rostendem Metall auf. Die Feuchtigkeit wird durch gelegentliche Zugabe von Lösemittel konstant gehalten. Mit einmal Waschen alle drei Monate bewahrt man die Pinsel in gutem Zustand und sich selbst vor unnötigen Ausgaben.

1. Farbe und Malmittel: Eine ziemlich dicke, geschmeidige und glänzende Mischung anmachen, die aber nicht verlaufen soll. Diese kann man sogar mehr als zwei Wochen in eigens zu diesem Zweck angebotenen Deckelpaletten aufbewahren.

Gebrauchsanleitung

a. Die Farbe mit Malmittel anrühren und ihr eine für die ins Auge gefaßte Arbeit geeignete Konsistenz geben.

❑ Teller mit Pflaumenblütendekor, gestupft und in drei Brennvorgängen ausgeführt:
1. Die Anlage von Blüten, Knospen und Zweigen festlegen. Mit Schutzlack überziehen. Stupfen. Lack abziehen. Brennen.
2. Die Blüten und Knospen, die weiß bleiben sollen, mit Schutzlack überziehen. In sehr feiner Schicht unter Verwendung der für den ersten Durchgang gebrauchten Farbe stupfen. Brennen.
3. Den Blütenstempel in Gold ausführen. Brennen. Fäden sind nicht unbedingt erforderlich: Der Rand der Stupfarbeit ist sauber und gleichmäßig, die Fahne hinreichend verziert, und – schließlich handelt es sich um eine zeitgenössische Darstellung.
Ausführung D. Alexiev

b. Die Farben mit einem Pinsel aufnehmen, der zuvor leicht mit ätherischem Öl (Nelke, Lavendel usw.) befeuchtet wurde. Mit dem gut, aber nicht übermäßig getränkten Pinsel die Farbe in gleichmäßiger Schicht verstreichen. Ihre Oberfläche muß sehr schnell matt werden. Glanz zeigt an, daß die Farbe zu fett ist (durch Pulverzugabe berichtigen) oder daß sie zu dick aufgetragen wurde (Schicht dünner machen).
2. Farbe, Malmittel und Ölzucht: Die Farbe mit Terpentinöl anfeuchten: Es ergibt sich eine weiche Masse. Ein wenig Ölzucht beifügen: Die Farbe wird flüssig.
Gebrauchsanleitung: Dieses Präparat ist leicht zu verstreichen und trocknet schnell: die richtige Konsistenz muß durch Zugabe von Ölzucht (Terpentinöl) und – falls erforderlich – auch von Malmittel aufrechterhalten werden. Die Farbe wird schließlich zäh, und zur Erleichterung der Arbeit und zur Sicherstellung ihrer Qualität ist es besser, nur geringe Farbmengen anzumischen, auch wenn man den Vorgang vielleicht wiederholen muß.
3. Bei den Malmitteln handelt es sich um erprobte Produkte, die die Arbeit erleichtern und Schäden vermeiden helfen, die durch zu fette Präparate verursacht werden können. Die besonderen Eigenschaften sind von Produkt zu Produkt verschieden und ebenso die Art der Farbanmischung.
Die Menge des bei der Farbanmischung zu verwendenden Bindemittels hängt auch vom Gebrauch ab, den man der Farbe zugedacht hat. Eignet sich für Füllwerk eine trockene (fettarme) und flüssige Farbe besser, so hat sie für das Modellieren ausgeglichen und geschmeidig zu sein. Bietet sich für das Stupfen großer Stücke eine etwas fettere Farbe an, damit genügend Zeit für die Gestaltung einer vollkommen einheitlichen Oberfläche bleibt, so muß sie für feines Nachbearbeiten so angepaßt werden, daß sie beim Brennen nicht verläuft.

STUPFEN

Das Stupfverfahren dient der Herstellung farbiger Untergründe: man wendet es an, um die Farbe eines Objekts teilweise oder ganz zu ändern. In einem weiteren Sinn ist dieser Begriff geläufig, wenn es darum geht, der Farbe – selbst bei kleiner Fläche – ein einheitliches Aussehen zu verleihen. Das Stupfen wird mit eigens dafür vorgesehenen Pinseln ausgeführt, die heute jedoch kleinen Oberflächen vorbehalten sind. Das eigentliche Stupfen geschieht mit den sehr viel praktischeren Bäuschen aus synthetischem Schaumstoff.
1. Kleine Flächen erfordern keine besondere Farbanmischung. Das Sujet kolorieren; zur Erzielung einer einheitlichen Wirkung genügt leichtes Klopfen mit dem Stupfpinsel. Diesen Vorgang nennt man Stupfen: zum Beispiel bei Früchten, Blumen, Blättern, Gesichtern usw.
2. Mittelgroße Flächen. Eine normale Konsistenz – wie zum Malen – verwenden, die aber geringfügig flüssiger ist. Die Farbe mit Hilfe des Pinsels verteilen und mit einem kleinen Schaumstoff stupfen, zum Beispiel Bonbonnieren, kleine Gegenstände, Einfassungen, Aufsätze.
3. Große Flächen verlangen mehr Behandlung und Vorbereitung.
– Arbeitstisch und verwendetes Material müssen vollkommen sauber sein: Kachel, Messer, Flachpinsel reinigen. Reines Terpentinöl und einwandfreien Schaumstoff benutzen; Kleidungsstücke aus fusseliger Wolle sind zu meiden.
– Die Menge der zu verwendenden Farbe ermitteln: dabei besser ein wenig mehr vorsehen. Die Arbeit läuft unabhängig von der Konsistenz immer nach demselben Schema ab.
a. Anmischen mit Ölzucht. Beide vorgestellte Varianten (siehe Anmischen der Farben) können zum Stupfen herangezogen werden. Am Ende hält man sich doch immer lieber an eine statt der anderen. Ganz allgemein müssen diese Mischungen öliger sein, damit genügend Zeit bleibt, um die Farbe über die gesamte Oberfläche zu verteilen und mit Hilfe des Schaumstoffs einheitlich zu gestalten.
Falls man sich für das erste Präparat entscheidet, eine ziemlich weiche Farbe anmachen und ihr einige Tropfen Nelken- oder Lavendelöl beimischen: sie vermitteln ihr die Fließfähigkeit und halten diese aufrecht. Die Masse kräftig und ausdauernd durchspachteln. Das Terpentinöl zufügen und gründlich untermischen: Die Farbe darf nicht »kleben«, sondern muß den Pinsel mit großer Leichtigkeit gleiten lassen. Rasch den Schaumstoff vorbereiten: Mit Terpentin besprengen (nicht tränken) und zwischen den Handflächen rollen; er soll kaum feucht sein. Einen großen, flachen Pinsel nehmen und die gesamte Oberfläche so gleichmäßig wie möglich überziehen. Sofort mit Hilfe des Schaumstoffs stupfen, um zuallererst die Pinselstriche und dann – mit leichterer Hand – die Schaumstoffstruktur verschwinden zu lassen.
Das zweite – zunächst sehr flüssige – Präparat muß einfach ein wenig mehr Ölzucht enthalten.
b. Anmischen mit Medium. Farbe je nach Qualität des Mediums anmachen (siehe Anmischen der Farben), ohne Nelken- oder Lavendelöl zuzugeben. Ein Anfeuchten des Schaumstoffs erübrigt sich.
c. Den Präparaten zugegebenes Flußmittel macht die Farben glänzender.

Nützliche Ratschläge:
– Sofern man sich eines Abdecklacks bedient hat, diesen trocknen lassen, bevor man mit dem Stupfen beginnt.
– Farbpulver nicht auf Kachel und Tisch herumliegen lassen.
– Eine Farbprobe machen, bevor man die gesamte Fläche in Angriff nimmt.

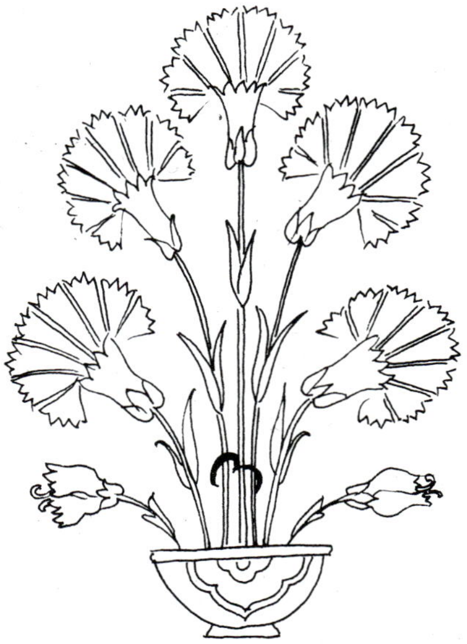

❏ Die Nelken von Iznik mit schwarzem Umriß

Fehler und Ursachen dafür:

a. Die Stupfarbeit ähnelt Orangenhaut: Die Mischung ist zu fett, ihr fehlt Terpentin oder beides kommt zusammen.

b. Die gestupfte Fläche trocknet zusehends oder reißt: Es fehlt Fett. In beiden Fällen die Mischung korrigieren, um das Werkstück nicht zu gefährden. Hierbei muß man

– schnell und konzentriert arbeiten;

– gegen die Mängel vorgehen, solange die Farbe noch nicht trocken ist.

Es gelingt jedoch selten, sie spurenlos wiedergutzumachen. Besteht keine Aussicht, sie mit der vorgesehenen Verzierung zu überdecken, so ist es besser, das Stupfen zu wiederholen.

a. Nicht erst warten, bis die Fläche trocken ist, um Pinselhaare und Staub zu entfernen. Eine sehr feine Pinzette verwenden oder einen Lithographen-Fettstift, dessen Spitze auf die Verunreinigung gedrückt wird. Rasch, ohne zu schmieren, wegziehen; stupfen, falls nötig.

b. Warten Sie, bis die gestupfte Fläche ein wenig getrocknet ist, bevor die Schutzlackfilme abgezogen werden. Eine Nadel – besser noch: eine Pinzette – benutzen. Vor allem keine Filme unter der Stupfarbeit vergessen: Der Schutzlack hinterläßt nach dem Brennen Flecken.

c. Das Werkstück aufmerksam reinigen, damit keine Lack- oder Farbspur zurückbleibt. Falls man die Ränder freimacht, um sie weiß zu lassen, so muß dies geschehen, wenn die Stupfarbeit trocken ist. Man vermeidet so beim Zurückschieben der Farbe Anhäufungen, die Flecken bilden und abspringen.

Konturen mit der Feder

Farbig zu gestaltende Motivumrisse und -einzelheiten werden oft mit der Feder gezeichnet. Um lange Linien ziehen sowie der Zeichnung mit Leichtigkeit folgen zu können, muß für eine hinreichende Fließfähigkeit der Farben gesorgt werden. Im folgenden werden die beiden einfachsten und gebräuchlichsten Verfahrensweisen vorgestellt:

1. Die »fette« Federzeichnung. Eine kompakte Mischung aus Farbe und ein wenig Ölzucht anmachen; ein oder zwei Tropfen Nelkenöl zufügen. Mit wenig Terpentinzugabe für eine zum Schreiben ausreichende Fließfähigkeit sorgen. Eine Probe machen: Ein dicker, glänzender Strich oder ein Farbtropfen am Federende zeigen einen Fettüberschuß an. Mit einer fetten Farbe zu zeichnen, ist schwierig und erbringt zudem ein schlechtes Ergebnis. Mit ein wenig Pulver die Mischung verbessern. Ein ununterbrochener, feiner und schnell trocknender Strich ist Anzeichen dafür, daß die Farbe richtig ist. Diese Konsistenz muß nun aufrechterhalten werden; dazu die Farbe von Zeit zu Zeit durcharbeiten, damit sie geschmeidig bleibt. Wenn das nicht ausreicht, mit ein wenig Terpentinöl verlängern. Sobald diese Zeichnung gut getrocknet ist, kann sie koloriert werden, vorausgesetzt, man arbeitet achtsam: Terpentin und ätherische Öle (Lavendel usw.) lösen sie auf. Um ein wirklich hervorragendes Ergebnis zu erzielen, ist es besser, das Motiv durch Brennen zu fixieren und dann alles Weitere zu malen.

2. Die Federzeichnung »mit Zucker«. Machen Sie eine Mischung aus Farbe und Puderzucker im Verhältnis 6:1 und

etwas Wasser an. Arbeiten Sie die Mischung mit einem Spachtel durch, damit der Zucker sich auflöst. Machen Sie eine Probe: Zeichnen, fünf Minuten trocknen und den Finger darüber gleiten lassen. Die Linien müssen einem leichten Reiben standhalten. Werden sie verwischt, dann sehr wenig Zucker zur Mischung geben und einen erneuten Versuch machen. Ein Übermaß an Zucker erschwert die Arbeit, und darüber hinaus kann es bei der fertigen Zeichnung während des Brennens zu Sprüngen kommen, ja, sie kann sogar abplatzen. Die Zeichnung »mit Zucker« trocknet schnell und kann ohne vorheriges Brennen koloriert werden. Ein anderer wesentlicher Vorzug: Die Farben halten unbegrenzt. Es genügt, sie wieder mit Wasser durchzuarbeiten, damit sie gebrauchsfertig sind. Wenn jedoch der Strich an Intensität verliert, muß eine frische Farbe angemacht werden, damit die Umrißzeichnung zu einem verläßlichen Ergebnis führt.

Farbe der Umrißzeichnung. Die Mehrzahl der in diesem Buch vorgestellten, alten Stücken entlehnten oder von diesen inspirierten Motive sind in Chatironné-Manier gezeichnet (siehe Glossar). Oft wurde der Umriß in Schwarz oder Manganviolett ausgeführt. Dieses wechselt je nach Intensität von Braun-Schwarz zu hellem Aubergine. Für diese Art von Umrißzeichnung hat man die Wahl:

a. Schwarz paßt ebensogut zu einfarbigen wie zu mehrfarbigen Sujets und wird am häufigsten benutzt. Wie alle Farben, so gibt es auch Schwarz in mehreren Tönen: für die Umrißzeichnung ist der am wenigsten dunkle auszuwählen. Man kann auch sein eigenes »Umrißschwarz« herstellen, indem man mischt:

– Drei Teile Schwarz mit einem Teil Karmesin;
– Dunkelgrün mit Purpur, was ein schwärzliches Grün ergibt.

b. Wenn man Schwarz umgehen will, verwende man Farben wie Umriß-Violett oder Konturfarbe, ersatzweise auch einen dunklen, braun-rötlichen Ton. Diese Farben dienen dazu, den Hauptumriß sowie die Konturen der Details zu zeichnen, unabhängig von den im weiteren zu verwendenden Farbtönen. Häufig werden Motivelemente mit unterschiedlichen Farben konturiert. Beispiel: Die Zweige und Blätter mit Schwarz oder Braun, die Blüten in Chatironné-Manier mit Farbtönen, die jeder einzelnen entsprechen.

– Für die in allen Abstufungen von Blaßrosa bis Purpur gemalten Teile wähle man als Umrißfarbe Töne, die von Hellgrau bis zu kräftigem Karmesin (mit Purpur verstärkt) reichen. Reines Purpur ist zu meiden – er ergibt zu dunkle Umrisse. In einigen fernöstlichen Motiven sind rosa Blüten rot konturiert: Wählen Sie ein mittleres Eisenrot und vermeiden Sie Berührung, soweit es geht.

– Zur Konturierung der roten Teile nehme man die Farbe, die auch zum Malen dient, selbst wenn es sich dabei um eine helle handelt: in den Umrissen ist die Farbe immer intensiver. Niemals gelbe oder graue Konturen machen: sie absorbieren beim Brennen das Rot und nehmen einen matten, unbestimmten Ton an.

– In einigen klassischen Motiven sind die Umrisse der gelben Elemente maronenbraun, schwarz und purpurn. Falls man weniger ausgeprägte Konturen bevorzugt, verwende man Grau, Hellgrün sowie Braun-Gelb.

Achtung: In der Vorlage oben sind die Konturen und Einzelheiten der kolorierten Teile des Dekors in Rot ausgeführt. Gelb absorbiert Rot, das als helles Rot eine sehr empfindliche Farbe ist. Es ist daher Dunkelrot zu wählen, der Umriß ist durch Brennen zu fixieren; für das Kolorieren des Sujets ein mittleres oder dunkles Gelb nehmen. Kein Selenrot verwenden (siehe Farben: Rot, Seite 168). Die Umrisse der grünen Teile in Schwarz zeichnen, und zwar mit einer der Konturfarben oder mit Braun. Falls man auf Grün Wert legt, darf es kein grelles sein, und – um den nötigen Kontrast zu schaffen – ist es besser, einen dunklen oder neutralen Farbton auszusuchen oder zusammenzusetzen.

– Die blau kolorierten Teile: An die Vorlage halten und den Umriß in der gleichen Farbe ausführen oder auch einen mehr oder weniger dunklen Ton je nach der zum Malen vorgesehenen Farbe wählen.

– Gold dient ebenfalls zum Konturieren und Detailzeichnen bei farbig gemalten Sujets. Man verwendet die Feder oder einen feinen Pinsel. Bevor man aber zum ersten Mal eine solche Arbeit in Angriff nimmt, sollte man sich mit den Abschnitten »Gold« und »Brennen« vertraut machen.

– Die metallisierten Farben können zum Umrißzeichnen dienen – aber einzig und allein nach dem Farbbrand in Form einer Endbearbeitung.

Glossar

Albarello: Italienische Bezeichnung für das im Persischen *el barani* (wörtlich: »Gewürzgefäß«) genannte Apothekengefäß aus Fayence oder Majolika mit zylindrischem, in der Mitte leicht eingezogenem Körper.

Atmosphäre, Oxidations- und Reduktions-: Die im Innern eines Ofens herrschende Atmosphäre hat Einfluß auf die Umwandlungen, die während des Brennens vor sich gehen. Sie wechselt je nach Sauerstoffgehalt. Wenn der Luftanteil erhöht ist, spricht man von einem Oxidationsbrand; mit diesem erhält man die klassischen Farben. Bei geringem Luftanteil spricht man von »Reduktion«. Der leicht erhöhte Sauerstoffanteil ist auf das Vorhandensein von Reduktionsgasen wie Wasserstoff, Kohlenmonoxid usw. zurückzuführen. Die Metalloxide färben sich dann unterschiedlich. Dieses Verfahren wird bei der Herstellung von Seladon angewandt, dessen Farbe durch das bei Reduktion gebrannte Eisenoxid hervorgerufen wird, und dient ebenso zur Erzielung von Metalleffekten bei Lüsterkeramiken.

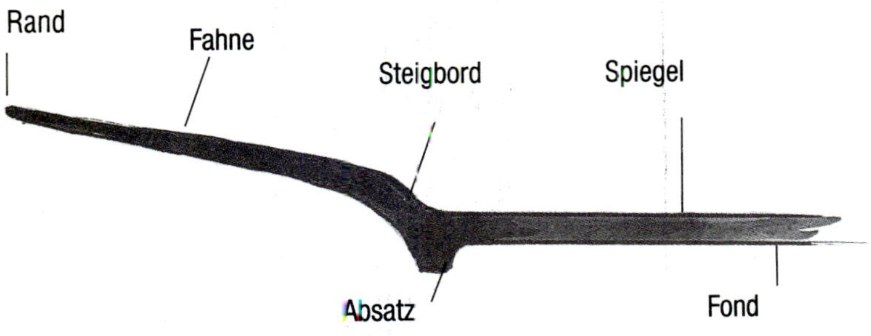

❑ Schnittzeichnung eines Tellers (siehe Stichwort)

Aufglasurbrand: Brand bei mäßiger Temperatur (max. 840 °C), der die Herstellung von Dekoren aus einer sehr reichen Farbpalette erlaubt.

Biskuit: Porzellan ohne Glasur mit matter Oberfläche. Dieser Begriff kann die beiden folgenden Bedeutungen haben, von denen aber nur die zweite zutreffend ist:
a. Biskuit wird Porzellan genannt, das vor dem Emaillieren zwecks Entwässerung einem Glühbrand bei 1000 °C unterzogen wurde. Dennoch ist es nicht richtig, hier von Biskuit zu sprechen, da der italienische Begriff biscotto »zweimal gebrannt« bedeutet und nur auf Porzellan angewandt wird.
b. Bei 1400 °C gargebranntes und daher glasartiges, aber nicht mit Glasur überzogenes Porzellan. Dieser im Jahre 1750 in Vincennes produzierte Porzellantypus wurde in Sèvres in großen Mengen hergestellt und im 18. Jahrhundert von anderen großen Manufakturen übernommen.

Bleiglasur: Durchsichtige, aus Sand, einem Bleisulfat oder -oxid (Bleiglätte) hergestellte Glasur. Durch Zugabe von Zinnoxid wird sie weiß und opak, wie es bei Zinnfayencen der Fall ist. Fügt man gewisse, brennbeständige Metalloxide zu, so läßt sie sich färben. Sie war bei den Chinesen während der Han-Epoche in Gebrauch und ist seit dem zweiten vorchristlichen Jahrtausend im Mittleren Osten bekannt.

Bone China: Englisches Weichporzellan – so genannt wegen des in ihm enthaltenen Anteils von Knochenasche (ungefähr 40%). Da es nicht die Nachteile des französischen Porzellans hat, wird es immer noch hergestellt und wurde sogar von anderen Ländern wie Schweden und Deutschland übernommen.

CAILLOUTÉ: In Sèvres gebrauchtes Ziermotiv. Es besteht aus ovalen Halbmonden in Gold auf zumeist dunkelblauem Untergrund.

CAMAIEU: In einer Farbe gemaltes Dekor, das seinen Reiz aus der Verwendung von unterschiedlichen Tönen dieser Farbe bezieht.

CASSIUS-PURPUR: Farbe, die aus dem im 17. Jahrhundert von Andreas Cassius, einem holländischen Chemiker aus Leyden, entdeckten Goldchlorid gewonnen wurde.

CHATIRON, CHATIRONNÉ: Die zumeist in Schwarz oder Mangan ausgeführte Motivvorzeichnung auf Fayence oder Porzellan.

CUERDA SECA: Begriff aus dem Spanischen, der ein durch die Araber eingeführtes Dekorverfahren bezeichnet, das bei der Fliesenherstellung angewandt wurde und darin bestand, daß man die Motive mit einer Mischung aus Schwarz oder Mangan und Fett konturierte, um eine Vermischung der Farben beim Brennen zu unterbinden. Der schwarze Strich verleiht der Zeichnung Deutlichkeit und hebt mittels Kontrastwirkung die Leuchtkraft der Farben wirkungsvoll hervor.

DAIMYO: So wurden die Feudalherren im alten Japan genannt.

ENGOBE, ENGOBIEREN: Verfahren, das dazu dient, die Farbe des Trägermaterials zu verdecken, aber ebenso zum Verfertigen von Dekoren. Die Engobe ist eine flüssige Mischung aus sehr reinem Ton, Quarz und Wasser, mit der man die Terrakotta überzog. Man kann ihr verschiedene Töne von Gelb, Orange und Rot mitgeben. Es ist möglich, sie mit Hilfe von Mangandioxid (Maron, Schwarz) und Kobaltoxid (Blau) zu färben. Das Dekor wird mit dem Pinsel aus der angerührten Engobe gemacht. Es kann direkt auf das Trägermaterial wie auch auf eine bereits engobierte Oberfläche aufgetragen werden. Das Engobieren im eigentlichen Sinne geschieht auf den rohen Stücken. Eine starke Verbreitung erfuhr dieses Verfahren mit der Entdeckung der Zinnglasur.

FAYENCE: Keramik von poröser Masse, die vollständig mit weißer und opaker Zinnglasur überzogen und somit undurchlässig ist. Dieses Verfahren tauchte zuerst im Mittleren Osten auf (verzierte assyrische Wandverkleidungen), wurde von den Römern nicht angewandt, entwickelte sich aber in Persien weiter. Nach Europa wurde es durch die in Spanien ansässig gewordenen Araber eingeführt. Die berühmte, im 14. Jahrhundert nach Italien ausgeführte, spanisch-maurische Fayence stammte aus Manises, Malaga und Mallorca; man nannte sie Majolika. In Italien begann die Produktion im 15. Jahrhundert in mehreren Städten, darunter Faenza, der sie ihren Namen verdankt. Das Wort »Fayence« ist ein Oberbegriff. Man unterscheidet Fayencen, die bei hohen und solche, die bei niedrigen Temperaturen gebrannt werden, je nach der für das Dekorieren der Stücke verwendeten Technik. Darüber hinaus tritt vom 18. Jahrhundert an die »feine Fayence« in Erscheinung, die englischen Ursprungs ist und sich aus einem weißen und feinen Ton zusammensetzt, der einfach mit einer durchsichtigen Bleiglasur überzogen ist.

FELDSPAT: Bezeichnung für natürliche Aluminiumsilikate aus Kalium, Natrium und Kalzium. Ist Bestandteil der Porzellanmasse und -glasur.

FRITTE: Glasartige Substanz, die aus der Verschmelzung von verschiedenen Bestandteilen, nämlich von kiesel- oder feldspathaltigem Sand und Soda entsteht und zur Herstellung von Glas und Glasuren dient. Zu Pulver zerrieben und Ton beigemischt, wird die Fritte bei der Verfertigung von Weichporzellan verwendet.

FLUSSMITTEL, Problematik der: In Deutschland ist es verboten, Metallfarben selbst anzumischen, da die hierzu benötigten Flußmittel hochgiftig sind. Im Handel werden aber viele Fertigpräparate angeboten. Zu kaufen gibt es opake und transparente Flußmittel, die einer Farbe zugesetzt werden, um nach dem Brand mehr Glanz zu erzeugen (Flußmittel, in kleinen Mengen zugegeben, setzt den Schmelzpunkt beim Brand herab). Man sollte sich beim Kauf aber unbedingt informieren, welchen Blei- oder Oxidgehalt diese Flüsse haben und lieber darauf verzichten, wenn man das zu bemalende Porzellan später als Eßgeschirr verwenden will.
Für 1996 ist ein neues Gesetz über den Giftgehalt in Farben in Vorbereitung, und in Spanien arbeitet man derzeit an der Entwicklung einer neuen Farbpalette; England wird sich voraussichtlich dieser »Umweltverträglichkeitskampagne« nicht anschließen: alle Farben sollen dort weiter erhältlich sein.

GLASUR: Dünne, glasartige, durchscheinende oder farbige Schicht, die auf gewisse Keramiken aufgebracht wird, um diese undurchlässig zu machen. Sie wird auch Email genannt, vorzugsweise im Zusammenhang mit Töpferwaren und Fayence. Das Email ist eine durchscheinende, alkalische oder bleihaltige Glasur. Die Porzellanglasur ist hart und glasartig und enthält weder Blei noch Zinn. Sie wird auf der Basis von Feldspat – einem der Bestandteile des Porzellans – gewonnen.

KAOLIN: Dieses weiße, tonhaltige Gestein bildet ein wesentliches Element bei der Hartporzellanherstellung und verhilft diesem zu seiner Weiße und Formbarkeit. Das Wort »Kaolin« leitet sich aus dem chinesischen *gaoling* her, das auch der Name für eine Gegend, Kao-Ling, unweit Jingdezhen (Bezirk Fuliang, Provinz Jiangxi) ist, wo man diesen Ton förderte.

KATHAY: Von den Kitan, die zwischen 907 und 1122 im Norden Chinas ein Reich gebildet hatten, leitet sich der Name Kathay her, der in Europa im Mittelalter zur Bezeichnung Chinas diente und in der Form »Khitaï« immer noch bei den Bulgaren und Russen in Gebrauch ist.

KERAMIK: Dieses Wort leitet sich von *kramos* her, d. i. griechisch für gebrannten Ton. Es wurde vom 18. Jahrhundert an als Oberbegriff für jedweden Gegenstand aus Erde verwendet, der – nachdem er einer Temperatur oberhalb von 600 °C ausgesetzt worden war – eine vollständige und endgültige körperliche wie chemische Umwandlung erfahren hat. Er umfaßt mithin alle Produkte der Kunst, mit formbarer Erde umzugehen: Terrakotta, Fayence, Steinzeug und das Porzellan. Je nach ihren verschiedenen Eigenschaften werden sie zwei Kategorien zugeordnet : die porösen Keramiken (Töpfereiwaren und Fayence) und die Keramik mit glasartiger, harter und undurchlässiger Masse (Steinzeug und Porzellan).

KUFISCH: (nach der Stadt Kufa): Eckige Schriftzeichen der ersten islamischen Kalligraphie, mit denen der Koran geschrieben wurde. Vom 10. Jahrhundert an wurde das Kufische durch eine weichere und elegantere Kurrentschrift ersetzt.

MAJOLIKA: Ursprünglich war dies die Bezeichnung für die aus Spanien nach Italien ausgeführte spanisch-maurische Keramik. Vermutlich gibt dieser Begriff in entstellter Form den Namen der Insel Mallorca wieder, von woher die Transportschiffe kamen. Gegenwärtig versteht man in Italien unter *majolica* zinnhaltige Fayence, wohingegen in Frankreich »majolique« ausschließlich für die italienische Fayence der Renaissance in Gebrauch ist.

MINAI: Dekor in sieben Farben, bei geringer Temperatur in Oxidationsatmosphäre gebrannt.

OXIDE: Hitzeeinwirkung besorgt die Entwicklung und Fixierung der bei der Keramikdekoration angewendeten Farbstoffe. Allein die mineralischen Substanzen vermögen Farbstoffe zu liefern, die diesen Temperaturen standhalten; es handelt sich um die Metalloxide. Die Farbpalette wird von der Temperatur bestimmt, der die Oxide ausgesetzt werden:
– Bis zum 18. Jahrhundert beherrschen die Scharffeuerdekore das Feld, und bei den verwendeten Oxiden beschränkt man sich auf Kobalt (Blau), Kupfer (Grün und Rot), Mangan (Braunviolett) und Eisen (Braun, Gelb, Rot).
– Dank dem von Cassius entdeckten Goldniederschlag treten im 18. Jahrhundert Purpur und Rosa in Erscheinung; eine Erweiterung erfährt die Palette aber vor allem durch die »Aufglasur«dekore.
– Eine unbegrenzte Anzahl von Farbtönen wird im 19. Jahrhundert durch die folgenden dreizehn Metalle erschlossen: Antimon, Silber, Chrom, Kobalt, Kupfer, Eisen, Iridium, Mangan, Nickel, Gold, Platin, Titan und Uran.
– Nach dem Zweiten Weltkrieg werden neue Farbstoffe auf Zirkonbasis entdeckt, die hohen Temperaturen sehr gut standhalten. Gegen 1970 findet man weitere Zirkonderivate, die Temperaturen von 1350 °C ausgesetzt werden können und sehr beständige Farben liefern.

POLIEREN: Gold oder Platin, die nach dem Brennen matt sind, werden poliert.

PORZELLAN: Eine aus Kaolin, Feldspat und Quarz gewonnene Keramik, deren Oberfläche bei einer Temperatur von 1400 bis 1500 °C glasartig wird. Seltsamerweise besagt das Wort »Porzellan« in China und Europa nicht das gleiche. Für die Chinesen ist Porzellan jedwede Keramik, die bei hoher Temperatur gebrannt wurde und die widertönt, wenn man sie anschlägt.
Nach der abendländischen Norm hat sie nicht nur volltönend, sondern auch noch undurchlässig, weiß, rein und durchscheinend zu sein. In Frankreich sind ihre Eigenschaften bis in die Einzelheiten festgelegt, wie etwa der Grad der Lichtdurchlässigkeit, der Porosität und Dicke.
Der Name »Porzellan« wurde ihr von Marco Polo verliehen und zwar auf Grund der Ähnlichkeit dieses glänzenden und durchschimmernden Stoffes mit den begehrten Muschelschalen gewisser Weichtiere der warmen Meere, die zu jener Zeit in Asien auch als Zahlungsmittel dienten. In den nahöstlichen Sprachen, im Griechischen wie im Russischen, ist der Name für »Porzellan« anderen Ursprungs. Das chinesische Wort *t'ien-tzu* (Sohn des Himmels), im Persischen *Bagh-pour* (Sohn der Gottheit), wandelt sich zu Fachfour. Dieser chinesische Kaisertitel diente schließlich in manchen Sprachen zur Bezeichnung des Porzellans.

Das Porzellan ist in China unter den T'ang (8. bis 9. Jahrhundert n. Chr.) entwickelt und das Geheimnis seiner Herstellung sorgfältig bewahrt worden.
In Sachsen gelang zu Beginn des 18. Jahrhunderts seine Neuerfindung, worauf es sich rasch in Europa verbreitete. Seit dem 16. Jahrhundert waren in verschiedenen Ländern Forschungen vorangetrieben worden, die schließlich zum sogenannten Weichporzellan führten, dessen Masse aus einer Mischung von weißem Ton und Fritte gebildet ist und kein Kaolin enthält – ein wesentlicher Bestandteil des Porzellans. Gebrannt wird diese Keramik bei etwa 1000 °C.
Die Hartporzellanmasse setzt sich aus 50% Kaolin, 25% Quarz – als Bindemittel, das Verformungen während des Brennvorganges verhindern soll – sowie aus 25% Feldspat zusammen, der als Flußmittel dient und für die Lichtdurchlässigkeit sorgt. Diese Verhältnisse unterscheiden sich geringfügig von einem Produktionszentrum zum anderen.

PORZELLANKABINETT: Das Kuriositätenkabinett ist ein Phänomen der Renaissance. Dabei handelt es sich um ein Möbelstück mit Fächern und Schubladen zur Aufnahme seltener und wertvoller Gegenstände von kleinen Ausmaßen. Die Wortbedeutung ändert sich im 17. Jahrhundert, und das Kabinett wird zu einem Zimmer, das Porzellansammlungen beherbergt.
Im 18. Jahrhundert war eine Residenz ohne ein Porzellankabinett unvorstellbar, welches indessen weit über das hinausging, was man unter einem Ausstellungsraum verstand. Der Güte und der Schönheit des Porzellans wurde keinerlei Bedeutung mehr beigemessen; was zählte, war die Menge.
Der Gesamtanblick des Kabinetts sollte durch die Reichhaltigkeit seines Dekors sowie seiner Sammlungen in Erstaunen versetzen. Ihren Ausgang nahmen diese Kabinette von Deutschland, wo sie vergleichsweise zahlreich sind. Sehr berühmte gab es aber auch in Spanien, Italien und in Brünn (Mähren), die aber nicht Porzellansammlungen zeigten, sondern mit Produkten der nationalen Manufakturen ausgeschmückt waren. Dasjenige im Palast Dubsky in Brünn beispielsweise wurde von der Wiener Manufaktur ausgestattet: Rahmen aus Porzellan für Bilder und Spiegel, Porzellankamine und dekorative Tafeln aus Porzellan über Türen, Tischen und Stühlen. Dieses Kabinett wird gegenwärtig im Wiener Kunstgewerbemuseum wiederhergestellt.
Der leidenschaftlichste Porzellanliebhaber war ohne Zweifel der Kurfürst von Sachsen, August der Starke. Im Jahre 1719 begann er mit dem Bau seines Porzellankabinetts, des Japanischen Palais' in Dresden, das niemals vollendet wurde.

SCHARFFEUER: Brennen bei hoher Temperatur. Ein »Scharffeuer«dekor wird mit Farben ausgeführt, die bei den für das Brennen der sie tragenden Keramik erforderlichen Temperaturen beständig sind.

SCHERBE(N): Die Scherbe ist ein Keramikbruchstück; als *der* Scherben hingegen wird die rohe, unglasierte oder von Glasur befreite Keramikware bezeichnet; in übertragenen Sinn auch glasierte Ware.

SCHLICKER: Mit Wasser angerührte Masse, die zum Kleben von Henkeln, Füßen und Reliefornamenten dient. Schlicker kann auch zur Anfertigung von Dekoren auf Porzellan und Fayence verwendet werden, die man im weiteren Sinne als Schlicker bezeichnet.

SELADON: Chinesische Keramik, die in der Han-Epoche in Erscheinung tritt. Ihre grünliche Farbe stammt von dem in Ton enthaltenen Eisenoxid. Seit der Song-Dynastie handelt es sich um ein in der Masse und in der Glasur gefärbtes Porzellan.

STEINZEUG: Das Steinzeug wird aus kieselhaltigem Ton verfertigt, der durch Brennen bei hoher Temperatur (1200 bis 1300 °C) verglast. Es handelt sich im Unterschied zu Terrakotta und Fayence um eine sehr harte, dichte und undurchlässige Keramik, die zudem – anders als Porzellan – opak ist. Das erste Steinzeug wurde in China während der Han-Epoche (206 v. – 220 n. Chr.) hergestellt; in Europa taucht es im 15. Jahrhundert auf.

TELLER: Um die Erläuterungen besser zu verstehen, sollte man die die verschiedenen Teile eines Tellers bezeichnenden Begriffe kennen (siehe Abb. Seite 185).
– Der Tellerrand kann unverziert, gelappt, girlandenförmig, ausgekehlt oder mit Kielbögen verziert sein.
– Die Fahne, der ebene, in der Horizontale leicht geneigte Teil, trägt entweder keine Verzierung oder ist mit Reliefs oder gitterartigem Dekor versehen.
– Der Steigbord ist der ansteigende Teil, der die Fahne mit dem Spiegel verbindet.
– Der Spiegel ist das Mittelteil des Tellers.
Es gibt Teller ohne Fahne, die wie abgeflachte Schalen aussehen.

TERRAKOTTA: Geformte, sodann getrocknete und schließlich bei 900 bis 1000 °C gebrannte Tonerde. Sie ist porös und farbig, wobei die Farbe von dem in ihr enthaltenen Metalloxid abhängt. Zumeist variiert sie je nach Eisenoxidgehalt zwischen einem orangen Gelb und bräunlichem Rot. Ein grauer Scherben weist auf Vorhandensein von Manganoxid in der Masse hin.

TON: Erdiges Sedimentgestein, entstanden vor allem aus der Zersetzung von Aluminiumsilikat unter Einwirkung von Wasser und Kohlensäure. Getränkt mit Wasser, wird er formbar. Das Vorhandensein von mineralhaltigen Substanzen (Eisendioxid, Titan, Magnesium usw.) sorgt für eine Färbung des Tons.

VASE: Die einzelnen Vasenteile werden in der Zeichnung genau benannt.

VERGLASUNG: Teilweise oder vollständige Verschmelzung der Bestandteile der (Steinzeug- oder Porzellan-)Masse, die dabei ihre Porosität verliert und es sogar bis zur Lichtdurchlässigkeit bringen kann.

WEISSFARBEN: Deckweiß wird verwendet zum Mischen mit Farben, und zum Kaschieren von Fehlern. Blickweiß setzt besondere Akzente an ausgewählten Lichtstellen (Augen-Lichtpunkt, Lichtpunkt auf einer Rüstung), weil es nach dem Brand besonders fest und klar »auf dem Scherben steht«. Deckweiß und Blickweiß verwendet man auch gerne für weiße Blumen auf farbiger Glasur. Reliefweiß = Aufsetzweiß, bewirkt eine Reliefwirkung und dient auch als Untergrund für die Goldmalerei.

ZINNGLASUR: Sie ist weiß durch das Zinnoxid, aber ebenfalls opak, das heißt, daß sie die Farbe des Scherbens nicht durchscheinen läßt.

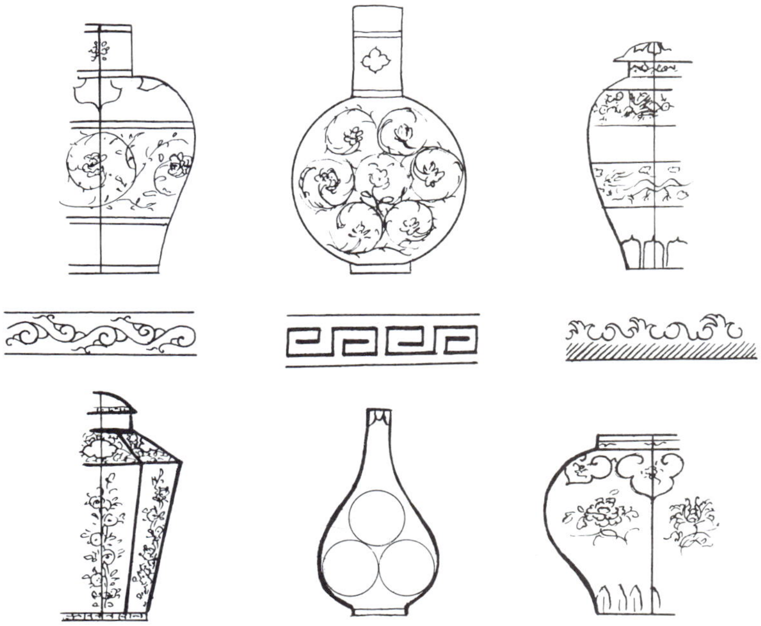

❑ Dekorvorschläge für chinesische Vasen

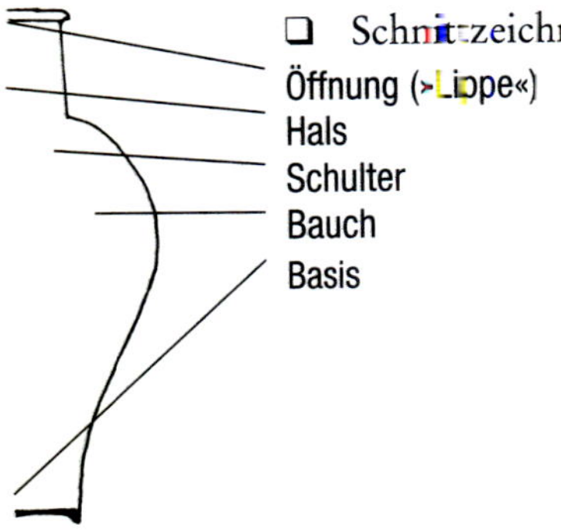

❑ Schnittzeichnung einer Vase

Bezugsquellen

BRENNÖFEN
Kittel-Brennofen GmbH
Henricistr. 27
52072 Aachen

PINSEL
Kremer
Hauptstr. 41
88317 Aichstetten/Allgäu

PINSEL
Zahn Pinsel GmbH
Kanalstr. 9
66894 Bechhofen

BRENNÖFEN
Vielhaben & Co.
VICO-Brennöfen
Gravelottestr. 95
28211 Bremen

PINSEL
Feurer & Sohn GmbH
07907 Burk

PINSEL
Hertlein
Nördlinger Str. 60
91550 Dinkelsbühl

CERAMIC-BEDARF
Arnold Böhm
Sonnenstr. 24/Ecke
Chemnitzer Str.
44139 Dortmund

KÜNSTLERFARBEN
C. Kreul
Hainbrunnenstr. 8
91301 Forchheim

KÜNSTLERBEDARF
Signum GmbH
Postfach 1252
82131 Gauting

KÜNSTLERBEDARF
Karin Hobby GmbH
Weiler Weg 2–8
75210 Keltern

BRENNÖFEN
Nabertherm
Bahnhofstr. 5
28865 Lilienthal/Bremen

FARBEN Schachinger
Josephspitalstr. 6
80331 München

PINSEL
Hans P. Maier GmbH
Rotenburger Str. 500
90431 Nürnberg

PINSEL
Pinsel-Schmidt
Rieterstr. 8
90419 Nürnberg

PINSEL
Vereinigte Pinselfabriken
Leonhardy & Co. KG
Johannisstr. 41
90419 Nürnberg

PINSEL
BZ-Pinselfabrik
Stadtfeldstr. 24
91737 Ornbau

WERKZEUGE,
MOTOREN,
EMAILZUBEHÖR
Werkzeug Fischer
Berliner Straße
75172 Pforzheim

KÜNSTLERBEDARF
Luitpold Griesshammer
GMBH
Postfach 25
95100 Selb-Erkersreuth

ZEICHENBEDARF
A.W. Faber Castell
90547 Stein bei Nürnberg

KÜNSTLERBEDARF
Kreatives Hobby Buhl
GmbH
Rathauspassage 2
70173 Stuttgart

BRENNÖFEN
Kolling Brennöfen
Talweg 1
56291 Thörlingen

KÜNSTLERBEDARF
EFCO-hobbygross
Weilerstr. 4A
71665 Vaihingen

WERKZEUGE, BRENN-
ÖFEN, KÜNSTLERF.
Klaus Ruhmann
Boschstr. 12
75446 Wiernsheim

CALLWEY

Die Bücher.

Stilvolles Gestalten auf Porzellan

Uwe Geißler
Porzellanmalerei
Obst und Früchte
Ideen, Techniken, Beispiele
72 Seiten, 59 farbige und 21 sw.
Abbildungen. Mit Kopiervorlagen.
Gebunden.

Betty Sigg/Aurore Marsaudon
Porzellanmalerei in
Jugendstil-Manier
Techniken, Beispiele, Vorlagen
72 Seiten, 71 farbige und 43 sw.
Abbildungen. Mit Kopiervorlagen.
Gebunden.

Margrit Marr-Hartmann
Porzellanmalerei
Gräser, Käfer,
Schmetterlinge…
Ideen, Techniken, Beispiele
72 Seiten, 63 farbige und
38 sw. Abbildungen.
Gebunden.

Uwe Geißler
Porzellanmalerei
Ranken, Kanten und Bordüren
Ideen, Techniken und Beispiele
72 Seiten, 33 farbige und 41 sw.
Abbildungen.
Gebunden.

Uwe Geißler
Porzellanmalerei
Rosen
Ideen, Beispiele, Techniken
72 Seiten, 29 farbige und 30 sw.
Abbildungen.
Gebunden.

Callwey Verlag München